Sascha Adamek
Kim Otto

Der gekaufte Staat

Wie Konzernvertreter in deutschen Ministerien sich ihre Gesetze selbst schreiben

Kiepenheuer & Witsch

MIX
Papier aus verantwortungsvollen Quellen
FSC® C083411

Verlag Kiepenheuer & Witsch, FSC®-N001512

3. Auflage 2011

Umschlaggestaltung: Barbara Thoben, Köln,
nach einer Idee von Rudolf Linn, Köln
Gesetzt aus der Minion und der Frutiger
Satz: Buch-Werkstatt GmbH, Bad Aibling
Druck und Bindung: CPI – Clausen & Bosse, Leck
ISBN: 978-3-462-04099-9

Das Buch

Hunderte Vertreter deutscher Großkonzerne haben in Bundesministerien eigene Schreibtische bezogen. Bezahlt werden sie von den Unternehmen. Sie arbeiten an Gesetzen mit und sind politisch immer am Ball. Die Unabhängigkeit staatlicher Entscheidungen ist in Gefahr – und damit die Demokratie selbst. Vom Fluglärmgesetz über die Legalisierung der Heuschreckenfonds, den Ausverkauf öffentlicher Projekte an Baukonzerne, das Energiewirtschaftsgesetz, die Gesundheitsreform bis hin zu milliardenschweren Investitionsprojekten wie der Lkw-Maut – immer hatten Großkonzerne bezahlte Mitarbeiter in Ministerien platziert. In Hessen kontrollieren vom Flughafenkonzern Fraport selbst bezahlte »Leihbeamte« sogar die Einhaltung des Nachtflugverbotes. Auch die EU-Kommission greift auf »U-Boote« der Industrie zurück: Im Fall der EU-Chemikalienrichtlinie REACH war ein BASF-Mitarbeiter sogar erst in der EU-Kommission, dann im Bundeswirtschaftsministerium, um die Chemierichtlinie im Sinne der Industrie zu beeinflussen. Wer wirklich hinter die Kulissen dieser Schattenregierung blicken will, stößt zumeist auf eine Mauer des Schweigens.

Die Hardcoverausgabe dieses Buches rangierte monatelang an der Spitze der Wirtschaftsbuch-Bestsellerliste des *manager magazins*. Die Recherchen der Autoren veranlassten den Bundesrechnungshof, ihre Prüfer erstmals in alle Bundesministerien zu schicken, und die Bundesregierung, neue Verwaltungsvorschriften zu erlassen. »Selten hat ein Sachbuch sichtbare Folgen … Allein das macht die Recherche zu einem journalistischen Erfolg.« *(Süddeutsche Zeitung)* »Die Rechercheleistung von Adamek und Otto ist beachtlich. Sie legen die Einflusskanäle der Wirtschaft auf staatliche Entscheidungen offen und prangern demokratische Regelverstöße an.« *(Welt am Sonntag)*

Die Autoren

Sascha Adamek, Jahrgang 1968, arbeitet seit zwölf Jahren als investigativer Journalist und Filmemacher für den Rundfunk Berlin Brandenburg und den Westdeutschen Rundfunk, u. a. für die ARD-Politikmagazine »Monitor« und »Kontraste« sowie das RBB-Magazin »Klartext«.

Kim Otto, Jahrgang 1968, arbeitet seit sieben Jahren für das investigative ARD-Politikmagazin »Monitor«. 2007 wurde er, gemeinsam mit Kollegen aus der »Monitor«-Redaktion, für Recherchen zum Thema dieses Buches mit dem Grimme-Preis ausgezeichnet. Kim Otto ist Professor im Fachbereich Medienmanagement an der Macromedia Fachhochschule.

Wir widmen dieses Buch in Liebe
Anna, Max, Nils und Hannes
&
Lou, Luka und Noah-Su
&
Tine

Inhalt

Einleitung

Warum dürfen Konzernvertreter in Ministerien arbeiten?

Von Berlin nach Brüssel – die Profiteure des schlanken Staats

Gut zwei Jahrzehnte sind verstrichen, seit junge, bärtige Lehrer uns beibrachten, wie die Bundesrepublik Deutschland funktioniert. Es war die Zeit der Nachrüstungsdebatte und Antiatombewegung, und eine Zeit lang durfte sich der Staat getrost zu unseren Gegnern zählen. Die Lehrer gehörten zur Spezies der sogenannten Alt-68er, die längst ihren Frieden mit dem Staat gemacht hatten. Sie weihten uns in das Erfolgsgeheimnis unserer Demokratie ein, und irgendwie klang das überzeugend: Die staatliche Gewalt der Bundesrepublik ist demokratisch, weil sie durch drei geteilt wird: in die gesetzgebende Gewalt, die Legislative, also das Parlament als unmittelbarer Spiegel des Volkswillens; die Exekutive, also die Regierung, die – gewählt vom Parlament – dafür sorgt, dass bestehende Gesetze eingehalten werden und neue gemeinwohlorientiert formuliert werden. Und schließlich die unabhängige Justiz, die allen Bürgern im Land die Möglichkeit gibt, sich gegen Rechtswidrigkeiten aller Art auf dem Klageweg zu wehren – gegen staatliche Eingriffe ebenso wie gegen das Handeln von Privatpersonen oder übermächtigen Privatkonzernen. Kurzum, eine funktionierende Gewaltenteilung braucht es, um die Waffen der Demokratie scharf zu halten. Denn die Demokratie ist immer bedroht.

In den fünfziger und sechziger Jahren ging die Gefährdung vor allem von autoritären Politikern aus, die – trotz aller demokratischen Regularien – den Staat mehr oder weniger als ihre Manövriermasse betrachteten. Und natürlich begannen auch schon damals die aus dem Trümmerhaufen des Nationalsozialismus auferstandenen deutschen Großkonzerne damit, massiven Einfluss auf den – jetzt demokratisch verfassten – Staat zu nehmen. Schon sehr früh war die Bonner Republik auch ein Staat der Verbände, in dem auf der einen Seite Gewerkschaften, auf der anderen Seite Großkonzerne ihre Interessen bündelten und auf vielfältige Art und Weise in den Hinterzimmern der Macht geltend machten. Das moderne Wort »Lobbying« existierte noch nicht, wohl aber das Lobbying selbst. Schon damals versuchten Verbände nicht nur, ihre Interessen in der Ministerialbürokratie durchzusetzen, sondern im besten Fall auch ein Wort mitzureden, wer sich den einen oder anderen wichtigen Posten angelt.

Bis Ende der neunziger Jahre herrschte also noch eine relativ gediegene Ordnung im Land der deutschen Lobbyisten. Wer die Seiten wechselte – von der Wirtschaft in ein Bundesministerium –, der wurde auch vom Ministerium bezahlt. Und vor allem: Der Wechsel fand in aller Öffentlichkeit statt. Die reagierte dann auch allergisch, wenn beim Wechsel in umgekehrter Richtung nicht alles mit rechten Dingen zuging. Manchem ist vielleicht noch der Fall des FDP-Politikers Martin Bangemann in Erinnerung, der zunächst als deutscher EU-Kommissar zuständig für die Deregulierung der Telekommunikationsbranche war und direkt nach seinem Ausscheiden einen hoch dotierten Posten bei einem der weltgrößten Telekommunikationskonzerne, nämlich der spanischen Telefónica, ergatterte. Damals flogen dem rundlichen Wirtschaftspolitiker die Negativschlagzeilen um die Ohren – die Fallhöhe solcher Skandale, so scheint es, war höher als heute. Die institutionelle Trennung von Wirtschaft und Staat galt als – wenn auch etwas scheinheiliger – Konsens.

Versuche etwa des legendären sozialdemokratischen Wirtschaftsministers Karl Schiller mit seiner »konzertierten Aktion«, Wirtschaft, Gewerkschaften und Politik zu einem gemeinsamen Programm zu verpflichten, passten damals insbesondere den Vertretern der Großindustrie nicht in den Kram. Man wollte sich nicht vereinnahmen lassen von der Politik. Der damalige Hauptgeschäftsführer des BDI, Siegfried Mann, sagte: »Nichts widerspricht dem Rollenverständnis des von unternehmerischem Selbstbewusstsein geprägten Industrie-Spitzenverbands mehr als Autonomieverlust und Verwischung von Verantwortung. Das gilt vor allem im Verhältnis zum Staat.«

Die große Zäsur markiert der Amtsantritt der rot-grünen Bundesregierung im Jahre 1998. Ausgerechnet die in die Jahre gekommenen Alt-68er der Schröder-Fischer-Regierung öffneten einer neuen Form des Lobbyismus Tür und Tor. Nun kam es zu Autonomieverlust und Verwischung von Verantwortung – aber anders, als dies der ehemalige BDI-Hierarch befürchtet hatte: Der Staat gab nun Autonomie zugunsten von Großkonzernen ab, indem er Verantwortlichkeiten verwischte.

Bundesinnenminister Otto Schily von der SPD wartete mit einer spektakulären Idee auf: einem »Personalaustauschprogramm« zwischen Bundesregierung und Wirtschaft. Es trug den Titel »Seitenwechsel« und wurde als Element des Regierungsprogramms »Moderner Staat – moderne Verwaltung« verkauft.[1] Vertreter von Konzernen sollten Schreibtische in Bundesministerien beziehen, umgekehrt sollten Bundesbeamte mal die frische Luft der freien Wirtschaft schnuppern. Diese Idee hatte Schily zuvor mit dem Personalvorstand der Deutschen Bank, Tessen von Heydebreck, ausgeheckt.[2] Auf staatlicher Seite machten fast alle Bundesministerien mit, und auch die Hessische Staatskanzlei, die später noch eine bemerkenswerte Rolle spielen sollte. Auf Wirtschaftsseite gehörten zu den Initiatoren die Deutsche Bank, BASF, Siemens, SAP, Lufthansa, ABB, DaimlerChrysler und Volkswagen – also die Crème de la Crème der deutschen Wirtschaft. Diese Konzerne machten zumeist fleißig Gebrauch von der Möglichkeit, einen eigenen Schreibtisch in einem Bundesministerium zu ergattern. Die Idee begeisterte zunächst viele Mitglieder des rot-grünen Kabinetts, passte sie doch zu ihrer Vorstellung eines schlanken, modernen Staates in einer globalisierten Welt, der zugleich eng vernetzt wird mit den Brainpools aus Wirtschaft und Wissenschaft.

Natürlich haben die Apologeten dieses neuen Regierungsstils dem Ganzen auch einen hübschen Namen verpasst: »Crossing-over«. Der Begriff stammt aus den USA – und hat seine Tücken. »Crossing-over« bedeutet in der Genetik laut Meyers Lexikon: »Genaustausch, Faktorenaustausch zwischen homologen Chromatidenpartnern bei der Chromosomenpaarung«. Auf das politische Gefüge übertragen würde dies bedeuten: Die Wirtschaft überträgt ihr interessengeleitetes Wissen dem Staat, der seinerseits seine Informationen in die Wirtschaft einspeist – eben zum Zwecke der »Chromosomenpaarung«, also der Entstehung eines gemeinsamen Ganzen. Die klassische Teilung von Profitinteressen und Gemeinwohlinteressen wird, folgt man dieser Idee, über den Haufen geworfen. Konsequent auf allen politischen Ebenen durchgeführt, entstünde ein ziemlich monströses Gesellschaftswesen, in dem ein Chromosom garantiert überflüssig wäre: die Demokratie.

Mehr als 100 Vertreter von deutschen Konzernen aus Industrie, Versicherungen und Bankenwesen haben seit dem rot-grünen Beschluss ihre Schreibtische in Bundesministerien bezogen, zwei von ihnen sogar im Rang eines Referatsleiters. Sie schreiben an Gesetzen mit und sind damit politisch immer am Ball.

»Früher waren wir über Anhörungen in die Entscheidungsvorbereitung eingebunden. Das war oft zu spät. Heute sind wir sehr viel früher beteiligt an der Entwicklung von Maßnahmen. Das ist für uns ein wesentlich effizienterer Ansatz«, so drückt es Heiko Stiepelmann, der Geschäftsführer des Hauptverbandes der Deutschen Bauindustrie, unverblümt aus. Seine Lobbyistin arbeitet vier Tage in der Woche für ihn und den fünften Tag im Bundesverkehrsministerium, einer Schnittstelle für milliardenschwere Bauaufträge.

Dieses Buch deckt zahlreiche Fälle des neuen verdeckten Lobbyismus auf. Ob bei der Vergabe des Auftrags für das milliardenschwere Lkw-Mautsystem, bei der Abfassung des Fluglärmgesetzes oder der Legalisierung der gefährlichen Hedgefonds, immer standen und stehen Vertreter von Großkonzernen Pate, besser: Sie sitzen an Ministeriumsschreibtischen. Einige wenige waren sogar bereit, mit uns zu sprechen. Ein ehemaliger Vertreter der Energiewirtschaft, der im Bundeswirtschaftsministerium saß, berichtet ganz offen, wie interne Dokumente an Verbände gegeben wurden. – Das offizielle Austauschprogramm der Bundesregierung gibt es seit dem 16. Juni 2004, doch einige Konzerne waren bereits vorgeprescht. So saß ein Mitarbeiter des Flughafenkonzerns Fraport bereits drei Jahre zuvor im Bundesverkehrsministerium, um nur ein Beispiel zu nennen. Dass die bezahlten Konzernvertreter über Jahre in Ministerien sitzen, ist zumindest offiziell auch nicht vorgesehen. Laut Austauschprogramm soll ein Aufenthalt zwei bis zwölf Monate dauern.

Wer übrigens glaubt, die schlauen Konzernvertreter würden für ihr eingebrachtes Fachwissen von der Bundesregierung bezahlt, der irrt. Die »Leihbeamten« in den Ministerien bekommen ihr Monatssalär weiterhin von den Konzernen. Aber vielleicht überlassen die Unternehmen die Besten ihrer Besten quasi als karitative Leihgabe kostenlos dem Staat? Eine allzu naive Vorstellung – wir werden nachweisen, dass der Aufenthalt der Konzernvertreter im Innern der Regierungsmacht vor allem einem dient: den Profiten der Konzerne.

Mit ihren bezahlten U-Booten erwerben die Unternehmensvorstände enormen Einfluss auf Regierungshandeln und jede Menge Insiderwissen. Und schließlich sind die Konzernvorstände ja auch nicht dem Allgemeinwohl, sondern ihren Aktionären verpflichtet. Die Konzerne kaufen sich auf diese Weise ganz legal in staatliches Handeln ein. Umgekehrt könnte dieses Buch aber auch »Der verkaufte Staat« heißen, schließlich war es die Bundesregierung selbst, die den Wirtschaftsvertretern ihre Pforten öffnete. Der Staatsrechtler Hans Herbert von Arnim findet für die bezahlten Vertreter der Privatwirtschaft an Ministeriumsschreibtischen ein schlichtes, aber zutreffendes Wort: Korruption.

Bemerkenswert ist die Tatsache, dass dieser überaus brisante Vorgang nur einmal wissenschaftlich untersucht wurde. Und zwar von den Akteuren selbst. Für den »Evaluationsbericht zum Personalaustauschprogramm« vom 10. Mai 2006 zeichnen als Herausgeber Deutsche Bank, Bundesministerium des Innern und Hertie School of Governance verantwortlich. Das heißt, evaluiert hat nicht etwa eine wirtschaftlich unabhängige Institution wie eine Universität oder ein politikwissenschaftliches Institut, sondern eine ebenfalls von der Privatwirtschaft finanzierte Einrichtung – die als gemeinnützig eingestufte Hertie-Stiftung. Wie eng die Hertie School of Governance mit der Wirtschaftselite verflochten ist, wird auch an Kleinigkeiten deutlich: So schreibt die Hertie School 2007 die Stelle für einen »KPMG-Professor of Public and Financial Management« aus; mitfinanziert wird die Professur von der Wirtschaftsberatungsfirma KPMG. Die berät zahlreiche Konzerne dabei, Steuern zu sparen, und dies nur am Rande: KPMG wiederum hat eine Mitarbeiterin in die EU-Kommission entsandt. Ihre Mission: den Beamten bei der Steuergesetzgebung unter die Arme zu greifen.

Und wer einen Blick in die Grundsätze der Hertie School wirft, darf dort einen erstaunlichen Satz über die Zukunft dieses schönen, neuen Staates lesen: »Neue, erfolgreiche Governance-Strukturen werden nicht allein von Konzernen bestimmt sein, sondern werden sich im Zusammenspiel zwischen Staat, Wirtschaft und Zivilgesellschaft entwickeln.« Wie gnädig: Nicht allein die Konzerne werden also regieren, vielleicht auch noch der mickrige Rest aufrechter Beamter und, wenn deren Protest sich partout nicht mehr überhören lässt, auch ein paar Bürger. Es gibt harmlos klingende Sätze, die beunruhigen.

Und so erstaunt es auch nicht, dass den Teilnehmern des Austauschprogramms in der Evaluationsstudie der Hertie School zwar viele Fragen nach ihren Erfahrungen und Befindlichkeiten gestellt werden, die mit Abstand interessanteste Frage aber mit keinem Wort erwähnt wird: Wie groß ist die Gefahr von Interessenkollisionen, die Gefahr, dass wichtiges Insiderwissen staatlichen Handelns in die falschen Hände fällt? Immerhin weisen – wenn man kritisch liest – einige Zahlen aus dem Bericht in diese Richtung. So gaben die Teilnehmer aus der Privatwirtschaft bei der Frage nach der »Erwartungserfüllung« im Bereich »nützliche Kontakte« immerhin einen Wert von 6 an, wobei die Skala von 1, also »unwichtig«, bis 7, also »wichtig«, reichte.[3] Die Erwartungen der Konzernvertreter, was den Aufbau nützlicher Kontakte angeht, wurde also fast vollkommen erfüllt. Einigermaßen offen stellt der Bericht fest, das Programm habe zum Ziel, »den Beschäftigten Einblicke in Prozesse und Strukturen der Gegenseite zu ermöglichen«.

Letztlich bleibt der Evaluationsbericht der Hertie School of Governance ein Rechtfertigungswerk mit der klaren Empfehlung, diesen Weg fortzusetzen, auch in anderen öffentlichen Behörden, etwa auf kommunaler Ebene. Eine absurde Vorstellung: Der örtliche Baulöwe könnte dann auch mal seinen Prokuristen eine Zeit lang im Bauamt hospitieren lassen. Die ohnehin schon verbreitete Kungelei wäre dann auch noch offiziell.

Von einem »Austauschprogramm« kann übrigens kaum die Rede sein. Denn während mehr als 100 Konzernvertreter teilweise jahrelang an Schreibtischen in Bundesministerien sitzen, haben gerade mal zwölf Beamte einen kurzen Bildungsausflug in die freie Wirtschaft absolviert. Erstaunlicherweise wurden drei von diesen Beamten für den Zweck sogar beurlaubt. In einem Fall führte das Ganze sogar zu einer lukrativen Anschlussbeschäftigung des Beamten bei der Daimler AG.

Die Managerriege in Deutschland schweigt zu diesem Thema und genießt. Eine Ausnahme ist der besagte Verbandschef der Bauindustrie. Wer hinter die Kulissen dieser dubiosen Schattenregierung sehen will, stößt auf eine Mauer des Schweigens. So findet sich auf keiner Homepage eines Bundes- oder Landesministeriums, in keinem behördeninternen Organigramm ein Hinweis darauf, dass hier Leute hinter dem Schreibtisch sitzen, die von Großkonzernen bezahlt werden. Dabei hätten die, die Jahr für Jahr ihre Steuern in die Staatsmaschine pumpen und alle Jahre wieder vor der Qual einer Wahl stehen, doch wohl alles Recht der Welt, zu erfahren, wer denn wirklich die Gesetze schreibt.

Gesetze, die in Deutschland gelten, müssen zum überwiegenden Teil auch von der EU-Bürokratie abgenickt werden. Das ist auch der Lobby längst klargeworden. Als wir unsere Anfragen auf die EU-Kommission ausdehnten, wurde uns erst die wahre Dimension des Skandals klar. Richtlinien und Verordnungen bestimmen viele Politikbereiche in den EU-Mitgliedsstaaten. Denn sogar rund 70 Prozent der wirtschaftsrelevanten deutschen Gesetze haben ihren Ursprung in Richtlinien und Verordnungen der EU-Kommission in Brüssel. Deshalb ist Brüssel mit der EU-Kommission, dem Ministerrat und dem Europäischen Parlament zum Mekka der Lobbyisten geworden.

Die Lobbywelt in Brüssel ist ziemlich undurchsichtig. Mit der Wichtigkeit der Entscheidungen auf europäischer Ebene wuchs auch die Anzahl der Lobbyisten. Wie viele es tatsächlich sind, weiß niemand genau. Die EU-Kommission hat vor fünf Jahren eine Schätzung angestellt und kam auf rund 10 000 Interessenvertreter in der belgischen Hauptstadt. Mittlerweile sollen es rund 15 000 sein. Zum Vergleich: Im EU-Parlament sitzen

785 Abgeordnete. Auf jeden EU-Parlamentarier kommen also fast zwanzig Lobbyisten. Die EU-Kommission ist, entgegen dem öffentlichen Vorurteil, mit rund 20 000 Kommissionsbeamten personell keineswegs gut besetzt und verfügt folglich auch nicht über die Kapazitäten, um Gesetzentwürfe kompetent auszuarbeiten. Sie ist auf Informationen von außen angewiesen.

So ticken auch in Brüssel die Uhren inzwischen anders. Viele Jahrzehnte lang war das Geschäft des Lobbyisten in Brüssel dem seines Kollegen in Bonn ähnlich. Der Lobbyist alten Schlages pflegte einfach gute Kontakte zu Fachbeamten und politischen Akteuren, und schon war er im Bilde. Doch die Macht der EU wächst rasant – immer mehr Lebensbereiche der europäischen Bürger werden durch eine EU-Verordnung erfasst, das fängt bei der Babynahrung an und hört irgendwann bei gefährlichen Genüssen im Erwachsenenalter wie dem Rauchen auf. Zugleich werden die Verordnungen immer komplexer, technisch wie juristisch.

Da blickt selbst der gepflegte Generalist alter Schule nicht mehr richtig durch. Sich die Sache mit den Verordnungen und Richtlinien nur von außen anzusehen, reicht nicht mehr. Deshalb scheuen Lobbyisten neuen Typs im Einzelfall nicht vor unkonventionellen Methoden zurück. Sie nehmen selbst die Schreibtische der Beamten in der Kommission ein, und dafür müssen sie nicht einmal nachts einbrechen. Denn die personell mager ausgestattete EU-Kommission ist auch noch dankbar für jeden halbwegs gescheiten Kopf, der ihr auf die Sprünge hilft.

Um sich hinter die Glasfassade der EU-Bürokratie zu beamen, hat der Lobbyist zwei Möglichkeiten: entweder in der Funktion des »abgeordneten nationalen Sachverständigen« (ANS) oder als sogenannter »temporary administrator«, eine Art Beamter auf Zeit. Diese arbeiten sogar an hoheitlichen Aufgaben wie etwa Fragen der Luftüberwachung mit. Und mögen diese Experten auch noch so gescheit sein – die Unabhängigkeit wichtiger Entscheidungen ist stets in Gefahr, wenn Partikularinteressen irgendeines Konzerns im Spiel sind.

Hinter Bezeichnungen wie »nationaler Sachverständiger« und »zeitweiliger Beamter«, die nach Kompetenz und so gar nicht nach Amtsschimmel klingen, verbergen sich knallharte Lobbyaktionen. So stießen wir im Fall der Chemikalienverordnung REACH (Registration, Evaluation and Authorisation of Chemicals – Registrierung, Bewertung und Zulassung von Chemikalien) sogar auf einen Herrn von der BASF, der zunächst als »zeitweiliger Beamter« für die EU-Kommission an REACH arbeitete, um dann im Bundeswirtschaftsministerium weiterzumachen, dort bezahlt von der BASF. Der Aufwand war verständlich: Schließlich hätte REACH in seiner Vorfassung bedeutet, dass die Chemieindustrie ab einer bestimmten Jahresproduktion die sichere Verwendung von ca. 100 000 chemischen Stoffen hätte nachweisen müssen, darunter mengenabhängig Chemikalien in allen Produkten von der Kleidung über Möbel bis zum Spielzeug. Doch der Lobby gelang es, den betroffenen Stoffkreis über die Jahre mächtig zu reduzieren und die Anforderungen an die verbliebenen Stoffe mit wenigen Ausnahmen herunterzuschrauben. So müssen bestimmte Mindestdaten nur noch für 12 000 bis 16 000 Stoffe beigebracht werden. Der gesunde Menschenverstand kapitulierte vor dem Gewinninteresse der Chemiebranche, das allzu gerne mit dem Gemeinwohl verwechselt wird.

Wir haben mit unseren Rechercheergebnissen den EU-Verwaltungskommissar Siim Kallas aufgesucht, der auch für die Betrugsbekämpfung zuständig ist. Er ließ sich überzeugen, dass es so nicht geht. »Das Beste wäre, überhaupt keine Leute aus der Privatwirtschaft zu holen. Meine Vorstellung wäre, das total zu stoppen«, sagt Kallas. Interessanterweise verweist der ehemalige estnische Ministerpräsident und heutige EU-Kommissar darauf, die Mitarbeit der Privatkonzerne sei »eine deutsche Idee«.

Im Laufe von vielen Monaten haben wir bei Ministerien und Behörden auf Landes-, Bundes- und EU-Ebene angefragt, wer in den Bürokratien für welchen Konzern an welchen Aufgaben arbeitet. Viele Antworten kamen mehr als stockend, bedurften erneuter Nachfragen oder klangen irgendwie gelangweilt. Sie handelten stets davon, dass alles doch klar geregelt sei. Generell bemühte man sich, den Skandal herunterzuspielen. Das hat vielleicht auch damit zu tun, dass Grenzen, die vor zehn Jahren noch strikt galten, heute fließend geworden sind. Etwa die zwischen Gemeinwohl und Privatinteressen.

Die Schwelle, die ein politischer Skandal heute überspringen muss, scheint, wie gesagt, höher geworden zu sein – doch das spricht für eine tiefergelegte politische Kultur. Die neue Offenheit gegenüber den Lobbyisten der Großkonzerne war politisch gewollt und ganz im Sinne der »Deutschland AG« von Bundeskanzler Gerhard Schröder. Die millionenschwere Bertelsmann-Kampagne »Wir sind Deutschland« begann kurz nach der Abwahl Schröders, gleichwohl dürfte sie ihm aus der Seele gesprochen haben. Diese Kampagne, die nicht mal die Intelligenz einer Fruchtfliege überfordert hätte, sollte ein großes Wir-Gefühl erzeugen: Arm und Reich, Malocher und Aktionäre, alle sitzen im selben Boot; und irgendwie schaffen wir das schon! Wir möchten hinzufügen: Und mitten in diesem nationalen Überlebenstaumel kommt es doch wohl kaum darauf an, dass es sich in den Amtsstuben der Ministerien längst auch Konzernlobbyisten gemütlich gemacht haben. Arm und Reich, Profitinteresse und Gemeinwohl, Beamter und Lobbyist, die Grenzen zerfließen – und sie sollen zerfließen.

Dass Bertelsmann im Bund, in Ländern und in anderen EU-Staaten aufwendige Studien zum sogenannten Bürokratieabbau sponsert, hat seinen Sinn. Denn mit dem Abbau des Staates werden vor allem Gesetze stumpf gemacht, die die Schwachen vor den Starken schützen sollen. Bereits seit Jahren wird auf allen Ebenen Personal abgebaut. Personal, das die Einhaltung von Gesetzen überwacht. Und da sprechen wir nicht nur vom Lebensmittelkontrolleur an der Gammelfleischfront, sondern auch von Staatsanwälten für milliardenschwere Wirtschaftskriminalität. Alle diese Kürzungen gelten mittlerweile als »Entbürokratisierung«. Überhaupt würden Institutionen wie die Bertelsmann Stiftung wohl am liebsten alle Gesetze eigenhändig daraufhin überprüfen, ob sie Profitinteressen schaden könnten.

Immerhin veranlassten Berichte im ARD-Politmagazin *Monitor* den Bundesrechnungshof zu einem äußerst ungewöhnlichen Schritt. Erstmals schwärmten Prüfer in alle Bundesministerien aus. Sie sollten kontrollieren, inwieweit durch die bezahlten Konzernvertreter das unabhängige Verwaltungshandeln des Staates gefährdet wird. Dabei kommen sie zu einem klaren Ergebnis: Entweder wird der Einsatz der »externen Mitarbeiter« ganz eingestellt, oder es müssen klare Kriterien für ihre Bezahlung und die Transparenz des Verfahrens festgelegt werden.

Einem hochrangigen Mitglied der rot-grünen Bundesregierung ist die schicke Idee des »Crossing-over« von Wirtschaft und Politik mittlerweile im Halse stecken geblieben. Rainer Baake, ehemaliger Umweltstaatssekretär, bereut seine damalige Zustimmung zum »Austauschprogramm«: »Es kann nicht sein, dass wir im öffentlichen Dienst sparen und dann sagen, nun brauchen wir aber für die Erstellung von Gesetzesentwürfen die Privatwirtschaft, und dann schreibt sich die Privatwirtschaft die Gesetzesentwürfe selbst. Das wäre eine Bankrotterklärung der Politik.«

1. Kapitel

Warum nimmt der Fluglärm zu?

Lex Fraport – wie der Betreiber des Frankfurter Flughafens sich selbst kontrolliert und am Ende sogar ein Gesetz beeinflusst

Thomas Jühe hasst das Fliegen. Das hat keineswegs damit zu tun, dass er ein Umweltschützer wäre. Auch nicht damit, dass er Vorsitzender der Arbeitsgemeinschaft Deutscher Fluglärmkommissionen (ADF) ist. Er hat Flugangst, so einfach ist das. Lieber steigt er in seinen schwarzen Opel Signum, räkelt sich genüsslich in den zurückgestellten Sitz und gibt Gas. Neben dem blank polierten Schalthebel prangt ein kleiner Aufkleber. Es sieht aus wie ein Geschwindigkeitsbegrenzungsschild und trägt die Aufschrift »240 km/h«. Solche Autos machen Lärm. Thomas Jühe weiß das. Er ist kein Zivilisationsverächter.

Trotzdem wurde er über die Jahre zu einem der versiertesten deutschen Antilobbyisten in Sachen Fluglärm. Im Jahr 2000 wurde der sozialdemokratische Kommunalpolitiker aus dem Ort Neu-Isenburg nach Raunheim gerufen, um sich dort als Bürgermeisterkandidat zu stellen. Er gewann die Wahl knapp.

Die 15 000 Raunheimer wohnen in einer Stadt, die in einem seltsamen Zeitkorsett steckt. Einst ein Bauernstädtchen, mutiert zur Arbeiterwohnstadt, liegt der Ort eingeklemmt zwischen Opel-Rüsselsheim und dem Frankfurter Flughafen. Die meisten Menschen arbeiten entweder bei Opel oder bei dem Flughafenbetreiber Fraport AG. Ein bürgerliches Milieu gibt es, doch es bröckelt. »Wer es sich leisten kann, zieht weg«, sagt Bürgermeister Jühe. Denn über der Stadt tobt ein ziviler Luftkampf.

Wie an einer Perlenkette aufgereiht jagen sich die Boeings, Airbusse und Tupolews und lassen in der Stadt die Fensterscheiben vibrieren. Bis zu 700 Mal am Tag donnern die Flugzeuge beim Landeanflug in nur knapp 300 Metern Höhe über die Dächer. Jährlich werden es mehr. An rund 100 Tagen im Jahr ist das so, ausgerechnet an Tagen, an denen die Menschen die Wärme genießen, bei Hochdruckwetterlagen im Sommer. Dann landen die Flugzeuge über Raunheim gegen den Ostwind. So richten die Raunheimer ihre private Lebensplanung vor allem nach dem Wetterbericht aus. Hochdruck, Wärme, Ostwind – für die Bürger heißt es dann, Gartenpartys abzusagen, und nachts haben sie die Qual der Wahl: bei geschlossenem Fenster vor sich hin zu brüten oder bei geöffnetem Fenster um den Nachtschlaf gebracht zu werden. Besonders die Nachtflüge sind daher in Raunheim ein Reizthema.

Einen Großteil seiner Arbeitszeit als Bürgermeister verwendet Thomas Jühe mittlerweile auf die Lärmproblematik. Er erkennt die Flugzeuge mittlerweile sogar am Geräusch, weiß, welches Triebwerk wie viel Dezibel herauspowert. Er kennt alle einschlägigen Studien, versucht, Kontakte herzustellen in die Bundes- oder Landespolitik. Ein Mann, der immer unterwegs ist. Und dabei ziemlich genervt: »Wenn ich bei Behörden, Ministerien oder Abgeordneten vorspreche, stelle ich leider fest, dass die Klinken, die ich drücke, schon längst von den Lobbyisten der Fraport gedrückt worden sind.«

Thomas Jühe hat es mit einem mächtigen Gegner zu tun. 2006 erzielte die Fraport AG einen Rekordumsatz von über zwei Milliarden Euro. Die Aktionäre konnten sich über einen Gewinn von 228 Millionen Euro freuen. Doch die Macht der Fraport fußt nicht nur auf ihrem Profit. Der Konzern geht bei der Durchsetzung seiner Interessen vor allem verdeckt vor, wie Thomas Jühe feststellen musste. Die Gründe für dieses Lobbying sind handfest und milliardenschwer. Denn die 1998 gewählte rot-grüne Bundesregierung nahm sich vor, ein sehr altes Gesetz nach fast drei Jahrzehnten mal wieder zu überarbeiten: das »Gesetz zum Schutz vor Fluglärm«. Ziel der Gesetzesnovelle war es, die Anwohner besser vor Lärm zu schützen und für den Lärm zu entschädigen. Für die Fraport, die sogar eine neue Landebahn und damit zusätzliche Milliardengewinne plant, ein äußerst bedrohliches Szenario.

Doch bleiben wir zunächst in Raunheim. Bürgermeister Jühe kann gegen die allgegenwärtige Fraport-Macht nur Engagement und Fleiß setzen. Er ist alles andere als ein klassischer Verwaltungschef. Beinahe könnte man den kleinen, agilen Mann im Anzug für einen Immobilienmakler halten. Manchmal brennt in dem kleinen Raunheimer Rathaus bis spät in die Nacht das Licht, und auch Wochenendarbeit ist hier nicht ungewöhnlich. Die Angestellten, die da mitziehen, bedenkt Jühe mit Bonuszahlungen, »sonst ginge hier alles krachen«. So kommt es, dass Jühe, der kein gebürtiger Raunheimer ist, bei seinen Bürgern eine erstaunliche Autorität besitzt. Hatte er die erste Wahl noch mit 50,1 Prozent gewonnen, waren es zuletzt 75. Und er vertritt damit die Interessen nicht nur der Raunheimer. Vom Lärmterror betroffen sind weit über 50 000 Menschen rund um den Frankfurter Airport.

Jühe ist ein Antilärmlobbyist, aber ein demokratisch legitimierter. Doch an der real existierenden Demokratie möchte Jühe immer mal wieder verzweifeln. Denn die Fraport-Lobbyisten packen diese Demokratie gleich an beiden Hörnern: Gewählte Abgeordnete und unabhängige Beamte, die dem Gemeinwohl verpflichtet sein sollten, werden mit ziemlich leichter Hand zu Erfüllungsgehilfen milliardenschwerer Lobbyinteressen gemacht. Thomas Jühe erfährt das am eigenen Leib. Für ihn ist es nicht so einfach, vorgelassen zu werden in Behörden, Ministerien oder bei Abgeordneten. Denn wer ist schon der Bürgermeister von Raunheim?

Was Jühe am meisten aufbringt, ist die Tatsache, dass es in Hessen bereits staatliche Kontrollinstitutionen gibt, die völlig offen in der Hand der Fraport AG sind. Ein besonderer Dorn im Auge sind den Raunheimern die Nachtflüge. Für die Fraport AG ein einträgliches Geschäft, werden in der Nacht doch vor allem große Frachtmaschinen abgefertigt. Das fördert das weltweite Prestige des Airports und seinen Profit.

Dabei sollte es solche Nachtflüge eigentlich gar nicht geben. Denn die schädliche Wirkung nächtlichen Lärms auf die Gesundheit belegen mittlerweile immer mehr internationale Studien. Immerhin gibt es am Frankfurter Flughafen Nachtflugbeschränkungen. Wer in der Kernzeit der Nacht dennoch landen will, braucht Ausnahmegenehmigungen. Darüber entscheiden üblicherweise Beamte der Luftaufsicht. Es ist eine heikle Aufgabe, denn die Beamten müssen abwägen zwischen dem Recht der Bürger auf ungestörten Nachtschlaf und den Wirtschaftsinteressen der Luftverkehrsgesellschaften bzw. der Fraport. So heikel die Aufgabe, so unabhängig muss sie ausgeführt werden. So steht es auch im Verwaltungsverfahrensgesetz der Bundesrepublik. Auch in Hessen ist die Luftaufsicht einem Ministerium unterstellt, dem Wiesbadener Ministerium für Wirtschaft und Verkehr. Doch an den Computern entscheiden statt unabhängiger Beamter ausgerechnet Mitarbeiter der Fraport AG selbst, ob eine Maschine noch tief in der Nacht auf dem Frankfurter Airport landen darf oder nicht.

Dabei gibt es, wie für fast alles in Deutschland, auch für so einen absurden Fall von verkappter Selbstkontrolle ein Gesetz. So verbietet § 20 Verwaltungsverfahrensgesetz unter der Überschrift »Ausgeschlossene Personen« die klassische Vetternwirtschaft. Es ist schon ziemlich beeindruckend, wie genau die Erfinder dieses Gesetzes auf alle Lebenslagen vorbereitet sein wollten, um Kungeleien auszuschließen. Ausgeschlossen von Verwaltungsverfahren sind danach »Verlobte, Ehegatten, Verwandte und Verschwägerte gerader Linie, Geschwister, Kinder der Geschwister, Ehegatten der Geschwister und Geschwister der Ehegatten« und so weiter. Die Verfasser dieses Gesetzes wollten glasklar unterbinden, dass unabhängige Beamte in Interessenkonflikte geraten, wenn ihre Entscheidungen ihre Verwandten betreffen. Doch nicht nur Familienbande sind verboten. In Abschnitt 5 des § 20 wird auch ausgeschlossen, »wer bei einem Beteiligten gegen Entgelt beschäftigt« ist. Doch genau das trifft auf die von Fraport bezahlten Mitarbeiter in der Luftsicherheit zu. Das Verfahren ist für Experten wie den Berliner Wirtschaftsrechtler Professor Jürgen Keßler daher klar rechtswidrig. Und es dürfte vermutlich auch schwerfallen nachzuweisen, dass die zehn Fraport-Mitarbeiter, die für die hessische Luftaufsicht über Ausnahmen vom Nachtflugverbot entscheiden, damit schlicht der Allgemeinheit dienen und nicht den Gewinninteressen des Flughafenkonzerns.

Wer zahlt, bestimmt die Musik. Eine gute alte Kneipenregel.

Ihren Lohn erhalten die »Leihbeamten« in der hessischen Luftaufsicht von der Fraport AG. Die Angestellten sind zwar im Rahmen eines Beleihungsverfahrens dem hessischen Verkehrsministerium unterstellt, so sehen es die Verträge vor. Gleichzeitig sorgt die Fraport AG bei jedem Einzelnen von ihnen dafür, dass das Bankkonto gefüllt bleibt. Und spätestens beim Blick auf den Gehaltszettel dürfte doch klar sein, wem die eigene Loyalität gehört, das ist menschlich verständlich und im Grunde der tiefere Sinn eines auf Geld basierenden Tauschhandels: deine Arbeitskraft und Loyalität gegen mein Geld! Der Konzern Fraport erkauft sich auf diese Weise eine Loyalität, die unmöglich einzufordern wäre, säßen in der Luftaufsicht unabhängige Beamte. Bekämen »echte« Beamte Geld von der Fraport AG zugesteckt, wäre der Tatbestand der Korruption erfüllt. Diese Konstruktion hingegen verstößt gegen kein Strafgesetz. Nur gegen das Verwaltungsverfahrensgesetz – das klingt schon so langweilig! Das Ergebnis: Ein Konzern kontrolliert sich selbst. Unabhängige Kontrolle durch unabhängige Beamte war bislang ein Garant für das Funktionieren einer gemeinwohlorientierten demokratischen Verwaltung. Damit ist es, zumindest bei der Luftaufsicht in Hessen, vorbei.

Dass solche Interessenkonflikte nicht nur virtueller Natur sind, sondern praktische Auswirkungen haben, belegt eine Untersuchung der Bezirksregierung Darmstadt. Geprüft wurden Nachtfluggenehmigungen am Frankfurter Flughafen im Jahre 2006. Allein 20 dieser Genehmigungen wurden als rechtswidrig eingestuft. Die Bezirksregierung leitete sogar ein Ordnungswidrigkeitsverfahren gegen die hessische Luftaufsicht ein. Immerhin, jede gegen Recht und Gesetz genehmigte Landung durch die »Leihbeamten« der Fraport AG bescherte dem Konzern einen Umsatz von 5 000 Euro. Ein Vorgang, den Experten wie Hans Herbert von Arnim nie für möglich gehalten hätten.

Professor von Arnim lehrt seit Jahrzehnten an der kleinen, aber feinen Hochschule für Verwaltungswissenschaften in Speyer, wie der Staat funktioniert – oder auch nicht. Er hat Bücher geschrieben über die zahlreichen Versuche von Konzernen, Parteien auf dem Wege der Parteispenden zu kaufen, über den zunehmenden Einfluss von Lobbyisten auf Parlament und Regierung. Er tut dies in einer klaren Sprache, deshalb wird er auch gern von

Fernsehjournalisten als Kronzeuge des schleichenden Sittenverfalls genommen. Ein Prinzip staatlichen Handelns hielt er dennoch bislang für ehern und unantastbar: dass es in Gemeinden, Landkreisverwaltungen, Landes- und Bundesministerien eine besondere berufliche Spezies gibt, die vielleicht behäbig, aber immerhin uns allen verpflichtet ihrem Tagwerk nachgeht – nämlich die Beamten. Unabhängige Beamte. Natürlich ist auch Hans Herbert von Arnim klar, dass so ein Beamter eine Meinung hat, dass ihm zum Beispiel als Fachbeamten für Verkehrsangelegenheiten der ungehemmte Verkehrsfluss auf Autobahnen vielleicht eher am Herzen liegt als seinem Kollegen aus dem Umweltministerium, der auf ein allgemeines Tempolimit hinarbeitet. Dennoch, die Beamten – großzügig alimentiert mit Beihilferegelungen im Krankheitsfall und guten Pensionen – waren bislang dem Staat verpflichtet, auf den sie auch ihren Eid leisten. Dass nun aber von ihren Konzernen alimentierte »Leihbeamte« hoheitliche Aufgaben übertragen bekommen, die überdies die wirtschaftlichen Interessen ihrer Hauptarbeitgeber unmittelbar betreffen, hält von Arnim schlichtweg für rechtswidrig: »Man muss sich einmal in die Situation dieser Leute hineinversetzen. Ihre Loyalität gehört natürlich der Firma, von der ihre Zukunft und ihre Karriere abhängt. Ihr gegenüber fühlen sie sich verantwortlich. So wird unabhängige Kontrolle ausgehebelt zugunsten einer privaten Firma. Das ist keine unabhängige Kontrolle mehr, die das Verwaltungsrecht verlangt.«

Fraport bezahlt den hessischen Lärmschutzbeauftragten

Zurück zum Flughafen Frankfurt. Verirrt sich ein Journalist in eine Anwohnerversammlung und spricht die lärmgeplagten Bürger auf die Einflussmöglichkeiten der Fraport AG an, hagelt es harsche Worte. Von »sizilianischen Verhältnissen« sprechen die einen, »von der Macht, an der hier keiner vorbeikommt«, andere, wieder andere nennen das Ganze schlicht »mafiös«. Und das hat nicht nur mit den Fraport-Leuten in der Flugaufsicht zu tun, die ihrem eigenen Konzern die Nachtflüge genehmigen. Auch eine andere für sie wichtige Institution steht der Fraport mehr als nahe: der Lärmschutzbeauftragte des Landes. Er ist eigentlich dazu da, Sorgen und Beschwerden von Bürgern zu bearbeiten, und er ist auch gefordert bei lärmrelevanten Großprojekten wie zum Beispiel dem geplanten Bau einer neuen Landebahn in Frankfurt. Kurzum, der Lärmschutzbeauftragte sollte ein Anwalt der Bürger sein. Interessanterweise ist dieser in Hessen dem Verkehrs- und Wirtschaftsministerium unterstellt, nicht dem Umweltministerium. Nicht nur das: Der Mann, der diesen Posten innehat, ist – Sie ahnen es – ein hauptamtlicher Mitarbeiter der Fraport AG. Staatliche Kontrolle in Sachen Luftfahrt ist in Hessen längst ausgehebelt. Der Fraport-Konzern kontrolliert sich hier selbst.

Bürgermeister Jühe lobt zwar das Engagement des gegenwärtigen Fluglärmschutzbeauftragten zugunsten des Lärmschutzes in der Region, aber auch ihm wäre ein Beschäftigungsverhältnis lieber, das eine unabhängige Arbeit immer garantieren kann.

Nun könnte ja ein Befürworter der allgemeinen Entstaatlichung einwenden, mit dem Einsatz der »Leihbeamten« spare die öffentliche Hand immerhin Steuergeld, schließlich bezahlen ihre Arbeit ja private Konzerne. Wenn die wahre Herkunft dieser externen Mitarbeiter transparent gemacht werde, sei die Welt doch in Ordnung. Solche Argumente begegnen uns häufig. Doch wer sich in den Räumen der Luftaufsicht umsieht, wird auf keinem Türschild einen Hinweis darauf finden, wer die Leute in dieser vermeintlichen Amtsstube bezahlt. Und auch, wer sich beim hessischen Lärmschutzbeauftragten über die Fraport beschwert, wird von diesem mit keiner Silbe darauf aufmerksam gemacht, dass er von eben dieser Fraport bezahlt wird.

Also versuchen wir es anders und werfen einen Blick in den 174 Seiten langen Geschäftsbericht der Fraport AG. Doch auch hier finden wir keinen Hinweis darauf, dass der Konzern sein Geld in externe »Leihbeamte« investiert. Und als wir eine Anfrage an die hessische Landesregierung schicken, lässt uns die Staatskanzlei von Roland Koch, dem »brutalstmöglichen« Aufklärer in Sachen CDU-Spendenskandal, nur mitteilen: Auskunft über Fraport-Mitarbeiter in den Landesministerien werde man der Presse nicht geben. Dabei wären Koch und seine Regierung nach dem Gesetz auskunftspflichtig. Offensichtlich will man etwas verschleiern.

Aufgeschreckt von einem *Monitor*-Bericht, fragen die Grünen im Wirtschaftsausschuss des Hessischen Landtages nach. In ihrer Antwort gibt die Landesregierung die Sachverhalte unumwunden zu und sieht darin, was auch sonst, nichts Rechtswidriges. Das parlamentarische Spiel, die Exekutive mit kritischen Fragen zu konfrontieren, die mitunter dann eine öffentliche Aufmerksamkeit erzeugen, bleibt ansonsten folgenlos. Noch heute sitzen die »Diener zweier Herren« an besagten Schaltstellen staatlicher Kontrolle in Hessen.

Zwar sind sich Experten wie Professor Hans Herbert von Arnim oder der Berliner Verwaltungsrechtsexperte Professor Jürgen Keßler einig, dass es sich um eine rechtswidrige Praxis handelt, doch im Unterschied zu einem gewöhnlichen Taschendiebstahl bleibt die rechtswidrige Übertragung staatlicher Kontrolle auf Konzernvertreter bislang ungeahndet. Und wer wollte hier auch klagen? Und wogegen? Eine Klage gegen diese neue Form des Lobbyismus setzt nämlich eine Klageberechtigung voraus. Und klageberechtigt ist im Verwaltungsrecht ausschließlich derjenige, der einen Schaden erlitten hat. Im Fall der durch Fraport-Mitarbeiter genehmigten Nachtflüge, so könnte man denken, wären dies die um ihre Nachtruhe gebrachten Bürger. Doch die können allenfalls gerichtlich feststellen lassen, dass die eine oder andere Genehmigung nicht rechtens war, so wie es jetzt die Darmstädter Bezirksregierung auf dem Wege des Ordungswidrigkeitsverfahrens feststellte.

Solch eine Klage einzelner Bürger würde den Regierenden in Hessen kaum wehtun. Anders wäre es, wenn eine konkurrierende Fluggesellschaft nach dem Motto »Wenn die nachts fliegen, dürfen wir das auch« auf Gleichbehandlung klagen würde. Derartige Gerichtsverfahren landen per Vergleichsverfahren jedoch regelmäßig in den Archivakten der Gerichte. Somit werden zwar einzelne rechtswidrige Genehmigungen per Bußgeld sanktioniert, die Herrschaften von Fraport genehmigen dennoch fröhlich weiter, denn die Leihbeamten selbst aus ihren Sesseln zu klagen, dürfte illusorisch sein.

Insofern werden auf diesem Feld flächendeckender Übertragung hoheitlicher Aufgaben auf private Institutionen nicht nur die klassischen parlamentarischen Kontrollmöglichkeiten schachmatt gesetzt, sondern gleich auch noch die Möglichkeit, diesem Treiben mithilfe unabhängiger Gerichte ein Ende zu setzen. Dieser regionale Skandal spiegelt somit die Dimension dieses Problems für das Funktionieren der Demokratie im Ganzen wider.

»Beleihung von Fachkräften aus der Wirtschaft in speziellen Einsatzgebieten gab es schon immer«, stellt Professor Jürgen Keßler hierzu fest, »aber vor dem Hintergrund weitreichender Privatisierungen hoheitlicher Aufgaben des Staates bilden solche Verfahren eine bedrohliche Entwicklung.« Gab es früher vereinzelt »Leihbeamte« in ansonsten unabhängig arbeitenden Behörden, sprich in einem durch die behördliche Hierarchie abgesicherten Raum, schwimmen diese verkappten Interessenvertreter heute wie die Fische in den früheren Hoheitsgewässern des Staates.

Ein neues Fluglärmgesetz – teuer für die Flughafenlobby

Wie die folgenden Seiten über die systematische Manipulation des »Fluglärmgesetzes« zur »Lex Fraport« zeigen wird, betrifft diese Entwicklung nicht nur Orte staatlicher Kontrolle, sondern auch die Orte der Gesetzgebung, die Zentren bundesstaatlicher Macht.

Mit der Wahl der rot-grünen Bundesregierung 1998 rückten zunächst zahlreiche Gesetze über Normen und Standards der Umweltpolitik wieder ins Augenmerk der Regierungspolitik. Das »Gesetz zum Schutz vor Fluglärm« stammte vom 30. März 1971 und musste angesichts einer Vervielfachung der Flugbewegungen dringend überarbeitet werden. Zu Jahresbeginn 2000 erteilte die politische Leitung des Bundesumweltministeriums unter Minister Jürgen Trittin und seinem Staatssekretär Rainer Baake den Fachbeamten der Abteilung I G den Auftrag, einen Referentenentwurf für ein neues Fluglärmgesetz zu erstellen. Das neue Gesetz sollte vor allem klar definieren, in welchen Zonen rund um einen Flughafen Lärmschutzmaßnahmen ergriffen werden müssen – für Flughafenbetreiber eine kostspielige Angelegenheit: Neue Grenzwerte und Kilometerzonen können bedeuten, dass der Flughafen den Anwohnern neue Fenster, Türen und Lüftungsanlagen bezahlen muss. Die Buchstaben dieses Gesetzes sind also vor allem im Detail interessant für die Lobbyisten der deutschen Flughäfen.

Für die Fraport AG stellte sich ein zusätzliches Problem: Der Frankfurter Flughafen soll größer werden, eine neue Landebahn Nordwest soll bis 2010 entstehen. Um diese zu ermöglichen, hat Fraport bereits viel Geld ausgegeben. Das dürfte es in der deutschen Wirtschaftsgeschichte wohl noch nicht gegeben haben: Ein Flughafenbetreiber kauft sich in eine Fabrik ein, weil sie seinen Expansionsplänen im Weg ist. Das Chemiewerk der Ticona lag direkt unter der geplanten neuen Flugschneise, was die Deutsche Störfallkommission 2004 zu einem Veto gegen die geplante Nordwestbahn veranlasste. Daraufhin einigte sich die Fraport mit dem Hauptanteilseigner der Ticona, der Investmentgesellschaft Blackstone, auf eine Umsiedlung der Chemiefabrik. Das Gelände übernimmt die Fraport. Die Kosten dieser abenteuerlichen Transaktion liegen bei etwa 650 Millionen Euro. Allein diese skurrile Geschichte zeigt, wie bitterernst den Fraport-Vorständen ihre Ausbaupläne sind.

Die Gesamtkosten des Projekts Flughafenausbau belaufen sich auf bereits vier Milliarden Euro. Das neue Fluglärmgesetz sollte in jedem Fall die Anwohner besserstellen, und so formierte sich bereits früh der Widerstand des Fraport-dominierten Branchenverbandes »Arbeitsgemeinschaft Deutscher Verkehrsflughäfen« (ADV) – eines klassischen Lobbyverbandes. Dort sprach man anfangs von zusätzlichen Kosten für den Lärmschutz von 800 Millionen Euro allein für den Frankfurter Flughafen. Später musste die Lobby allerdings einräumen, dass es sich um exakt 334 Millionen Euro handelte.[4] Kurz nachdem die Beamten im Bundesumweltministerium mit ihrer Arbeit begonnen hatten, formierte sich auch an anderer Stelle Widerstand, nämlich im traditionell luftverkehrsfreundlichen Bundesverkehrsministerium. Schließlich müssen Gesetze, die mehrere Ressorts betreffen, auch ressortübergreifend abgestimmt werden. Zeitgleich riefen die Pläne des grünen Bundesumweltministers auch die Landesverkehrsministerien auf den Plan.

Gemeinsam mit dem Bundesverkehrsministerium gründeten sie eine Unterarbeitsgruppe zur Vorbereitung der Novelle des

Fluglärmgesetzes. In dieser aus Fachbeamten der Verkehrsministerien zusammengesetzten Runde sollten die Entwürfe aus dem Bundesumweltministerium kritisch gewürdigt werden. Insofern war diese Arbeitsgruppe ein »Hort des Widerstands«, erinnert sich ein hochrangiger Mitarbeiter des Bundesumweltministeriums. Wie gesagt, in der trauten Runde saßen ausschließlich Beamte – bis auf einen: Holger Otto[5], der quasi als freier Mitarbeiter vom Bundesverkehrsministerium entsandt worden war. Eigentlich war er damals Lärmschutzbeauftragter des Flughafens Köln-Bonn. Wenig später wechselte er zur Fraport AG nach Frankfurt. Otto war ein Interessenvertreter der Flughafenlobby, offiziell geschickt vom Bundesverkehrsministerium und insoweit ausgestattet mit den Rechten eines Beamten. Das war nur der Auftakt für den Durchmarsch des neuen Lobbyismus im Bundesverkehrsministerium.

Im Bundesumweltministerium registrierte man den Widerstand, und man wusste, dass man es mit beinharten Gegnern zu tun hatte. Rainer Baake war damals als Umweltstaatssekretär unmittelbar an den politischen Verhandlungen um das neue Gesetz beteiligt, und ihm wurde schnell klar, dass es zwischen den Positionen der Großflughäfen und des Bundesverkehrsministeriums eine dubiose Deckungsgleichheit gab: »Das Bundesverkehrsministerium übernahm weitgehend die Positionen der Flughafenbetreiber, weitgehend die Positionen der Fraport.« Insbesondere habe das Verkehrsministerium die Zahlen der Lärmexperten in Zweifel gezogen, was Grenzwerte, Berechnungsverfahren und einzurichtende Schutzzonen angeht, letztlich immer mit dem Ziel, die Kosten für den passiven Lärmschutz der Bürger zu drücken und die Flughafenbetreiber zu schonen, erinnert sich Baake. Das Umweltministerium griff nun seinerseits in die Trickkiste. Zunächst standen im Gesetz auch Vorschriften, die von den Bundesländern auszuführen sind. Folglich hätte über das Fluglärmgesetz nicht nur im Bundestag, sondern auch im Bundesrat abgestimmt werden müssen, denn hier können die Länder ihr Veto gegen Bundesgesetze einlegen, die sie betreffen. Das Fluglärmgesetz hätte so zwischen den Mühlen der Landesverkehrsministerien zerrieben werden können. Also strich man in dem Entwurf 2004 kurzerhand alle Ausführungsvorschriften und entzog es damit dem Bundesrat. Gerettet war das Gesetz damit noch lange nicht – im Gegenteil. Denn das Bundesverkehrsministerium hielt sich auf dem Laufenden und mit ihm die Fraport.

Fünf Jahre sitzt der Fraport-Mann im Bundesverkehrsministerium

Einen wirklich spannenden Posten hatte während des gesamten Lobbyprozesses ein Mann namens Wolfgang Weiß[6]. Der Fraport-Manager war von September 2001 bis Dezember 2006 in der Abteilung »Luft- und Raumfahrt« des Bundesverkehrsministeriums tätig. Er hatte dort wie ein Beamter sein Büro, nahm an Sitzungen teil, hatte Zugang zu Behördeninterna, nicht zu vergessen die Flurgespräche, die es wohl in jeder Behörde gibt. Nur seinen Lohn bekam Wolfgang Weiß nicht wie seine Beamtenkollegen von der Bundesrepublik Deutschland, sondern die gesamten fünf Jahre über von der Fraport AG, denn dort war sein Job, jedenfalls dem Papier nach: »Leiter des Planungsbüros für Luftraumnutzer am Frankfurter Flughafen«.[7]

Hätte die Fraport einen Beamten seines Kalibers über so viele Jahre unter der Hand bezahlt, hätte die Angelegenheit als saftige Korruptionsgeschichte die Gazetten beschäftigt. Doch in der neuen Welt des »schlanken Staates« ist alles ganz anders. So stellt das Bundesverkehrsministerium klar: Die Zusammenarbeit sei auf technische Bereiche der Flughafenabfertigung beschränkt gewesen, und mit dem neuen Fluglärmgesetz habe Weiß natürlich nicht das Geringste zu tun gehabt.

Dennoch fiel die merkwürdige Rolle des Herrn Weiß sogar einmal vor Gericht auf. Im Februar 2003 war Wolfgang Weiß zum Bayerischen Verwaltungsgerichtshof gereist. Dort wurde über eine Klage gegen Ausbaupläne des Augsburger Flughafens geklagt. Das Gericht hatte das Bundesverkehrsministerium um einen amtlichen Sachverständigen gebeten. Doch noch vor Beginn der Verhandlung stolpern die Prozessbeteiligten über Weiß' Bezeichnung »freier Mitarbeiter des Bundesverkehrsministeriums«. Was nun folgt, erinnert an Karl Valentin:

»Der Senat gibt bekannt, dass er Herrn Weiß, der auf die Ladung des Senats hin vom Bundesverkehrsministerium als freier Mitarbeiter entsandt wurde, im Sinne der Erstattung der amtlichen Auskunft hören möchte. Das Schreiben des BMV vom 11.2.2003 wird verlesen. Herr Weiß ergänzt: Ich bin Angestellter des Frankfurter Flughafens. Die Art und Weise, wie Herr Weiß gehört werden soll, wird erörtert. Das Gericht schlägt vor, ihn zunächst als Sachverständigen zu hören und dem BMV zu überlassen, ob es später die gemachten Aussagen auch als eigene übernehmen will.«[8]

Das ist schon ein starkes Stück: Ein bayerischer Richter schlägt vor, es dem Bundesverkehrsministerium zu überlassen, ob es die Aussagen eines Leihbeamten nachträglich überhaupt als eigene übernimmt. Nach der Belehrung durch den Senat bestätigte der Fraport-Mann Weiß übrigens, mit Beteiligten des Gerichtsverfahrens weder »verschwägert noch verwandt« zu sein. Das ist so vor Gericht, Sachverständige dürfen nicht »Diener zweier Herren« sein, nicht mal den Anschein erwecken, einer Seite näherzustehen. Vor Gericht ist das Vorschrift, in Bundesministerien scheint längst das Gegenteil zu gelten.

Doch nicht nur nach Bayern durfte Weiß für das Bundesverkehrsministerium reisen, auch auf internationalem Parkett war der Fraport-Mann für das Ministerium präsent. So findet er sich unter den Mitgliedern der »A 380 Airport Compatibility Group«, einer Kommission zur Anpassung technischer Airport-Vorschriften für den neuen Airbus A 380. Neben drei Abgesandten der Fraport AG, einem Abgesandten des Lobbyverbandes ADV (Arbeitsgemeinschaft Deutscher Verkehrsflughäfen) und einem Vertreter des hessischen Verkehrsministeriums steht auf der Liste: »BMVBW, Wolfgang Weiß, Federal Regulatory Authority«. In diesem Gremium dürfte wohl nur der ohnehin Fraport-lastigen deutschen Delegation klar gewesen sein, dass auch der Ministeriumsmann Weiß eigentlich ein Fraport-Mitarbeiter war.

Im Bundesverkehrsministerium bleibt man bei der Darstellung, Weiß sei nie mit Aufgaben, die auch die Belange der Fraport AG betrafen, betraut gewesen. Kollegen von Weiß aus dem

Ministerium, die lieber ungenannt bleiben wollen, sehen das allerdings etwas anders. Natürlich habe Weiß als Mitarbeiter der Luftfahrtabteilung wichtige Insiderinformationen erhalten können. Selbst Hand ans Gesetz anlegen zu müssen, sei somit gar nicht notwendig gewesen.

Immer am Ball der laufenden Gesetzgebung zu sein, gehört zu den wichtigsten Voraussetzungen eines effizienten Lobbyismus. Im Jahr 2004 spitzte sich der Streit zwischen der Luftfahrtlobby und dem Bundesumweltministerium zu. Vor allem die Frage, inwieweit Flughafenerweiterungen unter die verschärften Lärmvorschriften des neuen Gesetzes fallen, beschäftigte die Lobbyisten. Denn die geplante neue Landebahn des Frankfurter Airports wäre die Fraport AG teuer zu stehen gekommen, wenn die neuen Werte gelten sollten. Die Fraport-dominierte Lobbyvereinigung ADV wetterte in einer Stellungnahme zum Referentenentwurf des Bundesumweltministeriums: »Der Regelungsansatz des Referentenentwurfs ist … untauglich.«[9] Der Ausbaufall von Flughäfen sollte nach dem Willen der ADV gleich ganz aus der Kompetenz des neuen Fluglärmgesetzes herausfallen und vom »Luftverkehrsgesetz« geregelt werden, für das wiederum federführend das Bundesverkehrsministerium zuständig ist.

Die Fraport schreibt einen Entschließungsantrag

Die Fronten in der Bundesregierung waren verhärtet, also kam es zunehmend darauf an, den Bundestag zu aktivieren. So gerieten jetzt die Abgeordneten, die letztlich über das neue Gesetz abstimmen würden, ins Visier der Lobbyisten. Im Jahr 2004 brachte die SPD einen Entschließungsantrag zum Luftverkehr in die Koalition ein. Der harmlose Titel: »Koordination und Kooperation verbessern – nachhaltigen Luftverkehr sichern«. Das Papier forderte eine zügige Umsetzung des neuen Fluglärmgesetzes und die Berücksichtigung der Interessen der Luftverkehrswirtschaft – eine Art politische Rückendeckung aus dem Parlament für die Ministerialbürokratie. Ein ganz normaler Vorgang. Nicht mehr normal war das, was eine Mitarbeiterin des Abgeordneten der Bündnisgrünen und Umweltsprechers Winfried Hermann an ihrem Computer erlebte. Als sie die Datei, die ihr von der SPD-Fraktion zwecks gemeinsamer Abstimmung zugemailt worden war, öffnete und »Dateieigenschaften« anklickte, erschien dort die wahre Quelle der politischen Resolution. Sie war nicht etwa in den Fraktionsräumen des Koalitionspartners SPD ausgetüftelt worden, sondern von der Fraport AG.

Für den parlamentarischen Geschäftsführer der Fraktion, Volker Beck, ist das ein unglaublicher Vorfall. Dabei hat Beck eigentlich ein ziemlich entspanntes Verhältnis zu den vielen Lobbyisten, die täglich die Bundestagsquartiere überschwemmen. Lobbyismus, sagt Beck, gehöre zum parlamentarischen Betrieb dazu. Schließlich müssten Lobbyisten ja sogar von den Fachausschüssen angehört werden, um wichtige Einwände der Wirtschaft im Gesetzgebungsprozess zu berücksichtigen. Doch die Angelegenheit mit dem Antrag hat Beck, der nicht gerade als Heißsporn gilt, wütend gemacht, wütend vor allem auf die SPD, die den Grünen damals den Antrag unterjubelte: »Gerade beim Thema Luftverkehr finde ich es erstaunlich, dass man sich die Perspektive einer Seite eins zu eins zu eigen macht. Der Abgeordnete und das Parlament haben ja die Aufgabe, die verschiedenen legitimen Interessen in der Gesellschaft gemeinwohlorientiert auszugleichen. Und deswegen kann man nicht einseitig das, was ein Luftverkehrsunternehmen, was ein Flughafenbetreiber vorschlägt, übernehmen.« Beck warnt vor einer »unterbelichteten Politik«, bei der die Gemeinwohlorientierung verloren gehe. Er findet es außerdem ziemlich unheimlich, in parlamentarischen Anhörungen auf Bundesbeamte zu stoßen, bei denen man sich nicht sicher sein kann, ob es wirklich Beamte sind oder Konzernlobbyisten, denn Letztere würde Beck »anders befragen als einen Fachbeamten«.

Rainer Baake, im Jahr 2004 noch Staatssekretär im Bundesumweltministerium, ahnte damals nicht, was sich im Bundestag abspielte. Heute sagt er, diese Form politischer Infiltration übersteige klar die »zulässigen Grenzen des Lobbyismus«.

Und auch Thomas Jühe, der Raunheimer Bürgermeister und Antilärmlobbyist, musste erleben, wie fest die Lobbyisten das Parlament bereits in ihren Klauen halten. Für Jühe war es so etwas wie ein Schlüsselerlebnis. Als Vorsitzender der Arbeitsgemeinschaft Deutscher Fluglärmkommissionen war er in den Umweltausschuss des Bundestages eingeladen worden. Also setzte er sich in seinen Wagen und fuhr nach Berlin. Kurz nachdem er in der Runde der Ausschussmitglieder Platz genommen hatte, erblickte er auf dem Tisch seines Nachbarn eine Rundmail des Lobbyverbandes ADV: »Neben mir saß der Chef des Flughafens Köln-Bonn. Der hatte eine E-Mail auf dem Tisch von der ›Arbeitsgemeinschaft Deutscher Verkehrsflughäfen‹, da spielt die Fraport eine entscheidende Rolle. Aus dieser E-Mail ging hervor, welche Fragen dem Flughafenchef von den Mitgliedern der CDU im Umweltausschuss gestellt werden, und dann wurde auch aufgeführt, wer noch gefragt wird, das sind alle Vertreter der Luftverkehrswirtschaft gewesen. Da wird deutlich, man will sich seitens der Abgeordneten gar nicht informieren, man will gar nicht Aufklärung erreichen, sondern man will ausschließlich der Luftverkehrswirtschaft ein Forum bieten.«

Die graue Eminenz der Fraport in der Staatskanzlei

Während die Luftverkehrslobby Beamte und Abgeordnete mit scheinbar gut aufbereiteten Zahlen und Fakten versorgt, ist die Sache für Jühe komplizierter. Wie soll er den Nichtkennern vermitteln, dass es ein großer Unterschied ist, ob der Lärm in Raunheim an allen Tagen gemessen und dann durch 365 geteilt wird oder nur an Tagen mit Überflug? Natürlich wird der Leidensdruck nur bei der zweiten Variante, der sogenannten »100:100-Regelung« offenbar, aber wer von den Abgeordneten und Beamten kann schon etwas mit dieser Formel anfangen?

Jühe fühlte sich jahrelang von der Fraport-Lobby umzingelt. So also werden Gesetze gemacht. Von Lobbyisten innerhalb und außerhalb der Behörden und Ministerien. Das ist in Berlin so – und auch in der Hessischen Staatskanzlei. Auch hier hat ein Mitarbeiter der Fraport AG seinen Schreibtisch. Doch mit welchen Aufgaben ist er betraut, fragen wir bei der hessischen Landesregierung an. Die Antwort: Schweigen. Dabei könnte jene graue Eminenz eine Schlüsselrolle in der Lobbyarbeit der Fraport gespielt haben.

Der Raunheimer Bürgermeister Jühe jedenfalls erinnert sich, welche zentrale Position der Hessischen Staatskanzlei in dieser Frage für die Bundespolitiker zufiel:

»Die Bundestagsabgeordneten, die damit befasst waren, das Gesetz letztendlich zu formulieren, waren aufgefordert, mit den hessischen Landesbehörden, die dafür zuständig sind, Kontakt aufzunehmen, um dort Formulierungshilfen zu erhalten. Nun ist es so, dass genau in diesen Landesbehörden Fraport-Mitarbeiter tätig sind, und so liegt der Verdacht nahe, dass die Fraport entsprechend ihren Einfluss geltend gemacht hat, um Formulierungen, die ihr liegen, die sie braucht, auch im Gesetz platzieren zu können.«

Auch der Fraport war klar: Luftfahrtlobbyismus nur in Berlin zu betreiben, wäre in Zeiten der EU-Gesetzgebung so, als wolle man einen Rasenlandeplatz im Münsterland zum internationalen Drehkreuz umfunktionieren, sprich ein ziemlich provinzielles Unterfangen. Deshalb gewann man einen Beamten der EU-Kommission und machte ihn zum Lobbyisten in Brüssel. William Ament heißt der Mann, der zuvor in der Kommission für Tourismus zuständig war. Aus dem anonymen Glaspalast zog er um in die beschauliche Avenue de l'Yser 19, einen luxuriösen Altbau mit Blick auf einen kleinen Weiher mitten in Brüssel. Dort vertritt er die Belange des Fraport-Konzerns in der EU. Das Büro ist allerdings nicht irgendeine Adresse, sondern zugleich die der Hessischen Landesvertretung, sprich der lange Arm der Wiesbadener Staatskanzlei in Brüssel. Ein hilfreicher Vermieter für die Fraport AG. Schließlich gibt der Leiter der Landesvertretung, Friedrich von Heusingen, auch freimütig zu, der Ausbau des Frankfurter Flughafens, eines der größten Infrastrukturprojekte in Deutschland und Europa, hänge von einer Reihe von Genehmigungen in Brüssel ab.[10]

Doch zurück in die Niederungen der Entwicklung des neuen Fluglärmgesetzes. Ein Reizwort für Bürgermeister Jühe bleibt bis heute ein Gutachten, das die Fraport AG in Auftrag gegeben hat. Es wird in Fachkreisen »Lärmsynopse«, genannt, eine erwiesenermaßen fehlerhafte Bemühung[11], selektiv bestimmte, zumeist ältere Forschungsarbeiten auszuwerten. Als bahnbrechende Forschungsarbeit kann das Werk keinesfalls gelten. Und was sie so weltweit im Auftrag der Fraport zum Thema gelesen haben, interpretieren die beteiligten Forscher eigenwillig:

»Gesicherte wissenschaftliche Erkenntnisse zur Schädigungsgrenze bei Umweltlärm am Tag liegen noch nicht ausreichend vor. Eine gemeinsame Betrachtung mit dem Nachtbegrenzungswert ist beim gegenwärtigen Wissensstand nicht möglich. (...) Schwellenwerte werden nicht angegeben, da die wissenschaftliche Grundlage derzeit zu gering ist und Spekulationen Unsicherheiten bei den Betroffenen erzeugen können.«[12]

Was hätte sich die Fraport AG von ihren Gutachtern Besseres wünschen können als folgendes Statement:

»Grundsätzlich halten die Sachverständigen die Vermeidung von Lärmbelastungen während der Nacht, von 22 bis 6 Uhr, für die optimale Lösung. Sollte dies unter dem Aspekt des international vernetzten Flugverkehrs und anderer Gründe nicht gewährleistet werden können, schlagen wir eine Konzentration des Flugverkehrs auf den weniger empfindlichen ersten Teil der Nacht vor.
22–1 Uhr: zwei Drittel bis drei Viertel aller Bewegungen
1–6 Uhr: ein Viertel bis ein Drittel aller Bewegungen.«

Für den Fall, dass auch diese »Einschränkungen« den Gewinninteressen zuwiderlaufen, bieten die Gutachter eine für die Fraport ganz optimale Lösung: »Als mögliche Alternative für den Fall, dass eine Zweiteilung der Nacht nicht realisiert werden kann, kommt als Alternative in Frage die ungewichtete Verteilung des Flugverkehrs über die gesamte Nacht.«

Sprich: Alles soll beim Alten bleiben für Hunderttausende lärmgeplagter Flughafenanwohner in Deutschland. Trotzdem breitete sich diese »Synopse« in einem erstaunlichen Tempo in den Amtsstuben des Landes Hessen, des Bundesverkehrsministeriums sowie im Deutschen Bundestag aus. Thomas Jühe, der Raunheimer Bürgermeister, kam wieder mal zu spät und war ziemlich beeindruckt, wo die »Synopse« schon verteilt worden war – und wann: »Die Lärmsynopse war noch nicht einmal richtig veröffentlicht, da wurde sie schon in allen Behörden gehandelt als die große Erkenntnis. Das heißt, sie ist direkt dort reingetragen worden. Und genauso bösartig ist das, was dort geschieht. Die Position der Betroffenen, also Gesundheitsschutz etc., werden gar nicht mehr wahrgenommen. Und das ist fatal, denn eigentlich hätte man sich dieses Schutzbedarfes annehmen müssen.«

Letztlich setzte sich in Sachen Lärmberechnung die Fraport-Lobby durch: Trotz nachvollziehbarer fachlicher Begründetheit ist die »100:100-Regel« bereits seit 2004 vom Tisch. Ein Teilerfolg auch aus Sicht der damaligen politischen Führung des Bundesverkehrsministeriums.

Dass in ihren Reihen jahrelang ein von der Fraport bezahlter »Leihbeamter« saß, fanden viele »echte« Beamte in der Abteilung Luftverkehr allerdings nicht lustig. Als die Geschichte im Herbst 2006 vom ARD-Politmagazin *Monitor* erstmals verbreitet wurde, habe das im Haus »ziemliche Aufregung produziert«, sagt uns ein Ministeriumsinsider.

Das Gesetz kommt, der Fraport-Mann geht

Ende Dezember 2006 verlässt der »externe Mitarbeiter« Wolfgang Weiß das Bundesverkehrsministerium. Das sei so geplant gewesen, schreibt uns das Ministerium. Im selben Monat beschließt der Bundestag nach sieben Jahren harter Debatten das neue »Gesetz zum Schutz gegen Fluglärm«. Für die Fraport-Lobby war der Fall erledigt, sie hatte einen richtig guten Job gemacht. Denn im neuen Gesetz gibt es zwar niedrigere Grenzwerte, die die Flughafenanwohner besser schützen, zugleich findet sich in dem 27-seitigen Gesetz ein knapper Satz, bei dem die Konzernspitzen allen Grund gehabt hätten, die Champagnerkorken knallen zu lassen: »Wegen der weitreichenden Auswirkungen der neuen Nacht-Schutzzone insbesondere für den Neubau und die wesentliche bauliche Erweiterung von Flugplätzen gilt dieser Wert allerdings erst ab dem 1. Januar 2011.« Für die neue und teure Nordwestbahn des Frankfurter Flughafens gelten die verbesserten Lärmschutzbestimmungen entsprechend nicht. Denn diese Landebahn soll bereits vorher fertiggestellt sein.

Besonders in Hessen empörte diese »Lex Fraport« Umweltschützer und Fluglärmbetroffene. Und auch Rainer Baake, ehemaliger Umweltstaatssekretär, hätte das nicht für möglich gehalten: »Was in erster Linie an dem gegenwärtigen Gesetzentwurf zu kritisieren ist: Er nimmt die Fraport aus der Verantwortung für einen verschärften Lärmschutz, da man hier eine Übergangsregelung geschaffen hat, die ihr Erleichterungen für den Frankfurter Flughafen schafft. Zulasten letztendlich der lärmbetroffenen Bevölkerung um den Flughafen herum.«

Thomas Jühe, der unermüdliche Antifluglärm-Lobbyist, will trotzdem nicht aufgeben. Im Archiv des Raunheimer Stadthauses hat er mittlerweile meterweise Akten über die Lobbyvorgänge um das Fluglärmgesetz zusammengetragen. Beim Gedanken an die vielen Tricks und Kniffe der Gegenseite verliert der ansonsten sachliche Mann zuweilen die Fassung. Der listige und freundliche Bürgermeister nennt die Fraport-Lobby dann »ein Krebsgeschwür«. Das breite sich schnell aus, und das unerkannt. Da kann der fleißige Bürgermeister noch so viel arbeiten, er steht auf verlorenem Posten.

Trotzdem ist auch Jühe klar: Ein Konzern ist seinen Aktionären verpflichtet, nicht dem Gemeinwohl. Lässt man ihn gewähren, kann es keine Schranken für ihn geben. Ob bei der Kontrolle der Nachtflugverbote oder bei der Formulierung des Fluglärmgesetzes – immer sind es Politiker gewesen, die zugelassen haben, dass das Fraport-Lobbying jede Türritze durchdringt.

Die Flugzeuge werden, so wie es aussieht, seinen Bürgern auch künftig die Nachtruhe rauben. Da fällt auch dem Bürgermeister nicht mehr viel ein. Immerhin, er will unsaubere Lobbymethoden künftig offenlegen. Denn die fallen irgendwann auf ihre Urheber zurück. Hofft er.

2. Kapitel

Warum hört die Politik auf (klassische) Lobbyisten?

Pralinen für die Sekretärin – der TUI-Lobbyist Wolf-Dieter Zumpfort hat keinen Schreibtisch im Ministerium

Mit der Fraport-Lobby hat Wolf-Dieter Zumpfort so wenig oder so viel zu tun wie ein Lobbyist der Allianz-Versicherung mit dem Lobbyverband der Finanzdienstleister. Man kennt sich, man trifft sich, man hat unterschiedliche, aber auch gemeinsame Interessen. Die gemeinsamen liegen auf der Hand. Zumpfort ist der Mann in Berlin für den weltgrößten Touristikkonzern TUI, und der hat ein natürliches Interesse daran, dass die Touristenbomber bis spät in die Nacht an möglichst vielen Flughäfen Deutschlands starten oder landen können. Insofern ist das Fliegen auch sein Geschäft. Im Übrigen lässt die TUI nicht nur fliegen, sondern verfügt über eine eigene stattliche Flotte von rund 150 Flugzeugen.

Wolf-Dieter Zumpfort selbst fliegt, weil er muss. Ungefähr einmal die Woche geht es nach Brüssel, denn Lobbying in Berlin allein hilft längst nicht mehr weiter, das wäre angesichts der Relevanz der EU im Globalisierungsprozess ziemlich albern.

»Da ist schon eine Menge gelaufen«, sagt Zumpfort über die Lobbykollegen von der Fraport und setzt ein verbindliches Lächeln auf, von dem man das Gefühl hat, es könnte auch jeden Moment einfrieren. »Wissen Sie, natürlich haben wir gemeinsame Interessen mit allen Luftverkehrsflughäfen, nicht nur mit Fraport. Und wo es geht, versuchen wir die auch gemeinsam durchzusetzen. Das nennt man dann getrennt marschieren, vereint schlagen, im Sinne einer militärischen Sprachregelung. Das muss man auch ab und zu anwenden. Das sind dann strategische Allianzen.«

Insofern ist sein Unternehmen TUI eine Art Kriegsgewinnler des erfolgreichen Fraport-Lobbyings beim Fluglärmgesetz.

Mit dem Thema selbst hat Zumpfort nichts zu tun gehabt, das ist nicht sein Feld, und trotzdem sind ihm die Vorgänge nicht entgangen. Denn regelmäßig treffen sich die Lobbyisten der großen deutschen Konzerne, um »ohne Block und Bleistift« die eigenen Erfahrungen mit der Politik auszutauschen, Erfolge und Misserfolge zu bereden.

Zum Fluglärmgesetz hat auch Wolf-Dieter Zumpfort eine klare Meinung. Da sei halt unter Rot-Grün ein Gesetz entstanden, dass noch »verbesserungsbedürftig« gewesen sei. Interessen der Luftverkehrsbranche seien jetzt berücksichtigt. Insofern sei das Fraport-Lobbying erfolgreich gewesen, sagt Zumpfort. So einfach sind die Dinge.

Zumpfort selbst kam an seinen Job, weil er zuvor Politiker war, FDP-Landtagsabgeordneter in Schleswig-Holstein und in den 90ern Bundestagsabgeordneter. Er selbst jedenfalls weiß, warum er sein Geld für den Konzern wert ist: »Ich werde dafür bezahlt, dass ich den politischen Prozess kenne. Ich mache Lobby. Und es gibt nur einen Prozess, der da heißt, zur richtigen Zeit den richtigen Mann am richtigen Ort zu treffen, weil er die Entscheidungsbefugnis hat.«

Wolf-Dieter Zumpfort genießt es, auf kritische Fragen zu seinem Job zunächst mit einem Gegenangriff zu antworten. »So eine Frage kann nur ein unaufgeklärter Journalist stellen«, sagt er etwa auf die Frage, ob es ihn nicht ab und an freue, erfolgreich Einfluss auf die Politik genommen zu haben. Freude, so scheint es, gehört für Zumpfort irgendwo ins Privatleben, keineswegs in die Welt der Lobbyisten. Denn die ist kühl und berechnend, und genauso gibt sich auch Wolf-Dieter Zumpfort gern nach außen. Jedenfalls Leuten gegenüber, denen er mit einem tiefen Misstrauen begegnet – investigativen Journalisten zum Beispiel.

Schwarze Schafe gibt es überall

Es bedarf erst einer gehörigen Portion Lobbyarbeit, um den erfahrenen Firmenlobbyisten und Altpolitiker für ein Interview zu gewinnen. Selbst nach dem dritten Kaffee und der dritten Versicherung, seine offene Lobbyarbeit habe doch mit der verdeckten Arbeit von bezahlten Konzernvertretern in Bundesministerien nichts zu tun, bleibt er zurückhaltend. Wer will es ihm auch verdenken, ist doch das Ansehen der Lobbyisten in der Öffentlichkeit ungefähr genauso miserabel wie das der Politiker und Journalisten und sind es doch vor allem Journalisten, die das negative Bild zementierten. Jedenfalls nach der Lesart der Lobbyisten. Oder waren sie es selbst, Leute wie der Waffenlobbyist Karlheinz Schreiber, die mit ihren Mauschelgeschäften die ganze Republik an der Nase herumführten? »Es gibt überall schwarze Schafe«, sagt Wolf-Dieter Zumpfort, »doch auch bei Ihnen im Journalismus, oder?«

Trotzdem: Zumpfort ist einer der ganz wenigen Lobbyisten, die offen über ihren Beruf sprechen. Er steht zu seiner Funktion, spricht davon, er wirke am Ausgleich unterschiedlicher Interessen mit. Für seinen Bereich heißt das zum Beispiel: Die EU will eine Emissionsabgabe für Flugzeuge einführen und kommt damit einer berechtigten ökologischen Forderung nach. Zumpfort wiederum will verhindern, dass seinem Konzern durch diese Abgabe ein Wettbewerbsnachteil entsteht, weil die Abgabe zunächst für europäische und erst später für nichteuropäische Airlines eingeführt werden soll.

Zumpfort ist an dieser Stelle verblüffend offen. Natürlich diene er ausschließlich den Gewinninteressen seines Konzerns. Das sei sein Job. Er legt auch Wert darauf, dass er nur beteiligt sei an einem Prozess, der irgendwann in ein neues Gesetz oder eine EU-Verordnung mündet. Diesen Interessenausgleich im Sinne der Allgemeinheit zu gestalten, sei in jedem Fall der Job von Politikern, von Beamten oder Abgeordneten. Das klingt liberal, und Wolf-Dieter Zumpfort meint es auch so. Trotzdem findet er für seinen Job und den damit verbundenen Einfluss in der Gesellschaft nicht gerade bescheidene Worte: »Meine Aufgabe ist es, in Berlin die Rahmenbedingungen, die politisch gesetzt werden, so mitzubeeinflussen, dass sie für uns optimal sind. Oder andersrum gesagt: Unsere Interessen muss ich so in die Politik einbringen, dass die Politik auch die Entscheidungen trifft, die diesen Interessen gerecht werden.«

Das Auftreten von Lobbyisten ist selbstbewusster geworden seit dem Umzug der Bundesregierung nach Berlin und besonders seitdem Gerhard Schröder als Chef der rot-grünen Regierung auf die Konzerne zuging. Bescheidene Büroetagen, versteckt in einem Wohnviertel, in Bonn die Norm, kann sich heute kein Konzern mehr leisten. Die Lobbyisten repräsentieren zugleich, und das muss was hermachen.

Die TUI-Repräsentanz in Berlin liegt in einem liebevoll sanierten sechsgeschossigen Jugendstilhaus Unter den Linden. Wer Wolf-Dieter Zumpfort besucht, wird zunächst in gedämpftem Licht über einen zehn Meter langen Flur aus alten Eichenbohlen geleitet. Sie stammen aus einem Schloss. Die Sitzecke für Besucher ist großzügig und bequem, und der Latte macchiato für die Wartezeit kann es mit vielen guten Adressen in Berlin aufnehmen. Das Büro, in dem uns Zumpfort schließlich empfängt, ist so groß wie eine ganze Singlewohnung. An den Wänden hängt abstrakte Kunst, nicht zu schrill, aber auch nicht glatt. Schon die Einrichtung der Hauptstadt-Repräsentanz signalisiert: Hier sitzt einer, der einflussreich ist in der Republik und der dazu steht, einflussreich zu sein. »Wissen Sie, ich bin vor allem den Interessen der TUI AG verpflichtet, aber hinter TUI stehen immerhin 54 000 Mitarbeiter und 27 Millionen Kunden.«

54 000 Beschäftigte und 27 Millionen Kunden! Diese Zahlen geben seinen Worten Gewicht. Ohne die ökonomische Macht und Bedeutung der TUI AG könnte Zumpforts Büro noch so geräumig sein, er fände wohl schwerlich Gehör in der Politik. Ebenso wenig mit noch so klugen Argumenten. Klaus-Dieter Zumpfort ärgert sich, dass Journalisten seine Zunft gern als »Strippenzieher« oder »vierte Gewalt« beschreiben – in Anspielung darauf, dass der Lobbyismus – obwohl kein eigenes Verfassungsorgan – seinen Einfluss ausschließlich aus wirtschaftlicher Macht ableitet. Zumpfort hält dagegen: Lobbyismus sei geradezu »konstitutiv für die Demokratie«. Schließlich sei es wichtig für die Meinungsbildung in der Demokratie und somit für den politischen Interessenausgleich, Bescheid zu wissen über die Interessen und Forderungen der Wirtschaft. Und diese Informationen vermittele der Lobbyismus. Dennoch, Zumpfort ist kein gewählter Interessenvertreter, es sei denn, man deute die Buchung einer Charterreise als politisches Votum für die TUI-Konzerninteressen. Nein, Männer wie Zumpfort sind einflussreich in der De-

mokratie, obwohl sie nicht gewählt sind. Da geht es ihnen wie den Journalisten, die man ja auch gelegentlich als »vierte Gewalt« bezeichnet.

Da Lobbyisten eher im Verborgenen operieren, wird ihr Tun in der Öffentlichkeit allerdings von vornherein kritisch beäugt. Das Wort stammt aus dem Englischen und ist von Beginn an mit der parlamentarischen Demokratie verbunden. Im britischen Unterhaus wurde eine komfortabel eingerichtete Halle – eben die Lobby – vorgehalten, in der Vertreter von Interessenverbänden sich mit Abgeordneten unterhalten konnten, bevor diese ihre Stimme für oder gegen ein Gesetz abgaben.

Auch im Bundestag gibt es eine Lobby – für Kameras ist sie tabu, denn diese Form der Einflussnahme soll, so sehen es die Bundestagsvorschriften vor, doch lieber diskret vonstattengehen. Die Lobbyarbeit ist fest in den Gesetzgebungsprozess eingebunden. So sieht die Geschäftsordnung der Bundesministerien ausdrücklich ein Anhörungsrecht für Körperschaften und Verbände vor. Schließlich sollen auch die berechtigten Interessen der Wirtschaft im Parlament formuliert werden dürfen, und das nicht verdeckt, sondern mit offenem Visier.

Wolf-Dieter Zumpfort ist auch so etwas wie ein Lobbyist für den Lobbyismus. Bei öffentlichen Veranstaltungen und Vorlesungen vor Studenten will er seinen Berufsstand aus der Schmuddelecke herausbugsieren.

Das gelingt ihm, halbwegs. Bei einer Veranstaltung der FDP-eigenen Friedrich-Naumann-Stiftung in seiner alten Heimatstadt Kiel versucht er es wieder. »Lobbying und Demokratie« verheißt die PowerPoint-Präsentation. Im Publikum sitzen lauter Anhänger der FDP, mittelständische Unternehmer, Kommunalpolitiker und einige Jungliberale. Sie blicken ziemlich skeptisch auf den gut gekleideten Elder Statesman, der ihnen hier einen Vortrag über den Lobbyismus eines Großkonzerns halten will.

Zumpfort mag es nicht, von einem festen Platz zu dozieren, still sitzen muss er sonst wohl häufig genug. Hier in Kiel wandert er vor seinem Publikum auf und ab, nähert sich mal diesem, mal jenem Menschen, hebt und senkt die Stimme, breitet die Arme aus, wenn er die Bedeutung einer Aussage unterstreichen will.

Zumpfort agiert wie ein Priester des Lobbyismus, endlich kann er die Diskretion seiner üblichen Beschäftigung in Berlin hinter sich lassen.

Rote und grüne Firmenlobbyisten

»Früher waren Grüne und insbesondere auch die SPD so ablehnend gegenüber den Lobbyisten, und in der Tat hat sich das aufgelöst. Einer der besten Freunde des damaligen Bundeskanzlers Schröder war Roland Berger. Ein Unternehmens- und Politikberater ist mit dem Bundeskanzler befreundet! Das hat aufgelockert. Und so finden wir heute grüne oder sozialdemokratische Politiker als Firmenlobbyisten oder in Verbänden.«

Zumpfort spart aber auch nicht mit Kritik. Er erinnert an den rot-grünen Wirtschaftsminister Werner Müller. Während seiner Amtszeit hat Müller den Börsengang der Ruhrkohle AG unterstützt. Gleich nach seinem Ausscheiden aus dem Ministeramt ist er dann in die Chefetage der Aktiengesellschaft gewechselt. Das habe einen »Hautgout«, echauffiert sich Zumpfort vor seinem Publikum. Und von Schröders Pipelinegeschäften gar nicht zu reden! Zumpfort fordert Regeln für den Lobbyismus und auch für den Übertritt von der Politik in den Lobbyismus. Eine Karenzzeit für Politiker sei durchaus sinnvoll, sagt er.

Gleichzeitig ist Zumpfort aber auch ein Anhänger des schon erwähnten »Crossing-over«, also des zeitweisen Wechsels von Beamten in die Wirtschaft und von Konzernvertretern in die Verwaltung. »Mit neuem Lobbyismus hat das nichts zu tun«, sagt er über die gut 100 Konzernvertreter in Bundesministerien, von denen *Monitor* erstmals berichtet hatte. Das so etwas aber auch schieflaufen kann, sieht auch Zumpfort: »Möglicherweise hat *Monitor* trotzdem den ein oder anderen kritischen Fall aufgespießt.« Auch hier müsse es Regeln geben, fordert Zumpfort. So müsse der Einsatz freier Mitarbeiter aus der Wirtschaft in Ministerien für die Öffentlichkeit transparent gemacht werden. Und vor allem müsse klar sein, dass die zeitweiligen Mitarbeiter auch von der Bundesregierung bezahlt werden: Ihre Loyalität muss ganz klar ihrem jetzigen Arbeitgeber, also der Bundesregierung, gehören. Dass die Konzernvertreter auch an Gesetzen mitschreiben, die für die Gewinninteressen ihrer Konzerne förderlich sind, sieht Zumpfort eher entspannt. Denn auch er versuche, Gesetzestexte oder -passagen im Interesse von TUI im Politikbetrieb zu lancieren.

»Als Lobbyist muss ich mich ja in die Position des Politikers oder Beamten hineinversetzen, der eine Entscheidungsvorlage erstellt. Und da kennt man sozusagen die Entwürfe und versucht in diesem Rahmen, entsprechend den gesetzlichen Vorgaben, selbst Formulierungsvorschläge zu machen. Es ist also insofern nicht ungewöhnlich, dass man Ergänzungen zum Gesetz oder zusätzliche Absätze schon so formuliert, dass sie im Stil eines Gesetzes daherkommen und auch übernommen werden können.«

Beamte oder Abgeordnete, so Zumpfort, müssten sich selbst eine Meinung bilden aus unterschiedlichen Vorschlägen unterschiedlicher Interessengruppen, die ihnen zugetragen werden. Dabei könne man ruhig den einen oder anderen Vorschlag übernehmen, letztlich müsse aber ein Text dabei herauskommen, der aus Sicht des Beamten oder Politikers »dem Gesamtinteresse am nächsten kommt«. Geschehe das nicht, sei der Parlamentarismus ernsthaft bedroht.

Eine Grauzone der Demokratie

Zumpfort erwähnt die Hartz-Kommission oder andere Kommissionen zur Gesundheit oder Rente, die gerade unter Rot-Grün massiv Politik gemacht hätten. In diesen Gremien saßen Leute aus der Wirtschaft und Gewerkschaften, die kein parlamentarisches Mandat hatten. Sie waren lediglich von der Bundesregierung berufen worden. So seien die Hartz-Gesetze als fertige Texte von der Kommission ins Parlament eingebracht worden, Gesetze, die wohl nur wenige Abgeordnete in ihrer Komplexität überblicken konnten. Die Entwürfe der Hartz-Gesetze und anderer Reformwerke, so sagt es der ehemalige Abgeordnete Zumpfort, seien in einer »Grauzone der Demokratie« entstanden.

Zumpfort selbst scheint es wiederum ganz gut zu gelingen, die Belange des Tourismus gegenüber Bundesregierung, Parlament und EU-Kommission zu vertreten, denn bislang verzichtete sein Konzern darauf, einen Tourismus-Experten mit festem Schreibtisch in einem Bundesministerium zu platzieren. Und Zumpfort selbst kann sich überhaupt nicht vorstellen, den Beamten zu geben. Auf die Frage, ob es nicht auch ein Traum sei, im Zentrum der Macht zu sitzen, winkt er lässig ab, das habe er gar nicht nötig. Vermutlich reizt ihn das Dasein in tristen Amtsstuben auch nicht sonderlich.

Zumpfort ist ein enthusiastischer Anhänger seiner Profession, aber er will sie auch klar abgegrenzt wissen von der Politik. Die Politik ist für ihn zwar ein Partner, aber immer auch die andere Seite. Um ein offenes Ohr von Politikern und Beamten zu erhalten, greift Zumpfort natürlich in dieselbe Trickkiste wie jeder andere Lobbyist. Zu Weihnachten bewaffnet er sich gern mal mit einer Schachtel Pralinen, um sie auf dem Tisch der Chefsekretärin eines Ministers zu deponieren. Denn über die Pralinen prägt sich bei der Dame ein: Zumpfort ist der TUI-Lobbyist in Berlin und Brüssel – und: Er ist ein netter Mensch. »Seriös, aber auch liebevoll«, wie er mit einem diebischen Grinsen ergänzt.

Wenn er dann mal etwas von dem Politiker will und die Sekretärin ihm am Telefon mitteilt, der Chef sei nicht da, weiß der Lobbyist, dass das keine der üblichen Ausreden ist. Aber auch hier, darauf legt Zumpfort wert, gebe es klare Regeln. Pralinen für die Sekretärin sind okay; Beamte allerdings dürfen keine Geschenke von Lobbyisten annehmen. Und auch kulinarische Einladungen fallen mittlerweile etwas spärlicher aus. Um die teuren Sterne-Lokalitäten Berlins muss Zumpfort mit seinen Gesprächspartnern aus dem Beamtenapparat einen Bogen machen. Eine kleine Vorspeise ist drin, ein Hauptgericht für zehn Euro und vielleicht noch ein Espresso, doch mit 25 Euro muss die Sache dann erledigt sein, denn mehr dürfen die Damen und Herren Beamten nicht mehr annehmen.

Von seinem Büro Unter den Linden aus muss Wolf-Dieter Zumpfort sich auch nach gut einem Jahrzehnt als Lobbyist noch immer ins Zeug legen, um alte Kontakte zu pflegen und neue zu knüpfen. Die Kontaktliste in seinem Laptop wird ständig aktualisiert und ergänzt. Unter den Namen steht dann zum Beispiel beim Bundestagsabgeordneten, in welchen Ausschüssen er Mitglied ist, sein Fachgebiet, seine ungefähre Ausrichtung und bei einigen auch das Geburtsdatum, schließlich macht sich ein Geburtstagsgruß für den richtigen Mann oder die richtige Frau am richtigen Tag zuweilen gut.

»Mit anderen Worten: Public Relations ist mehr als nur Presse. Parlamentarische Abende kann man machen, Sommerfeste, Golf-, Tennis-, Skatturniere. Oder es gibt politische oder literarische Salons. Wir machen das zum Beispiel im Keller unseres Hauses, ein schöner Weinkeller. Mein Chef lädt ein, nach einer Liste, die ich ihm vorlege, und dann wird mit ausgewählten Leuten ohne Block und Bleistift bei gutem Wein, bei gutem Essen diskutiert. Und hinterher spielt man dann Golf oder Tennis, das rundet das Ganze ab.« Wer Wolf-Dieter Zumpfort zuhört, könnte sich den Lobbyismus als stilvolles Gesellschaftsspiel vorstellen, eines, bei dem Geschicklichkeit und Glück sich die Waage halten. Doch ganz so gemütlich ist die Angelegenheit dann doch nicht, schließlich geht es um handfeste Gewinninteressen, die ein Lobbyist für seinen Konzern artikulieren muss. Gegen den Zugriff durch staatliche Regulierung oder Steuern. Wer sich unter diesem Erfolgsdruck danebenbenehme, unseriös agiere oder gar besteche, »fliegt«, sagt Wolf-Dieter Zumpfort. Doch, wie gesagt, Zumpfort spricht vor allem für Zumpfort. Viele andere einflussreiche Lobbyisten der Republik werden einen Grund gehabt haben, sich nicht auf ein Gespräch mit uns einzulassen.

3. Kapitel

Warum werden Strom und Gas immer teurer?

Staat im Staate – wie sich die Energiekonzerne ihre eigenen Gesetze machen

Horst Kienel ist Stadtkämmerer in Ahrensburg bei Hamburg. Eigentlich ist das kein besonders aufregender Job. Zahlen wälzen, Verträge überprüfen, den Haushalt in Ordnung halten. Erst im Sommer 2004 wurde das anders, seitdem ist er so viel im Auto umhergekurvt wie nie zuvor. Sein Beifahrer hieß Dieter Göken und ist von Beruf Wirtschaftsberater. Ihre Fahrten hatten immer den gleichen Zweck: den Energieriesen E.ON in die Knie zu zwingen. Bei dem Kampf der Kommune gegen den Konzern ging es um etwas, das alle Ahrensburger seit Jahren aufbringt: die enorm hohen Gaspreise von E.ON Hanse. »Die Gaspreisentwicklung in den letzten Jahren hat ja eine drastische Erhöhung erlebt, allein die letzten 24 Monate haben uns 30 Prozent Aufschlag beschert.« Das regt den sonst so kühlen Rechner Kienel mindestens genauso auf wie die Bürger, die er vertritt. Nur dass die meisten Bürger, sprich Gaskunden, der Meinung sind, gegen so einen Monopolisten könne man eh nichts ausrichten.

Die Bürger von Ahrensburg bezogen ihr Gas von einer Tochter des Energiegiganten E.ON, einem der vier Konzerne, die in Deutschland die Energiepreise quasi bestimmen, mögen die Bürger auch noch so murren. Wie es dazu kam, dass diese privaten Konzerne so eine Machtstellung aufbauen konnten, ist eine lange Geschichte. In den achtziger Jahren, als die Privatisierung in der alten Bundesrepublik begann, wurde das kommunale und städtische Tafelsilber häufig an große Konzerne verhökert. So auch die stadteigenen Gasversorgungsbetriebe. Die Konzerne versprachen, die Energieversorgung werde besser und die Preise sänken. Ein Versprechen, das nicht mal das Papier einer Stromrechnung wert war. Denn seitdem stiegen die Preise für Gas und Strom rasant. Im internationalen Vergleich gilt der deutsche Energiemarkt als Hochpreisgebiet, zulasten der deutschen Strom- und Gaskunden. Und zum Nutzen der Konzerne E.ON, RWE, Vattenfall Europe und Energie Baden-Württemberg (EnBW), die regelmäßig Rekordgewinne vermelden. Das wollten der Stadtkämmerer von Ahrensburg Horst Kienel und sein Wirtschaftsberater Dieter Göken ganz radikal ändern.

Eine Kommune kämpft gegen einen Konzern

Drei Jahre lang waren sie unterwegs, um der E.ON-Tochter Paroli zu bieten. Sie hatten die überhöhten Preise satt und wollten die Bürger selbst mit Gas versorgen. Wie andere Versorgungskonzerne auch hatte E.ON Hanse jahrelang prächtig an den sogenannten Netzgebühren verdient. Das ist der Teil des Gaspreises, der die Kosten für den Transport des Gases zum Privathaushalt abdecken soll. Und dieser Preis ist Auslegungssache. Die Konzerne setzen diese Netzgebühren gern hoch an. Sehr hoch. Doch diese Tour wollte der Stadtkämmerer von Ahrensburg E.ON Hanse vermasseln: »Wir haben festgestellt, dass man sowohl mit dem Gasnetzbetrieb wie auch mit dem Verkauf von Gas dicke Gewinne machen kann, und waren der Meinung, dass die lieber vor Ort den Bürgerinnen und Bürgern zugutekommen sollten. Wir reden da im Durchschnitt von einem Betrag von 1,5 Millionen Euro pro Jahr.«

Viele Paare wären stolz darauf, zwanzig Jahre durchzuhalten. Bei den Ahrensburgern ist die Liebe in Hass umgeschlagen. Zwanzig Jahre waren sie per Vertrag an E.ON Hanse gebunden, eine vorzeitige Scheidung wäre zu teuer gekommen. Als der Vertrag 2003 auslief, pochte Ahrensburg auf sein Recht, das Gasnetz und die Kunden von dem Konzern zu übernehmen. Doch der Energieriese sträubte sich, das Netz abzugeben. »Wir haben oft den Eindruck, als wolle E.ON auf Zeit spielen und das Ganze nur verzögern«, sagt Horst Kienel.

April 2006. Wir fragen bei E.ON Hanse nach. Pressesprecher Carsten Thomsen-Bendixen empfängt uns in einer glasüberdachten Empfangshalle. Und er ist alles andere als verklemmt.

»Ahrensburg ist wirtschaftlich ein interessantes Gebiet. Wir wollten Ahrensburg gerne weiter versorgen, ohne Zweifel.« Dass die Stadt nicht aus dem Vertrag herauskomme, habe sie selbst zu verantworten, denn sie habe erst drei Monate vor Auslaufen des Vertrages gekündigt, behauptet der Sprecher.

Der Stadtkämmerer gibt sich kämpferisch. Er will vor Gericht ziehen. Da steht er nicht allein. Landauf, landab wehren sich inzwischen Bürger und Kommunen gegen die überhöhten Gasrechnungen. Geschätzte 500 000 wütende Verbraucher kürzten ihre Rechnung, und viele Kommunen überlegen inzwischen, ihre Bürger wieder selbst mit Gas und Strom zu versorgen. Rekommunalisierung – vor einem Jahrzehnt noch wäre es ein Unwort gewesen, aber unabhängig vom Farbenspiel der großen Parteien entdecken Kommunalpolitiker wieder, dass die Versorgung ihrer Bürger durch private Unternehmen teurer ist als eine öffentliche Versorgung. Trieben früher einmal die personellen Wasserköpfe der öffentlichen Versorger die Gebühren in die Höhe, sind es heute die übersteigerten Renditeerwartungen privater Versorger.

Dabei sollten Strom und Gas eigentlich schon viel billiger sein, denn genauso wie das deutsche Stromgeschäft ist der Gasmarkt seit 1998 liberalisiert. Nach dem Gesetz müsste jeder Kunde seinen Lieferanten frei wählen können. Doch das hat die mächtige Energielobby verhindert.

Die Energiewirtschaft als Staat im Staate

Das weiß kaum jemand besser als Hermann Scheer. Wir treffen ihn in seinem Berliner Bundestagsbüro Unter den Linden. An der Wand hängen nur zwei Fotos. Das eine zeigt Hermann Scheer mit dem kalifornischen Gouverneur Arnold Schwarzenegger, einem erklärten Ökologen. Das andere zeigt ihn in den Siebzigern mit Willy Brandt. Scheer ist so etwas wie ein Hansdampf in allen Gassen der Energiewirtschaft und ein überzeugter Verteidiger der parlamentarischen Demokratie. Seit Jahrzehnten setzt er sich in der SPD-Bundestagsfraktion für erneuerbare Energien ein und kritisiert die Machtstellung der Energiekonzerne.

»Das alles hat seine Grundlage in einem Verständnis der Energiewirtschaft als Staat im Staate. Diese Rolle hat sie jahrzehntelang ungestört spielen können. Sie ist entstanden über den ganzen Prozess von zunächst öffentlichen Unternehmen, die mehr und mehr zu privaten Unternehmen geworden sind und sich der öffentlichen Kontrolle zunehmend entzogen haben. Und entziehen konnten sie sich, weil sie über Jahrzehnte ein perfektioniertes System entwickelt haben, sich politische Akteure dienstbar zu machen.«

Die vier Energieriesen RWE, E.ON, Vattenfall und EnBW kontrollieren im Stromsektor inzwischen nahezu 100 Prozent der Übertragungsnetze in Deutschland und über 80 Prozent der Stromerzeugung. Beim Gas sieht der Markt ähnlich aus: Regional gibt es zwar rund 730 kleine und größere Gasanbieter, allerdings sind sie meist von den Energiegiganten abhängig. Allein RWE und E.ON sind zusammen an über 210 regionalen Versorgern und Stadtwerken beteiligt. Die Folge: Drei Viertel des deutschen Gasmarktes werden allein von diesen beiden Energiekonzernen kontrolliert. Die großen Vier haben – trotz aller Sonntagsreden von »mehr Wettbewerb« – den deutschen Strommarkt in vier Einflusszonen aufgeteilt. Das Oligopol steht, und so ächzen die Menschen in Deutschland unter den im Europavergleich extrem hohen Preisen. Das alles ist kein Zufall. Denn auch die Energiewirtschaft bediente sich der neuen Methode, ihre Lobbyisten direkt in den Schaltzentralen staatlicher Macht zu platzieren.

Die Vorgeschichte: Im April 1998 wurde der deutsche Strom- und Gasmarkt von der konservativ-liberalen Bundesregierung unter Helmut Kohl liberalisiert. Grundlage war die Richtlinie 96/92/EG des Europäischen Parlaments und des Rates vom 19. Dezember 1996, welche die Liberalisierung der Strom- und Gasmärkte in der gesamten Europäischen Union vorgab. Eine epochale Entscheidung. Denn seit den dreißiger Jahren hatten die Energiekonzerne das gesetzlich verbriefte Monopol, alle Kunden in ihrem Geschäftsgebiet mit Strom und Gas zu versorgen. Millionen europäischer Kunden waren den Unternehmen ausgeliefert: Sie hatten keine Wahl, mussten Strom und Gas zu den vorgegebenen Preisen beziehen. Das sollte sich jetzt ändern. So wie bei der Wahl des bevorzugten Supermarktes sollte nun jeder Kunde Strom und Gas von dem Anbieter beziehen können, den er selbst auswählt. Nun müssen die neuen Lieferanten ihren Strom und ihr Gas natürlich durch ein Netz leiten, um es an die Kunden zu bringen. Und hier setzte die Gegenstrategie der vier Energieriesen an. Sie kontrollierten im Stromsektor schon damals fast 100 Prozent der Übertragungsnetze in Deutschland. Bei den Gasleitungen sah es nicht viel anders aus. Die meisten anderen europäischen Länder, in denen ähnliche Strukturen herrschten, reagierten prompt auf die EU-Richtlinie und richteten staatliche Aufsichtsbehörden ein. Deren Aufgabe: die gemeinsame Nutzung der Leitungsnetze zu überwachen, um sicherzustellen, dass die Monopolisten keinen Missbrauch betreiben.

Nur Deutschland ging einen Sonderweg. Hier wurde keine staatliche Aufsichtsbehörde eingerichtet. Stattdessen gab man sich mit der puren Erklärung der Energiekonzerne zufrieden, Wettbewerbern beim Netzzugang künftig nicht das Leben schwer zu machen. »Selbstverpflichtung« nannte das die Branche, und das fand der federführende Wirtschaftsminister der rot-grünen Koalition, Werner Müller, auch gut so. Er sprach sich 2002 dafür aus, diese sogenannte »Verbändevereinbarung« letztlich nur noch in Gesetzesform zu gießen. Freiwillig verpflichteten sich die Herren der Energienetze, den Strom und das Gas ihrer Konkurrenten fortan gegen Entgelt durch ihre Netze zu leiten. Die Einzelheiten wurden zwischen den Spitzenverbänden der deutschen Strom- und Gaswirtschaft und der Industrie ausgehandelt. Heraus kam eine sogenannte »Verbändevereinbarung«, die allen Marktteilnehmern den freien Zugang zu den Strom- und Gasnetzen sichert. Jedenfalls auf dem Papier. Insoweit war die Mindestforderung der EU für freien Wettbewerb erfüllt. Doch wer wissen will, was aus dieser »Selbstverpflichtung« der Wirtschaft wurde, braucht sich nur vor Augen zu führen, wer damals am Verhandlungstisch saß.

Es waren die Platzhirsche der Branche und die Großabnehmer, sprich die Industrie, die natürlich versuchte, für sich die Preise zu drücken. Nicht am Tisch saßen die Vertreter kleinerer neuer Anbieter. Und auch die Vertreter der Privatverbraucher, etwa der Verbraucherverbände, suchte man hier vergebens.

Dennoch, zu Anfang entstand ein starker Wettbewerb um die

Kunden, der mit erheblichen Preissenkungen einherging. Im Durchschnitt sanken die Strompreise nach der Liberalisierung 1998 für private Haushalte um rund 15 Prozent und für gewerbliche Abnehmer, die über eine größere Marktmacht verfügen, sogar um 30 Prozent. Die etablierten Energieversorger sorgten jedoch bald dafür, dass die durch die Marktöffnung entstandene neue Konkurrenz wieder verdrängt wurde – etwa indem sie selbst mit Dumpingpreisen auf den Markt gingen. So gelang dem Großversorger EnBW mit seiner Tochterfirma Yello Strom erfolgreich der Einstieg in das Geschäft mit dem Endkunden. Außerdem – und dies war entscheidend – hatten die vier Energieriesen ja ihr Stromnetz behalten und konnten so die Höhe der Entgelte bestimmen, die die Konkurrenz für die Nutzung der Leitungen zu zahlen hatte. Und diese Preise waren überhöht – um bis zu 30 Prozent, schätzen Experten. Die Folge: Die neuen Anbieter verschwanden meist schnell wieder vom Markt – nur wenige Unternehmen blieben übrig.

Seit dem Jahr 2002 steigen die Strom- und Gaspreise wieder an. Im europäischen Vergleich von 27 EU-Ländern zahlen deutsche Haushalte den vierthöchsten Preis für Strom. Und das nicht etwa wegen der Steuern in Deutschland, wie gern von der Lobby der Energiekonzerne verbreitet wird. Denn die Europäische Statistikbehörde hat bei ihrem Vergleich die Steuern herausgerechnet.[13]

Bereits seit Anfang 2000 türmen sich auf den Schreibtischen der Kartellbehörden die Beschwerden von kleineren Stromanbietern, zum Beispiel Windkraftbetreibern, über zu hohe Netzgebühren. Die Kartellbehörden der Länder sind jedoch mit dieser Aufgabe überfordert. Denn sie dürfen nur eingreifen, wenn ein Großversorger in einer Region seine marktbeherrschende Stellung ausnutzt. Klagt ein Energieriese gegen den Bescheid eines Kartellamts, gehen viele Jahre ins Land. So kam es, dass die Landeskartellbehörden den Missbrauch nur in wenigen Fällen abstellen konnten. Verbraucherverbände und Vertreter kleiner Energiebranchen forderten daher immer lauter eine staatliche Kontrollbehörde, wie es sie in anderen europäischen Ländern bereits gibt. Im Ministerium gingen waschkörbeweise Protestbriefe von Energiekunden ein. Und sogar der zuständige Bundeswirtschaftsminister Werner Müller gestand damals ein, dass im Umgang der Exmonopolisten mit ihren neuen Konkurrenten »viel Beschiss« im Spiel sei.[14]

Wie die Konzerne im Ministerium sich selbst kontrollieren

Aber anstatt die Energieriesen mit einer eigenen staatlichen Kontrollbehörde endlich in Schach zu halten, richtete Werner Müller im April 2001 kurzerhand eine »Task Force Netzzugang« im Bundeswirtschaftsministerium ein. Diese sollte Beschwerden von Kunden gegen Wettbewerbsbehinderungen von Strom- und Gasanbietern nachgehen und dafür sorgen, dass ein vernünftiger Zugang zu den Leitungen der großen Vier gewährleistet wird. Allein das militärische Wort »Task Force« sollte die Bürger beruhigen, endlich gab es eine »schnelle Eingreiftruppe« gegen die Energiegiganten!

Ein Blick auf die Zusammensetzung der Truppe allerdings hätte die Erwartungen gleich wieder dämpfen müssen: Vier Beamten saßen dort anfangs – ausgerechnet – fünf Mitarbeitern von etablierten Konzernen, Energieerzeugern und Großverbrauchern gegenüber.

Die waren zeitlich befristet von der Energiewirtschaft entsandt worden und für den Zeitraum ihrer Tätigkeit vollständig in das Bundeswirtschaftsministerium integriert. Wie die »echten« Beamten hatten sie dort einen Schreibtisch und offensichtlich auch Zugang zu vertraulichen Behördenunterlagen. Bezahlt wurden diese Mitarbeiter weiterhin von Energiekonzernen und -verbänden. Auch in diesem Fall durfte sich die Wirtschaft selbst kontrollieren.

Während in Berlin bereits die Task Force Netzzugang ihre Büros im Bundeswirtschaftsministerium bezogen hatte, saß in der Nähe von London ein Mann in seinem Büro, der in dieser Geschichte noch eine tragische Rolle spielen wird: ein schlanker, junger Mann mit einer beachtlichen Portion Fachwissen im Kopf. Olaf Birkenhain[15] arbeitete für die Analyseabteilung eines amerikanischen Stromhändlerunternehmens. Eines der Unternehmen, die gern im bislang geschlossenen deutschen Markt mitgemischt hätten. Nicht zufällig flatterte im März 2002 ein Schreiben der EU-Kommission mit einer brisanten Anfrage auf den Schreibtisch von Birkenhains Chef: Wie denn das Unternehmen die Wettbewerbsverhältnisse in Deutschland beurteile. Da niemand außer Birkenhain sich so detailliert damit auskannte, machte er sich ans Werk und verfasste ein Memo über diese deutschen Verhältnisse, über die Marktabschottung, die Schwierigkeiten für ausländische Lieferanten, überhaupt am deutschen Markt mitspielen zu können, über das Fehlen einer Regulierungsbehörde. Kurz: über all die Probleme, die Deutschland auf Druck der Energielobby und trotz der Ermahnungen aus Brüssel noch immer nicht beseitigt hatte.

Das Schreiben beeindruckte den Chef der für Marktregulierung zuständigen Abteilung im Unternehmen so sehr, dass er Birkenhain direkt zu sich holte. Man hatte natürlich auch Wind von der Bildung einer Task Force im deutschen Wirtschaftsministerium bekommen, und der Chef machte Birkenhain den Vorschlag, doch mal bei diesem Gremium vorzusprechen. Im Mai 2002 reisten beide nach Berlin und hielten einen Vortrag über die Liberalisierung des Gasmarktes in den USA. Sie sprachen über das staatliche Regulierungssystem, den in den USA tatsächlich vorhandenen Fernleitungswettbewerb, und viele ihrer Stichwörter müssen den Zuhörern eigentlich ein Graus gewesen sein.

Denn die Privatwirtschaft war in der Task Force Netzzugang zu dieser Zeit ausschließlich durch Repräsentanten der etablierten Energiewirtschaft vertreten. Unter ihnen war eine Frau, die den Verband Kommunaler Unternehmen (VKU) vertrat, den Lobbyverband der Stadtwerke, die vor allem ihre lokalen Gebietsmonopole verteidigen. Auch der Bundesverband Gas- und Wasserwirtschaft (BGW), der heute Bundesverband Energie- und Wasserwirtschaft (BDEW) heißt und in dem die Energieriesen E.ON und RWE die erste Geige spielen, hatte eine Dame entsandt. Und nicht zuletzt war die Wingas AG, eine Gazprom- und BASF-Tochter, die eine Menge in den Aufbau eines eigenen Gasnetzes investiert und durch den Wettbewerb viel zu verlieren gehabt hätte, mit einem Mann in der Task Force vertreten. Dagegen fehlten zu dem Zeitpunkt Vertreter der Verbraucherverbände oder gar der neuen Energieanbieter.

Der Besuch in Berlin blieb daher für das Duo aus London nicht folgenlos. Ein paar Wochen später klingelte bei Olaf Birkenhain das Telefon, und eine Dame vom Stromhändlerverband EFET Deutschland berichtete ihm, das Bundeswirtschaftsministerium wolle auch einen EFET-Vertreter in die Task Force berufen. Und da sei man auf ihn gekommen. EFET Deutschland ist der Verband Deutscher Gas- und Stromhändler, ein Ableger der European Federation of Energy Traders. Darin finden sich ausländische Energiehändler, aber auch die deutschen Platzhirsche wie E.ON Trading, RWE Trading, EnBW und Vattenfall.

Olaf Birkenhain begriff den Anruf aus Berlin als Sprungbrett für seine berufliche Weiterentwicklung. Im Frühjahr 2003 bereitete er sich auf seine neue Aufgabe im Ministerium vor. Im Unterschied zu den bisherigen Mitgliedern in der Task Force Gas wollte er ernsthaft an einer Öffnung des Marktes für den Wettbewerb arbeiten. Denn im Ministerium fehlten Leute, die sich mit der Gaswirtschaft auskennen, mit dem Betrieb von Gasnetzen und den Widrigkeiten beim alltäglichen Handelsgeschäft. Vor allem gab es unter den Beamten keine klare Vorstellung, wie ein freier und diskriminierungsfreier Zugang von ausländischen Konkurrenten auf dem deutschen Gasmarkt gestaltet werden könnte.

Olaf Birkenhain erarbeitete sogar einen 65 Seiten langen, sehr detaillierten Entwurf, wie der deutsche Gasmarkt wettbewerbsgerecht liberalisiert werden könnte. Das Konzept hatte er in enger Abstimmung mit dem Händlerverband EFET erarbeitet. Darin wurden ein sogenanntes Entry-Exit-Zugangsmodell für das deutsche Gasnetz und Ansätze für eine staatliche Regulierungsbehörde beschrieben. Dass sein Einsatz ein jähes Ende nehmen würde, auf die Idee wäre damals niemals gekommen.

Gelegenheiten zum Beobachten mitten im Ministerium

Anfang August bezog er sein Büro im Bundeswirtschaftsministerium in Berlin-Mitte. Eigentlich sollte die Task Force, so ihr offizieller Auftrag, bei der Netzregulierung behilflich sein, Wettbewerbsbeschränkungen ausfindig zu machen und Streitfälle zwischen neuen Anbietern und alteingesessenen Energiekonzernen schlichten zu helfen. Eine Art Ombudsfunktion. Gut möglich aber, dass die Einrichtung der Task Force auch dazu dienen sollte, die von der EU-Kommission längst geforderte Regulierungsbehörde noch ein wenig hinauszuzögern – immerhin gab es nun ein aus Beamten und »Experten« zusammengesetztes Gremium, das nach offizieller Lesart den Wettbewerb ermöglichen und schützen sollte.

Und dieses Gremium bot seinen Mitgliedern aus der Privatwirtschaft reichlich Gelegenheit zum Beobachten der politischen Vorgänge. Denn sie waren im Grunde mit allen Rechten der normalen Beamten ausgestattet, nahmen an den Sitzungen des Referats teil und hatten Zugang zum schriftlichen Umlauf. Ein Kollege von Olaf Birkenhain, der auch anonym bleiben möchte, war ebenfalls aus der Privatwirtschaft abgeordnet. Neben Birkenhain gehörte er zu den wenigen Mitgliedern der Task Force, die wirklich an einem besseren Zugang neuer Anbieter zum geschlossenen deutschen Energiemarkt interessiert waren. Er spricht davon, dass die Task Force »letztlich nur eine Art Placebo für die Öffentlichkeit war, im Grunde aber die großen Energiekonzerne gleichzeitig die Zeit nutzten, sich zu konsolidieren, anstatt mehr Wettbewerb zuzulassen«. Und er bestätigt: »Wir waren normale Beamte, ich konnte im Intranet sogar den Terminkalender des Staatssekretärs einsehen.« Einblicke in Terminkalender, davon können die Lobbyisten außerhalb von Ministerien nur träumen. Noch wichtiger aber war der permanente Einblick in interne Papiere der Ministerialbürokratie.

Ein streng vertraulicher Bericht gelangt zu E.ON

Als Olaf Birkenhain am 1. August 2003 seinen Dienst antrat, gab es in den Fluren der Task Force vor allem ein Thema: der Stand der Entwürfe für einen Monitoringbericht über die Wettbewerbssituation in Deutschland. Dieses Papier sollte die Bundestagsabgeordneten auf die politischen Auseinandersetzungen um die Novelle des Energiewirtschaftsgesetzes vorbereiten. Daher auch die Brisanz des Berichts: Würde die Wettbewerbssituation als dramatisch schlecht beschrieben, kämen die Abgeordneten kaum darum herum, strenge Regeln einzuführen, um die Macht der etablierten Stromkonzerne einzugrenzen.

»Bei diesem Monitoringbericht ging es ganz klar um die Frage: Ist das etwas, das der Liberalisierung hilft, oder etwas, das von der Energiewirtschaft vorformuliert ist und dazu beiträgt, dass sich die Liberalisierung noch mal um drei, vier Jahre verzögert?«, erinnert sich Birkenhain.

Teilentwürfe und verschiedene Versionen des Berichts waren auch stets den Mitgliedern der Task Force zugänglich. Sie waren also nah dran am politischen Geschehen. Allerdings gab es auch hier kleine, feine Unterschiede, wie die Aufteilung der Büros nahelegt: In der Anfangsphase der Task Force waren die aus der etablierten Gaswirtschaft rekrutierten Mitarbeiterinnen und Mitarbeiter Tür an Tür mit den Beamten der Energieabteilung untergebracht. Die Vertreter neuer Anbieter wie Olaf Birkenhain hingegen wurden in einem abgelegenen Flügel des Wirtschaftsministeriums untergebracht.

Über wessen Schreibtisch der Monitoringbericht auch immer gespielt wurde, schließlich war das vertrauliche Dokument im Juni 2003 an einem Ort gelandet, an den es nie hätte gelangen dürfen: in der Konzernzentrale von E.ON und damit in dem Unternehmen, das ein halbes Jahr zuvor noch die heftig umstrittene Ministererlaubnis zur Übernahme der Ruhrgas AG erlangt hatte. Hier konnte nun blitzschnell geprüft werden, ob der Bericht in irgendeiner Weise den Konzerninteressen zuwiderlief. Offenbar war das in wesentlichen Punkten der Fall. Denn die Konzernstrategen machten Notizen, überarbeiteten den Bericht, und der Generalbevollmächtigte von E.ON, Gert von der Groeben, früher Energiereferent der SPD-Fraktion, schickte schließlich am 25. Juli 2003 einen Brief an das Wirtschaftsministerium, der die folgende Anregung enthielt: »Deutlicher herausgestellt werden könnten die Erfolge der sofortigen vollständigen Marktöffnung in der Bundesrepublik.«

Und trotz der gestiegenen Strompreise forderte E.ON die Einfügung der Passage: »Die Liberalisierung führte im Strommarkt zu massiven Strompreissenkungen.«[16]

Der Vorstoß von E.ON war erfolgreich. Der Monitoringbericht wurde vom Bundeswirtschaftsministerium noch einmal verändert.

Gestrichen wurde dabei ein Abschnitt mit dem Hinweis darauf, dass neue amerikanische Anbieter auch deshalb dem deutschen Markt schnell den Rücken kehrten, weil die deutschen Netzmonopolisten ihnen die Durchleitung von Gas nicht in einem ökonomisch vertretbaren Rahmen gestattet hätten. Stattdessen wurden nun wirtschaftliche Probleme auf dem amerikanischen Markt als Ursache für den Rückzug der neuen Anbieter genannt – genau wie es E.ON dem Ministerium vorgeschlagen hatte: »Die Aussage, dass die amerikanischen Anbieter im deutschen Markt auch wegen der Schwierigkeiten beim Netzzugang vom deutschen Markt wieder verschwunden sind, ist falsch. In allen Fällen war der Anteil des Deutschlandgeschäfts zu marginal, um Grund für eine Insolvenz zu werden.«[17]

Das Ganze hatte sich bereits im Juni abgespielt, zwei Monate bevor Olaf Birkenhain in die Task Force entsandt wurde. Bei seinem Dienstantritt waren die meisten Messen also schon gesungen. So war der Teil über den Wettbewerb und die Industrie bereits geschrieben, der politische Teil mit den brisanten Schlussfolgerungen befand sich in der Abstimmung.

Die Spannung über das, was letztlich im Monitoringbericht stehen würde – oder auch nicht –, hielt dennoch an.

Bei unseren Recherchen stoßen wir auf eine weitere Person.[18] Das Mitglied der Task Force Netzzugang war auch aus der Energiewirtschaft entsandt und räumt uns gegenüber ein, gegen die Vertraulichkeitsregeln für externe Mitarbeiter verstoßen zu haben: »Ich möchte da ganz offen sein, ich habe den Monitoringbericht, wie er mir vorlag – wo ich auch wusste, dass er an E.ON gegangen war –, auch einem Kollegen zugeschickt. Ich wollte mal sehen, ob da alles stimmt.«

Das sei ganz ohne Auftrag geschehen, eher sei es um die fachliche Überprüfung der technischen Beschreibungen im sogenannten industriellen Teil des Berichts gegangen.

Das Mitglied der Task Force fühlte sich damals verpflichtet, dem Informationsvorsprung, den E.ON erlangt hatte, etwas entgegenzusetzen. Dennoch war ihm nicht wohl dabei: »Ich fand das schon damals schlimm, ich fand es nicht korrekt, dass ich diesen Monitoringbericht tatsächlich auf Diskette kopiere und Kollegen da draußen vorlege. Da habe ich wirklich gezittert, aber andererseits dachte ich, wenn E.ON das hat, dann ist es auch wichtig, dass wir es haben, dass wir zumindest mal draufgeguckt haben. Denn ich konnte es von Industrieseite her nicht bewerten, und es war für uns nicht überprüfbar, ob das so stimmt.«

Die Annahme, man könne so mir nichts, dir nichts einen Haufen Vertreter der Privatwirschaft in einem Bundesministerium mit brisanten Aufgaben befassen, ohne dass es zu Indiskretionen kommt, scheint also mehr als wirklichkeitsfremd.

Auch für Birkenhain war es schwierig, Dienstgeheimnis und sachliche Bearbeitung zu trennen. Dies wurde ihm zum Beispiel klar, als ein paar Herrschaften vom Bundesverband Gas und Wasserwirtschaft (BGW) der Task Force einen Besuch abstatteten. Da sich Birkenhain verantwortlich fühlte, zur Arbeit der Task Force beizutragen, erklärte er sich bereit, das Protokoll des Meetings zu verfassen:

»Ich habe einen langen Vermerk geschrieben, mit eigenen Bewertungen, aber der zuständige Beamte hat mir den Vermerk dann immer weiter gekürzt, und zum Schluss stand gar nichts mehr drin. Ich dachte erst, vielleicht schreibe ich nicht den richtigen Stil. Doch tatsächlich ging es um mehr – in diesem Falle nämlich um die Übertragbarkeit von mehreren, im Rahmen eines europäischen Kartellverfahrens gemachten Verpflichtungszusagen auf die deutsche Zugangsregelung. Es ging zum Beispiel um Buchungsfristen für die Gaspipelines. In den Verpflichtungszusagen war vorgeschlagen worden, dass Netzbetreiber nur einen oder zwei Tage vorher informiert werden müssten, wenn ein neuer Mitbewerber Gas in seine Netze einspeisen möchte. Ein Herr vom BGW fand das unangemessen und wollte damit wohl einer Übertragung auf die deutsche Regelung vorgreifen. Zu dieser Zeit betrug die Frist zehn Tage. Das behinderte den Wettbewerb. Übrigens geht das heute innerhalb von ein paar Stunden.«

Die langen Buchungsfristen hatten für die etablierten Gasversorger folgenden Vorteil: Bot ein ausländischer Konkurrent Stadtwerken sein Gas an, erfuhr der Multi, der die Netze betrieb und selbst Gaslieferant war, frühzeitig von der geplanten Lieferung. Häufig wurden die großen Lieferanten dann bei Stadtwerken vorstellig und boten denselben Preis. Das Geschäft des neuen Konkurrenten platzte. Je kürzer die Buchungsfrist, in der der Konkurrent seine Gaslieferung ankündigen muss, desto geringer die Chancen des Etablierten, dem kleinen Wettbewerber das Geschäft zu vermasseln.

Birkenhain stellte sich die Kürzung seines Vermerkes ganz anders dar, nachdem er sich mit einem im Vertrieb erfahrenen Kollegen darüber ausgetauscht hatte. »Es war mir wichtig – anders als jemand, der etwas zu schützen hat und sich damit die Möglichkeit eines direkten Lobbyings im Ministerium zunutze macht –, eine Art Antilobbying zu machen.«

Dass andere im Ministerium ihren Job ein wenig anders definierten, konnte Birkenhain im August in der Zeitung lesen. Offenkundig war der komplette Monitoringbericht der Presse zugespielt worden. Die Artikel der *Wirtschaftswoche* und des *Handelsblatts* ließen auf den Stand und das Ergebnis des Berichts schließen. Für Birkenhain interessant und neu, denn den politischen Teil hatte er nie zu Gesicht bekommen. Eine brisante Angelegenheit: So wies das Ministerium angesichts der Informationsleckage die Mitglieder der Task Force darauf hin, dass sie unter verstärkter Beobachtung stünden. Das bekam auch Olaf Birkenhain zu spüren, der eigentlich nur sachlich seine Arbeit erledigen wollte.

Eine fatale E-Mail

Der im Dschungel des Energielobbyismus unerfahrene junge Fachmann geriet nun selbst in dessen Strudel. Am Morgen des 28. August beging Olaf Birkenhain einen Fehler, den er schwer bereuen sollte. Von seinem Büro im Ministerium aus schrieb er eine Mail an seinen Gewährsmann bei der EFET. Er selbst verstand das als kurzen Tätigkeitsbericht am Ende des ersten Monats, in dem er auch Rechenschaft für seine inhaltliche Mitarbeit im Ministerium geben wollte. Das Schreiben selbst richtete er allerdings fatalerweise an den »sehr geehrten Vorstand, liebe EFET-Mitglieder« – sodass die E-Mail noch am selben Tag in einen größeren Verteiler geriet.

In kurzen Worten schilderte Birkenhain darin die Bearbeitung des Monitoringberichts durch Minister Wolfgang Clement und schloss die Bewertung an: »Man kann vermuten, dass der Bericht EFET Deutschland nicht zu Begeisterungsstürmen veranlassen wird.« Die Vorwarnung an den Stromhändlerverband versah Birkenhain mit einer für Lobbyisten wichtigen Information – schließlich ist es nützlich zu wissen, in wessen Händen der Entscheidungsprozess liegt: »Nach dem Monitoringbericht wird das Referat Energie mit dem Schreiben der Energierechtsnovelle beauftragt, während die Task Force für die Ausgestaltung der Netzzugangsverordnung zuständig sein wird.«

Sicherlich waren die Informationen, die Birkenhain verbreitet hatte, nicht sonderlich vertraulich, zumal bereits Teilaspekte in die Presse lanciert worden waren und wenig später der ganze Bericht öffentlich gemacht werden sollte. Aber aus der Mail, die uns zugespielt wurde, geht hervor, worum es bei dem Einsatz der bezahlten Wirtschaftsvertreter in der Task Force des Wirtschaftsministeriums wirklich ging: um verdecktes Lobbying.

Diese E-Mail war allerdings die letzte, die Olaf Birkenhain von seinem Büro im Bundeswirtschaftsministerium aus abschickte. Und zugleich ein willkommener Vorwand für die Ministeriumsspitze, die Task Force aufzulösen. Am Morgen des 2. September wurde Birkenhain von seinem Chef zu einer spontanen Befragung durch drei höherrangige Beamte der Abteilung gerufen.

Als Birkenhain den Raum betrat, sah er in eine Runde versteinerter Gesichter. Vor dem für die Task Force zuständigen Abteilungsleiter lag ein Stapel Papier, aus dem das Yahoo-Logo hervorlugte. Man konfrontierte ihn mit seiner am 28. August versandten E-Mail. Nachdem er bestätigt hatte, dass er der Verfasser war, wurde ihm mitgeteilt, dies werde als Verstoß gegen die abgegebene Diskretionsverpflichtung gewertet, und seine Position in der Task Force sei damit gekündigt. Birkenhain leerte seinen Spind, gab seinen Schlüssel und einige Bücher aus der Bibliothek ab, darunter den englischen Titel »How to Break Hardcore Cartels«, der sich mit der Zerschlagung von Energiekartellen beschäftigt.

Der 2. September 2003 markierte nicht nur Birkenhains Ende im Bundeswirtschaftsministerium, sondern auch das der gesamten Task Force. Bereits am Folgetag titelte die *Financial Times Deutschland:* »Clement stellt Strom-Aufsicht ein«.

Jahre danach ärgert sich Olaf Birkenhain noch immer über sein damaliges Verhalten und das selbst verschuldete Ende seiner damaligen Abordnung. Schließlich hatte auch er, wie alle bezahlten Konzernvertreter in Bundesministerien, eine Verschwiegenheitsvereinbarung unterzeichnet. Er beteuert zugleich, er habe nie einen Auftrag erhalten, Informationen aus dem Wirtschaftsministerium zu beschaffen oder gar Dienstgeheimnisse weiterzugeben. Dennoch spricht er davon, dass die Art seiner »Anstellung« ihn »zweifelsohne in Loyalitätskonflikte« gebracht habe.

Auf eine Untersuchung aller Indiskretionen verzichtete das Ministerium allerdings. So bleibt bis heute offen, wer die für die Stromwirtschaft problematische Fassung des Monitoringberichts in den E.ON-Vorstand schleuste. Olaf Birkenhain jedenfalls kann es nicht gewesen sein, denn er kam dafür Monate zu spät.

Die Task Force Netzzugang im Wirtschaftsministerium wurde also von heute auf morgen dichtgemacht. Ein Verlust war das vor allem für die Verfechter des Wettbewerbs wie Olaf Birkenhain. Für die Energiekartelle in Deutschland war das kein Problem, sie hatten ihr Ziel erreicht. Ihnen gelingt es trotz einer mittlerweile eingerichteten Regulierungsbehörde bis heute, einen echten Wettbewerb in Deutschland zu behindern, in der Gaswirtschaft sogar zu verhindern. Zulasten der Kunden – zugunsten ihrer Milliardenrenditen.

Ein Minister als Kind der Energiewirtschaft

Doch wie kam es überhaupt dazu, dass der Energiewirtschaft diese neue Spielart des verdeckten Lobbyismus überhaupt eröffnet wurde? Schließlich hat den damaligen Wirtschaftsminister Werner Müller niemand gezwungen, bezahlte Konzernvertreter in seinem Ministerium aufzunehmen. Verweilen wir also für einen Moment bei den politischen Akteuren.

Müller selbst hatte stets ein besonderes Verhältnis zu den Energiekonzernen, er ist sozusagen ihr Kind. Seine berufliche Karriere begann er als Referatsleiter Marktforschung bei der RWE AG. Ab 1980 ging es nur noch steil nach oben: Müller ging in den Vorstandsstab des Energiekonzerns Veba AG, aus dessen Zusammenschluss mit der Viag später E.ON hervorging. Irgendwann wurde Müller Generalbevollmächtigter der Veba AG, sprich ein Lobbyist für alle Fälle. 1992 wechselte er in den Vorstand der Tochtergesellschaft Veba Kraftwerke Ruhr. Dort war er zuständig für Energieeinkauf und -verkauf. Dass Müller als Minister dann der Energiewirtschaft so weit entgegenkam, war ohne die Rückendeckung von Bundeskanzler Schröder undenkbar. Der vertraute Müller. Schließlich hatte Müller bereits Anfang der neunziger Jahre Gerhard Schröder in Energiefragen beraten. Der wiederum war damals Ministerpräsident von Niedersachsen.

Schröder berief Müller 1998 als Bundesminister für Wirtschaft und Technologie ins Kabinett. 2002 handelte sich Müller erstmals schlechte Presse ein, als er der Übernahme der Ruhrgas AG durch E.ON zustimmte. Das Bundeskartellamt befürchtete eine zu große Marktmacht zulasten der Verbraucher. Deshalb wollte es die Fusion untersagen. Doch Müller setzte sich über den Einspruch des Bundeskartellamts hinweg. Möglich wird das durch die sogenannte Ministererlaubnis. Sagt das Kartellamt nein, kann der Wirtschaftsminister einen Firmenzusammenschluss genehmigen, wenn dies im nationalen Interesse ist. Doch Werner Müller galt als befangen, weil er vorher bei einer Vorläufergesellschaft von E.ON gearbeitet hatte. Von diesem Konzern erhielt er übrigens bereits seit 2002, während seiner Amtszeit als Wirtschaftsminister, eine Rente. Also schickte Müller seinen Untergebenen vor: Staatssekretär Alfred Tacke erledigte den Job und erteilte E.ON eine Sondererlaubnis.

Am 19. September 2002 ließ Tacke in einer Presseerklärung verlauten: »Ich bin überzeugt davon, dass der Zusammenschluss der Wettbewerbsfähigkeit unserer Unternehmen auf den internationalen Energiemärkten und der langfristigen Sicherung unserer Energieversorgung dient. Mithilfe der verschärften Auflagen wird sich auch der Wettbewerb in der deutschen Gaswirtschaft zum Wohle der Gasverbraucher weiterentwickeln.«

Minister und Staatssekretär wechselten kurz nach diesem Deal die Seiten. Werner Müller wurde zum 1. Juni 2003 Vorstandsvorsitzender der Ruhrkohle AG, an der E.ON zu fast 40 Prozent beteiligt ist. Auch Tacke hatte nach der Fusion Grund zur Freude. Am 1. Dezember 2004 wurde er in den Vorstand der Steag AG berufen, einer Tochter der Ruhrkohle AG. Inzwischen ist er sogar Vorstandsvorsitzender der Steag – die gehört auch zu E.ON und RWE.

Für die Konzerne war die Ministererlaubnis ein gelungener Coup. Denn durch die Fusion mit der Ruhrgas AG wurde E.ON Europas größter Energiekonzern. Stark beim Strom, unschlagbar beim Gas. Die Gaspreise sind seit der Fusion gestiegen – von 2002 bis 2006 um sage und schreibe 36 Prozent. Genau das hatte das Bundeskartellamt befürchtet, als es die Fusion untersagte. Gleichzeitig hat E.ON seinen Gewinn fast verdoppelt: Im Jahre 2006 auf 8,1 Milliarden Euro.

Natürlich ist die Geschichte damit nicht zu Ende, der Krimi ging in eine weitere Runde. Doch bevor wir uns dessen Ausgang widmen, möchten wir einen Betriebsausflug in die Niederungen der politischen Landschaftspflege unternehmen. Vielleicht wird so nachvollziehbar, warum deutsche Politiker auf so infame Weise den Staat der Wirtschaft ausliefern.

Versorgte Beamte, bezahlte Abgeordnete

Eigentlich sollten die Politiker die Bürger schützen. Doch wem dient die Politik wirklich? Besonders dreist ist etwa die Verflechtung zwischen Bundestagsabgeordneten und der Energiewirtschaft. Zum SPD-Abgeordneten Reinhard Schultz kommen die Vertreter der Energiekonzerne besonders gern. Ob Manager von E.ON, Vattenfall oder RWE, regelmäßig kann man sie bei seinem energiepolitischen Frühstück antreffen. Ein lockerer Gesprächskreis, den er gegründet hat und in dem über die zukünftige Energiepolitik geplaudert wird. Gerade zu Zeiten der rot-grünen Koalition sorgten die Beziehungen des SPD-Politikers zu den Stromkonzernen für Ärger. Schultz hat über seine Projekt Consult GmbH einen Beratervertrag mit Vattenfall und außerdem einen Platz im Aufsichtsrat von Vattenfall Europe Mining. Schultz sitzt sowohl im Ausschuss für Wirtschaft und Technologie als auch im Ausschuss für Umwelt, Naturschutz und Reaktorsicherheit. Also die beste Anlaufadresse für die Stromkonzerne im Bundestag. Ein Problem sieht Schultz darin nicht: »Vattenfall Europe ist an meiner Expertise und meinem fachlichen Rat interessiert, den ich als Miteigentümer eines Beratungsunternehmens gebe. Dass darüber hinaus die gesamte Energiewirtschaft in mir als Abgeordneten einen besonders sachkundigen Gesprächspartner gefunden hat, ist eine völlig andere Ebene.«[19]

In einem Brandbrief mit dem Wappen des Bundestages wendet sich Schultz am 1. Oktober 2002 an Gerhard Schröder:

> »Sehr geehrter Herr Bundeskanzler,
> lieber Gerhard,
>
> zur Vermeidung von ähnlichen Kraftproben innerhalb der Koalition zur Energiepolitik wie in der vergangenen Legislaturperiode rate ich dringend, einige wichtige Gesichtspunkte im Koalitionsvertrag festzuzurren … Hierzu gehört:
>
> – die Festschreibung der bisherigen Klimaschutzpolitik ohne zusätzliche Klimaschutzvereinbarung mit der Industrie und ohne Emissionshandel für die Kraftwirtschaft und Grundstoffindustrie bis 2012
> – stärkeres Einbeziehen der Sektoren Verkehr und Haushalte in den Klimaschutz
> – stärkerer Zubau von Anlagen zur Nutzung von Biomasse, Abbau der Förderung der Windenergie …«

Die Original-Worddatei mit dem Schreiben gelangte in die Hände eines *Spiegel*-Redakteurs, und der drückte unter »Datei« kurz auf »Eigenschaften«, um erstaunt festzustellen: Nicht Reinhard Schultz war der eigentliche Autor, sondern ein hauptamtlicher Mitarbeiter der Grundsatzabteilung von RWE.[20]

Hermann Scheer überrascht so etwas nicht mehr sonderlich. Dass sein Abgeordnetenkollege die Formulierungen von RWE einfach übernommen hat, ohne Punkt und Komma zu ändern – Scheer kann darüber nur müde lächeln. Denn er selbst macht sich bei wichtigen Vorlagen immer die Mühe, Unterlagen ausführlich zu studieren, um sich ein eigenes Urteil zu bilden. Dass Schultz aber auch noch Geld von der Stromwirtschaft erhält, ärgert Scheer: »Selbstverständlich hat Reinhard Schultz in diesem Fall als Lobbyist gearbeitet. Immerhin kam sein Schreiben direkt aus der Grundsatzabteilung von RWE, und er hat das, mit seinem Namen versehen, einfach weitergeleitet. Obwohl er von den Stromkonzernen finanziert wird. Das hat ein sehr deutliches Geschmäckle.«

Schultz ist nicht der einzige Abgeordnete, der Geld von den Energiegiganten bekommt. Ob Rot oder Schwarz, der Kontakt zu den Abgeordneten des Bundestags wird intensiv gepflegt. Auch der arbeitsmarktpolitische Sprecher der SPD-Fraktion, Klaus Brandner, erhält Geld von der Energiewirtschaft. Seit Mai 2004 sitzt er im Aufsichtsrat der Ruhrkohle AG. Der Konzern vergütet solche Posten mit über 20 000 Euro jährlich. Der wirtschaftspolitische Sprecher der CDU-Fraktion Laurenz Meyer hatte es allerdings ein wenig zu bunt getrieben und stolperte 2004 über eine Geldzahlung des RWE-Konzerns. Meyer war früher bei der VEW angestellt, die von RWE übernommen wurde. Ende November 2000 wurde er Generalsekretär der CDU, erhielt aber noch bis Ende April 2001 ein Gehalt von RWE. Der Konzern gab im Dezember 2004 bekannt, 80 000 Euro seien zu Unrecht an Meyer gezahlt worden. Der trat als Generalsekretär zurück, bekam für den Verzicht auf das Amt sogar noch 52 000 Euro von der Partei. RWE löste dann erst im Frühjahr 2005 den Arbeitsvertrag mit Laurenz Meyer rückwirkend zum 31. Dezember 2004 auf und zahlte dem Abgeordneten auch noch 400 000 Euro Abfindung. Meyer sitzt trotzdem immer noch im Bundestag. Und sogar Bundestagspräsident Norbert Lammert höchstselbst sitzt seit Mai 2004 im Aufsichtsrat der Ruhrkohle AG und erhält dafür 25 000 Euro im Jahr. Diese führt er nach eigenen Angaben an die Norbert-Lammert-Stiftung ab. Der energiepolitische Koordinator der CDU/CSU-Fraktion im Bundestag, Joachim Pfeiffer, sitzt im Beirat von Hitachi Power Europe GmbH. Und so weiter und so fort.

Erstaunlich: Auch der Nach-Nachfolger von Bundeswirtschaftsminister Müller, der CSU-Politiker Michael Glos, ist mit der deutschen Energiewirtschaft gut vertraut. Glos war bis zum 31. Dezember 2004 Mitglied im Beirat der E.ON Bayern AG und Mitglied im Beirat der Thüga AG, die zu mehr als 80 Prozent der E.ON Ruhrgas AG gehört. Die Regierungen wechseln, das Lobbysystem der Energiewirtschaft überlebt, denn es ist parteiübergreifend.

Hermann Scheer kennt zahlreiche Beispiele aus seiner eigenen und anderen Parteien: »Wenn es um anspruchsvollere politische Positionen ging, auf die man mehr Einfluss haben wollte, dann hat die Methode gegriffen, die ich eine Form der legalen Korruption nenne, die läuft nach dem Prinzip: bezahlt wird später. Durch Anschlusstätigkeit nach Beendigung der öffentlichen Aufgabe. Das kann man ja genau verfolgen. Das sind ehemalige Minister, Staatssekretäre, ehemalige Abteilungsleiter in Wirtschaftsministerien, die für Energiefragen oder sogar die Energieaufsicht tätig waren, wo dann unmittelbar nach Eintreten des Pensionsalters, zum Beispiel am 31. März, dann am 1. April die neue Stelle bei RWE angetreten wurde.

Und wenn es solche Beispiele gibt, fangen auch die anderen im Ministerium an, sich marktorientiert zu verhalten, denn da winkt ein nettes Zubrot, das mitunter höher ist als die eigene Pension. Wenn ich jetzt anfinge, Namen zu nennen, würde mir vorgeworfen, dass ich welche vergessen habe. Das hat System. Das hat parteiübergreifend System.«

Es sind wirklich viele Namen. Deshalb an dieser Stelle noch eine kleine Auswahl:

Gerhard Schröder übernimmt im März 2006 den Vorsitz des Aufsichtsrats der Betreibergesellschaft der Nordeuropäischen Gasleitung (NEGP). Diese plant den Bau einer Gaspipeline von Russland durch die Ostsee nach Deutschland, und genau dieses Projekt hat Schröder während seiner Kanzlerschaft aktiv gefördert. Anteilseigener der Company sind mit 51 Prozent der russische Konzern Gazprom und mit jeweils 24,5 Prozent die E.ON AG und der Chemiekonzern BASF AG.

Wolfgang Clement, der ehemalige Wirtschaftsminister von der SPD, sitzt seit Februar 2006 im Aufsichtsrat der RWE Power AG.

Hermann Borghorst war früher stellvertretender Fraktionsvorsitzender und wirtschaftspolitischer Sprecher der SPD-Fraktion. Jetzt sitzt er im Vorstand von Vattenfall Europe Mining AG.

Dr. Walter Hohlefelder war unter Kanzler Kohl Referatsleiter für Reaktorsicherheit im Bundeswirtschaftsministerium. Heute sitzt er im Vorstand von E.ON Energie.

Bruno Thomauske war als Projektleiter beim Bundesamt für Strahlenschutz zuständig für nukleare Entsorgung. Bis Mitte 2007 war er Chef der Atomsparte bei Vattenfall.

Wenn der Ratsherr an die Riviera fährt

Firmen wie RWE und E.ON pflegen die politische Landschaft auch auf kommunaler Ebene. Rund 100 Kommunalpolitiker sitzen bei RWE in den sogenannten Kommunalbeiräten. Lukrative Nebenjobs für kleine Provinzpolitiker. Für fünf Sitzungen erhalten sie 6750 Euro jährlich. Auch Konkurrent E.ON hat solche politischen Beiräte. Sie erhalten nicht ganz so viel: für ein bis zwei Sitzungen im Jahr bis zu 2000 Euro. Gerade im kommunalen Bereich sind solche politischen Kontakte wichtig für die Konzerne: Dort wird auch über Preisgenehmigungen oder Bauvorhaben entschieden. Wie heißt es so schön: Eine Hand wäscht die andere.

Hermann Scheer kennt das und hat sich längst abgewöhnt, sich darüber aufzuregen. Mit einem breiten Grinsen erzählt er von der Lobbypraxis: »Das geht manchmal nach dem Motto, wie es in einem satirischen Satz von Ernst Jandl zum Ausdruck kommt: ›Manche sind schon mit so wenig zufrieden, dass es an Unbestechlichkeit grenzt.‹ Denn es reicht schon einmal im Jahr eine dreitätige Tour aller Beiräte nach Prag oder in ein Fünfsternehotel an der Riviera, und dann wurde alles besprochen, man war good friends, und es war eine billige Einflussnahme.«

Doch zurück zu der Auseinandersetzung um mehr Wettbewerb und eine staatliche Regulierungsbehörde in Deutschland. Bereits Anfang 2003 platzte dem Wettbewerbskommissar Mario Monti in Brüssel der Kragen: Die Gas- und Strompreise in Deutschland stiegen trotz Liberalisierung weiter, während sie in anderen europäischen Ländern sanken. Immer mehr neue Anbieter verschwanden wieder vom deutschen Markt. Wer in dieser Zeit in Brüssel zu tun hatte, dem konnte nicht entgehen, dass dort immer lauter eine staatliche Kontrolle der deutschen Energiewirtschaft diskutiert wurde. Und dass eine entsprechende Verpflichtung von Seiten der EU immer wahrscheinlicher wurde.

Es sah also nicht gut aus für die Energieriesen, doch einer hielt ihnen im Januar 2003 die Stange. Ausgerechnet der Superminister für Arbeit und Wirtschaft, Wolfgang Clement, erklärte: »Eine von Brüssel übergestülpte Regulierungsbehörde für Strom und Gas wird es in Deutschland nicht geben. (…) Wir sind frei, unser liberales System der Verbändevereinbarungen fortzuführen – vorausgesetzt natürlich, es funktioniert auch.«[21]

Daraus wurde nichts. Brüssel verpflichtete Deutschland, bis zum 1. Juli 2004 eine Regulierungsbehörde einzurichten, die, ähnlich wie bei der Post und Telekommunikation, über den deutschen Markt wachen sollte.

Die Debatte um eine Regulierungsbehörde, die nun in der deutschen Politik aufflammte, dürfte in den Vorstandsetagen erhebliche Nervosität ausgelöst haben. Die Lobbyisten mussten ran – inner- und außerhalb des Ministeriums. Bereits am 17. März 2003 schickten der Verband der Elektrizitätswirtschaft (VDEW) sowie der Bundesverband der deutschen Gas- und Wasserwirtschaft (BGW), der Verband kommunaler Unternehmen (VKU), der Verband der Netzbetreiber (VDN) und der Verband der Verbundunternehmen und Regionalen Energieversorger in Deutschland (VRE) einen gemeinsamen Brief zur »Novellierung des Energiewirtschaftsgesetzes« an Wirtschaftsminister Clement:

> »Sehr geehrter Herr Bundesminister,
>
> (...) Die von der Regierungskoalition schon in der vergangenen Legislaturperiode mit der damaligen EnWG-Novelle gegebene Zusage, die jeweils zeitlich befristeten Verbändevereinbarungen durch den Gesetzgeber als gute fachliche Praxis anzuerkennen, die den Energieversorgungsunternehmen ein Mindestmaß an Rechtssicherheit auch gegenüber den Kartellbehörden hätte bieten können, scheint nach unseren Erkenntnissen offensichtlich gefährdet. (...) Daher stellt sich ... die Frage, welchen Stellenwert und welche Perspektiven das auch von Ihnen zu Beginn Ihrer Amtszeit positiv bewertete System frei ausgehandelter Marktregeln haben wird. (...) Die Energiewirtschaftsverbände sind grundsätzlich bereit, weiterhin konstruktiv an der Fortentwicklung des Wettbewerbs im deutschen Energiemarkt mitzuwirken. Eine wesentliche Voraussetzung dafür ist, dass die Energieversorgungsunternehmen weiterhin in der Lage sind, die notwendigen Investitionen für die Erhaltung qualitativ hochwertiger Versorgungsinfrastrukturen zu erwirtschaften.«

Die versteckte Drohung, nicht mehr zu investieren, ist kaum zu überhören. Aber um eine hilflose Drohung handelte es sich gewiss nicht – denn die Energieverbände hatten ja noch andere Eisen im Feuer.

Fast zweieinhalb Jahre arbeitete die Task Force Netzzugang im Bundeswirtschaftsministerium. Zweieinhalb wertvolle Jahre, in denen die Energiewirtschaft sich bestens über die Vorgänge im Ministerium informieren konnte. Am 3. September 2003, einen Tag nach der plötzlichen Auflösung der Task Force, übersandte das Ministerium den umstrittenen Monitoringbericht unter dem Titel »Bericht über die energiewirtschaftlichen und wettbewerblichen Wirkungen der Verbändevereinbarung« dem Bundestag. Er diente als Entscheidungsgrundlage für das neue Energiewirtschaftsgesetz. Ein angeblich von Fachbeamten erstellter Bericht für die arglosen Abgeordneten. Die sollten eigentlich informiert werden, wie die Energiewirtschaft wirksam kontrolliert werden kann. Dass diese selbst zu den Ghostwritern der Vorlage gehörte, blieb den Parlamentariern verborgen.

»Wie in einer Bananenrepublik«, sagt der Insider

Ein ehemaliger Kollege des gefeuerten Task-Force-Mitglieds Olaf Birkenhain, der ebenfalls von der Energiewirtschaft entsandt worden war und lieber anonym bleiben möchte, ist während seines Einsatzes im Ministerium um eine schlimme Erfahrung reicher geworden: »Wenn ich an die Zeit denke und weiß, wie der Lobbyismus auf allen Ebenen wirkt, denke ich: Die Demokratie läuft einfach nicht mehr rund. Ich war sehr erstaunt, was da abläuft, fast wie in einer Bananenrepublik. Wir müssen sehen, dass wir das ändern.«[22]

Hermann Scheer hat wirklich schon viel erlebt. Dass aber in einem Bundesministerium von der Wirtschaft bezahlte Lobbyisten sitzen und sogar an Gesetzgebungsverfahren mitwirken, bringt den sonst so abgeklärten Politiker auf: »Das ist eine völlige Vermischung öffentlicher Dienstpflichten mit privatwirtschaftlichem Interesse, und das sogar in einer offiziell akzeptierten Form! Das ist unerträglich.«

Inoffizielle Kontakte zwischen den Stromriesen und dem Wirtschaftsministerium sind gang und gäbe, wie ein Insider aus der Energiebranche, der ebenfalls lieber anonym bleiben möchte, dem Freiburger Öko-Institut gegenüber bestätigte: »Es gibt natürlich eine gewisse Nähe, das hängt damit zusammen, dass wir als Energiewirtschaft einen durchgängigen Kontakt mit der Energieabteilung haben. (…) Dabei entsteht ja eine durch die Materie geprägte, konstruktive Arbeitsbeziehung.«[23] Dabei seien vor allem die Fachkenntnisse der Lobbyisten für das Ministerium von Bedeutung. Oft treten die Mitarbeiter des Ministeriums von sich aus an die Stromkonzerne heran, berichtet der Insider: »Da ist ein Sachverhalt zu regeln: Wie sind denn die technischen Zusammenhänge zu verstehen? Dann schreiben wir etwas auf und stellen den Ministeriumsangehörigen entsprechende Unterlagen zur Verfügung. Gestützt auf diese Zuarbeiten kann das Ministerium danach die ›Übersetzung‹ in Gesetze oder Verordnungen leichter handhaben. (…) Es gibt also eine gewisse Nähe hinsichtlich des gemeinsamen Verständnisses in vielen Sachverhalten und daraus resultierend sicherlich oftmals auch ein hohes Maß an Sympathie für die Belange der Energiewirtschaft.«[24]

Dieser Sachverhalt wird vom Bundeswirtschaftsministerium sogar bestätigt. So heißt es in einem Bericht, es sei »klar, dass das technische Wissen in Bezug auf die Planung, den Ausbau und die Funktionsfähigkeit der Energieversorgungsnetze in Deutschland nicht in zentralen staatlichen Stellen entstanden, sondern in der Energiewirtschaft zu Hause ist«.[25]

Ausgerechnet in der für die gesamte Volkswirtschaft so wichtigen Energiepolitik scheint der »schlanke Staat« besonders ohnmächtig gegenüber den Lobbyinteressen der Konzerne. Hermann Scheer will sich mit dieser Bankrotterklärung nicht abfinden. Dass man erst Stellen abbaut und dann abhängig wird vom Expertenwissen privater Konzerne, hält er für abwegig: »Ich glaube, das ist eine Ausrede, in der Hoffnung, öffentliche Zustimmung dafür zu erhalten, weil viele Leute dann vielleicht denken, das ist ja gut, wenn der Staat Geld spart. Das ist aber eine Selbstausschaltung des Beamtenapparates. Denn wozu ist er denn da, wenn nicht genau dafür. Außerdem ist Wissen nicht gleich Wissen, denn hier wird ja Wissenssteuerung betrieben, und dass es in dieser Frage nur um objektive Sachverhalte ginge, ist natürlich das größte Gerücht. Hier wird natürlich mit selektiven Informationen gearbeitet. Und es ist die zentrale Aufgabe eines Ministerialbeamten, genau davon unabhängig zu sein, den Überblick zu behalten, die Informationen zu prüfen, das Teilwissen zu checken, ob es wirklich das Gesamtproblem betrifft. Das ist eine nicht delegierbare Aufgabe.«

Eine Verordnung made by RWE

Wie sehr der Beamtenapparat in der Energieabteilung des Bundeswirtschaftsministeriums bereits mit den Lobbyisten verzahnt ist, zeigt der weitere Fortgang der Geschichte. Nach der Abgabe des Monitoringberichts begannen im Ministerium die Vorbereitungen für die Novelle des Energiewirtschaftsgesetzes. Auch bei RWE wurde intensiv darüber nachgedacht – und gehandelt. RWE setzte Formulierungen auf, die dann eins zu eins im Referentenentwurf des Wirtschaftsministeriums zur »Netzentgeltverordnung Strom« landeten – »wörtlich RWE« oder »weitgehend wörtlich RWE« oder »fast wörtlich RWE« steht in Fußnoten zu einzelnen Absätzen.[26]

Ein gelungener Coup für die Energieriesen. Denn in dem entscheidenden Paragraphen 18 der Verordnung – von RWE mitformuliert – wird unter anderem festgelegt, wie künftig die Entgelte für die Netznutzung ermittelt werden. Wohlgemerkt: Experten schätzen heute noch, dass die Netzentgelte bis zu 30 Prozent zu hoch sind – Kosten, die letztlich auf den Verbraucher abgewälzt werden.

Später bestätigte RWE die Zusammenarbeit mit dem Wirtschaftsministerium. Volker Heck, der Kommunikationschef des Konzerns, sagte dazu: »Wir haben ganz legitimerweise, wie andere Unternehmen auch, natürlich im Blick, dass wir für das Kapital, was in unserer Bilanz arbeitet, und die Arbeitsplätze, die es sozusagen sichert, auch verlangen, dass wir eine gewisse Planungssicherheit für lang laufende Investitionen haben. Und dafür werben wir. Aber wir bedrängen niemanden damit.«[27]

Vielleicht bedrängen die Konzerne niemanden. Aber sie drohen ganz unverhohlen.

In einem vertraulichen Brief der vier Stromriesen E.ON, RWE, Vattenfall und EnBW vom 6. November 2004 an Wirtschaftsminister Clement heißt es: Sollten die Konzerne auf Gewinne verzichten müssen, dann ständen »Modernisierungs- und Erneuerungsinvestitionen« in das Gas- und Stromnetz auf dem Spiel. Investitionen würden »unter Inkaufnahme von Risiken für die Versorgungssicherheit gestrichen oder verschoben«. »Verlässliche politische Rahmenbedingungen für eine angemessene Verzinsung des eingesetzten Gesamtkapitals sind Grundvoraussetzungen für anstehende Investitionen.«[28]

Am 12. April 2005 – Wirtschaftsminister Clement sprach inzwischen übrigens nicht mehr von sinkenden Strompreisen – verabschiedete das Bundeskabinett schließlich das neue Energiewirtschaftsgesetz. Drei Tage später stimmten die Bundestagsabgeordneten über das Gesetz ab, dessen Brisanz den meisten nicht klar gewesen sein dürfte. Hermann Scheer erinnert sich: »Das ist ja im Parlament immer so, dass es eine Entscheidungsmöglichkeit gibt, die im Regelfall nur sehr schwer feststellbar ist, zwischen tatsächlicher individueller Meinung der Abgeordneten und der festgestellten Meinung. Häufig wird etwas beschlossen, was nicht mal Mehrheitsmeinung ist. Das hängt damit zusammen, dass den Vorgaben allzu leichtfertig gefolgt wird. Das Abnicken von Regierungsvorlagen in Regierungsfraktionen ist leider gang und gäbe.«

Der Inside-Lobbyismus geht weiter

Im Juni 2006 schickte E.ON eine Mitarbeiterin ins Auswärtige Amt; bezahlt wurde sie weiterhin von dem Konzern. Dort arbeitete sie ausgerechnet im Planungsstab, einer Abteilung, die über strategische Energiepolitik mit entscheidet. Seit Juni 2007 wirkt die Dame wieder in der Lobbyrepräsentanz von E.ON in Berlin. Zur gleichen Zeit hatte auch der Energiekonzern Wintershall einen Mitarbeiter im Auswärtigen Amt platziert.

Wir fragen bei der E.ON-Mitarbeiterin an. Sie mag nicht mit uns sprechen und beruft sich darauf, dass sie sowohl E.ON wie auch dem Auswärtigen Amt gegenüber eine Verschwiegenheitsverpflichtung habe. Wir nehmen das mit Ironie: So bestätigt sich noch in der Absage eines Interviews, dass die bezahlten Konzernvertreter Diener zweier Herren sind. Leider ist auch die Pressestelle des Auswärtigen Amtes nicht bereit, über die Aufgaben der E.ON-Vertreterin und des Wintershall-Mannes detailliert Auskunft zu geben. Bei Absagen dieser Art, das ist so ein Reflex von Journalisten, fragen wir uns immer, was die Damen und Herren zu verschweigen haben.

Dafür sprechen wir einen Mann, der seit Jahren berufsmäßig für mehr Wettbewerb im Energiemarkt eintritt. Alfred Richmann ist Geschäftsführer des Verbandes der Industriellen Energie- und Kraftwirtschaft (VIK). Er vertritt die Industrie, die als Energiegroßverbraucher ein natürliches Interesse an mehr Wettbewerb und damit sinkenden Preisen hat. Zu jeder Gelegenheit weist er öffentlich darauf hin, dass das Energiekartell die Ursache für die Preistreiberei sei.

Als er im Sommer 2007 zu einem Erörterungstermin ins Auswärtige Amt kam, musste er staunen: »Da saßen auch einige Vertreter der Energiewirtschaft. Es sind natürlich nur die großen Konzerne, und das macht die Angelegenheit problematisch. Auch wir haben Sachverstand einzubringen, das habe ich auch angeboten. Aber ich wurde nur dieses eine Mal angehört, und das war es. Wenn nur die großen Platzhirsche in solchen Ministerien vertreten sind, wird die Beratung einseitig, dann wird zum Beispiel in Sachen Energie nicht unbedingt der Wettbewerb gestärkt. Denn letztlich kommt es ja immer darauf an, welche Auffassung von wem im Ministerium hängenbleibt.«

Preisabsprachen deutscher Konzerne fliegen auf

Die vier Konzerne RWE, E.ON, Vattenfall und EnBW kamen gemeinsam 2006 auf einen Jahresumsatz von 136 Milliarden Euro. RWE verkündet im Februar 2007 ein Rekordbetriebsergebnis für das Geschäftsjahr 2006 – eine Steigerung um 14 Prozent auf 6,11 Milliarden Euro. Grund sei der »positive operative Trend, besonders bei der Stromerzeugung«, gewesen.[29] Auch der größte deutsche Versorger E.ON fuhr im Jahr 2006 einen satten Vorsteuergewinn von 8,15 Milliarden Euro ein. Und die letzte Meldung aus dem Hause E.ON ist noch vielversprechender – nur nicht für die Verbraucher: »Sehr geehrte Aktionäre und Freunde des Unternehmens«, schreibt Konzernchef Wulf H. Bernotat, »auch im dritten Quartal 2007 entwickelte sich das Geschäft im E.ON-Konzern sehr positiv. (…) Der Konzernüberschuss der Gesellschafter der E.ON AG lag mit 5,3 Mrd. Euro 70 Prozent über dem Vorjahreswert.«[30]

Im November 2007 schlägt die Monopolkommission der Bundesregierung Alarm. In Deutschland bestehe »auf den Märkten der leitungsgebundenen Energieversorgung kein funktionsfähiger Wettbewerb«. »Als kritisch stuft die Monopolkommission insbesondere die vielen Beteiligungen der vier Verbundunternehmen an Stadtwerken und anderen Weiterverteilern ein. (…) Ferner sieht die Monopolkommission bei der Schaffung eines einheitlichen, nichtdiskriminierenden und marktorientierten Regelenergiemarktes erhebliche Umsetzungsdefizite.«[31]

Anfang November werden auch die Ergebnisse einer großangelegten Durchsuchungsaktion von EU-Kommission und Bundeskartellamt bei den vier großen deutschen Energiekonzernen öffentlich. »Wir haben im Rahmen einer Durchsuchung der EU-Kommission im Mai 2006 Belege für Absprachen insbesondere zwischen E.ON und RWE gefunden«, sagt der Präsident des Kartellamts, Bernhard Heitzer.[32] »Es konnte klar belegt werden, dass E.ON und RWE ein marktbeherrschendes Duopol innehaben.« Zwar wiesen die beschuldigten Konzerne die Vorwürfe zurück, seither häufen sich jedoch Forderungen von Politikern sogar der CDU nach einer Zerschlagung der Energiekonzerne. Denn das Oligopol der Energiekonzerne ist noch immer nicht gebrochen – im Gegenteil –, und das neun Jahre nach der angeblichen Liberalisierung und trotz einer mittlerweile bestehenden Regulierungsbehörde.

Und nun die guten Nachrichten

Wir fahren zurück nach Ahrensburg, in die Stadt, in der der Kämmerer seinen Kampf gegen die Firma E.ON Hanse und überhöhte Gaspreise ausficht. Nach jahrelangem Tauziehen zwischen Kommune und Gasgiganten musste die Stadt sogar vor Gericht gehen.

Erst das Oberlandesgericht in Schleswig verpflichtete E.ON, das Leitungsnetz an die neue Gasversorgung Ahrensburg (GAG) zu verkaufen. »Wir haben unser Ziel erreicht«, sagt der Stadtkämmerer Horst Kienel. Das Urteil überträfe sogar seine Erwartungen, denn der Konzern muss auch seine Endkunden an das kommunale Unternehmen abtreten. »Jetzt kann es losgehen!« Kienel freut sich über eine »sportliche Aufgabe«. In kurzer Zeit ist es ihm gelungen, das Gasgeschäft ans Laufen zu bringen. Treffen mit Bankern im Rathaus. Die finanzieren das Unternehmen. Ahrensburg muss rund elf Millionen Euro investieren. Trotzdem riecht das Ganze nach einem guten Geschäft. Die Stadt verdient an den Netzgebühren pro Kunde circa 300 Euro im Jahr. Insgesamt rund 1,5 Millionen Euro. Dabei entsteht sogar ein Spielraum, den Gaspreis für die Bürger zu senken. Denn vor allem die Ahrensburger Bürger sollen von dem Geschäft profitieren – durch einen günstigen Gaspreis.

Das Dreamteam ist nach dem Gerichtsurteil wieder unterwegs gewesen. Horst Kienel und Dieter Göken besuchen eine Werbeagentur. Ein neues Logo und ein neuer Slogan für die GAG sollen her. Der prangt samt Logo-Entwurf auf dem Tisch der örtlichen Werbeagentur: »Ahrensburg gibt Gas«. Bei den Bürgern kommt die neue Gasversorgung gut an. »Es gab viele Schreiben, die Freude zum Ausdruck brachten, dass es gelungen ist. Wir haben Ummeldungen gehabt, jetzt schon zur GAG hin, auch außerhalb von Ahrensburg«, sagt Kienel. Die Stadt profitiert direkt von der eigenen Gasversorgung: Das örtliche Hallenbad wird mit Gas geheizt. Ebenso Schulen, Kindergärten und andere städtische Gebäude. Eine einleuchtende Sache: Sinkt der Gaspreis, wird der Betrieb deutlich günstiger.

Im November 2007 übermittelt uns Horst Kienel sogar eine Nachricht von größtem Seltenheitswert: Die GAG kann die Gaspreise um fünf Prozent senken – während landauf, landab die deutschen Gaskunden mit Preiserhöhungen von fünf bis zehn Prozent bombardiert werden. Kienel: »Ohne private Partner brauchen wir als kommunales Unternehmen nicht die Renditen zu erwirtschaften, mit denen die Großkonzerne kalkulieren. Die brauchen eine mindestens zweistellige Rendite, wir dagegen brauchen nur die Kosten zu decken. So arbeiten wir vor allem für die Bürger.«

»Durch Ahrensburg sind zahlreiche Städte und Gemeinden motiviert, auch über die Kommunalisierung der Strom- und Gasversorgung nachzudenken«, sagt der Wirtschaftsberater Göken. Und tatsächlich melden sie sich schon bei Göken und Kienel und wollen wissen, wie man sich als kleine Kommune gegen die großen Energiekonzerne durchsetzen kann. Immerhin, im Kleinen scheint die Demokratie noch zu funktionieren. Wenn auch nur dank unabhängiger Gerichte und hartnäckiger Kommunalpolitiker. Auf die haben die Konzern-U-Boote in den Bundesministerien bislang keinen Zugriff.

4. Kapitel

Warum dürfen Heuschrecken Deutschland abgrasen?

Eine Mitarbeiterin der Investmentbranche im Finanzministerium – wie die Hedgefonds sich in Deutschland selbst legalisiert haben

Ihren Spitznamen in Deutschland haben die Hedgefonds einem Mann zu verdanken, der ganz gern mal einen auf Kumpel macht. Franz Müntefering, bis zum Herbst 2007 Vizekanzler in der großen Koalition und zuvor und jetzt wieder SPD-Vorsitzender, liebt es, mit seinem rollenden sauerländischen »r« die Dinge beim Namen zu nennen. Am 17. April 2005 durften sich die Leser der *Bild am Sonntag* erstaunt die Augen reiben, als »Münte«, bis dato eher einer von der Fraktion »Wir müssen den Gürtel enger schnallen«, zum Generalangriff auf den globalen Finanzkapitalismus blies.

Auf die Frage der Zeitung: »Herr Müntefering, diese Woche haben Sie gegen die wachsende Macht des Kapitals gewettert. Ist Ihnen der Sozialismus lieber?«, antwortete der Sauerländer: »Nein, aber Kapitalismus mag ich auch nicht. Ich wehre mich gegen Leute aus der Wirtschaft und den internationalen Finanzmärkten, die sich aufführen, als gäbe es für sie keine Schranken und Regeln mehr. Manche Finanzinvestoren verschwenden keinen Gedanken an die Menschen, deren Arbeitsplätze sie vernichten. Sie bleiben anonym, haben kein Gesicht, fallen wie Heuschreckenschwärme über Unternehmen her, grasen sie ab und ziehen weiter. Gegen diese Form von Kapitalismus kämpfen wir.«[33]

Gut gebrüllt, Löwe, möchte man Franz Müntefering zurufen. Denn wie es dazu kam, dass der Luftraum über Deutschland überhaupt für die Heuschrecken geöffnet wurde, darüber spricht der gewiefte Politiker lieber nicht. Schließlich war es seine eigene Regierung, die die Ausbreitung dieser Form von Kasino-Kapitalismus möglich machte. Dazu später mehr.

Zunächst wollen wir ein Unternehmen kennenlernen, bei

dem die Hedgefonds eingestiegen sind. Doch die Branche ist verschwiegen wie die sizilianische Mafia. Deshalb machen wir uns auf zu einem Unternehmen, das es längst nicht mehr gibt. Und zwar nach Schwaben, in das Mutterland der tüchtigen Unternehmer.

Hilmar Blaesner mag das Wort von den Heuschrecken. Ihm und seinen Kollegen hat Franz Müntefering damit aus dem Herz gesprochen. Blaesner sieht aus wie einer, der schaffen kann. So sagt man im Ländle. Der drahtige, große Mann steckt in einer schmutzigen schwarzen Dachdeckerhose und einem bekleckerten T-Shirt. Er will uns die Firma zeigen, in der er gelernt hat. Und gelernt haben hier, das ist ihm wichtig, alle etwas, zu der Zeit, als es die Firma noch gab. Er selbst ist Diplom-Ingenieur und Chemiker.

Die Firma Rinol mit Sitz in Renningen bei Stuttgart war für den Fußbodenbereich so etwas wie die Marke Tempo für Taschentücher. Rinol-Böden glänzten in fast jedem dritten deutschen Krankenhaus, in Reinsträumen von Computerchipfabriken, in edlen Vorstandsetagen, Hotelfluren und auch in ICE-Fabrikationshallen. Heute glänzt in der einstigen Werkshalle in Renningen nichts mehr. Hilmar Blaesner bekam eine Gänsehaut, als er die Halle nach der Insolvenz zum ersten Mal wieder betrat. Das war Anfang 2006. Blaesner und ein Kollege versuchen seit dieser Zeit, auf den Trümmern eines Konzerns mit einst fast 2000 Beschäftigten einen eigenen kleinen Betrieb aufzubauen, die fuxrad Systemkunststoffe. Die Firma hat noch sieben Beschäftigte.

In der riesigen verlassenen Eingangshalle des Rinol-Verwaltungsgebäudes zeigt Blaesner uns seine neueste Entwicklung. Ein aus hauchdünnen Sandsteinflächen zusammengesetzter und mit Kunstharz überzogener Boden liegt als Testfläche neben dem verwaisten Eingang. Die Halle ist halb so groß wie eine Turnhalle, in der Mitte steht ein mit weißem Stein eingefasstes Becken, doch das Wasser wurde hier schon vor langer Zeit abgelassen. Hinter dem Tresen, an dem einst die Empfangsdame saß, steht jetzt Gerümpel. Reste der glanzvollen Geschichte eines deutschen Familienunternehmens.

Hilmar Blaesner ist ein Mann, den nichts so schnell aus der Bahn wirft. Doch spricht man ihn auf Hedgefonds an, kommt er ziemlich in Fahrt. Er hat beobachtet, wie die Fonds bei Rinol Vorstände einsetzten, die in seinen Augen keine wirklichen Konzepte in der Tasche hatten, Leute, die nie was mit der Branche zu tun gehabt hatten. Einige von denen hätten sich letztlich »nur die Taschen vollgemacht«. »Hedgefonds sind für mich das Schlimmste, das der globalisierten Welt passieren kann«, sagt er.

Um es gleich zu sagen, der Niedergang der Rinol AG hat mehrere Väter. Der erste hieß Kurt-Jörg Gaiser, man nannte ihn auch »Gottkönig von Renningen«. Gaiser war in zweiter Generation Chef des Familienunternehmens, und er hatte ehrgeizige Pläne. Bereits 1990 wurde Rinol in eine Aktiengesellschaft umgewandelt, und in den neunziger Jahren begann Gaiser Konkurrenzunternehmen aufzukaufen, im Ausland immer neue Filialen aufzumachen. 1996 ging Rinol an die Börse, der Umsatz wuchs auf 372 Millionen Euro. Gaiser war Vorstandschef und genoss es, mit seinem weißen Porsche vor der Renninger Konzernzentrale vorzufahren. Sein mittelständisches Imperium avancierte zum Börsenliebling, und den Aufsichtsrat zierten Prominente wie der ehemalige Ministerpräsident Lothar Späth.

Rinol konnte auf die erfolgreiche Wandlung von einem Handwerksbetrieb mit 40-jähriger Geschichte zu einem börsennotierten Konzern verweisen. Doch mit der Expansion hatte es Gaiser übertrieben. Anfang 2003 begann der Umsatz einzubrechen. Dem Aktiengesetz entsprechend, meldete Rinol erstmals einen Verlust von 7,6 Millionen Euro. Mithilfe des Unternehmensberaters Roland Berger stellte der Vorstand um Kurt-Jörg Gaiser einen Sanierungsplan auf, die Banken waren wieder zu neuen Krediten bereit. Im Frühjahr 2004 stand Rinol mit etwa 37 Millionen Euro in der Kreide. Und zu dieser Zeit kamen die, die viele in Renningen nur noch die Heuschrecken nennen.

Ein milliardenschwerer Fonds kauft sich ein

Es war der 3. März 2004, als sich etwa drei Dutzend Banker, Manager und Anwälte im noblen Sitzungssaal der Landesbank Baden-Württemberg trafen. Auf Empfehlung von Beratern – und unter erheblichem Druck der Banken – hatte sich Gaiser nicht länger gesträubt, auch alternative Kreditfinanzierungen zu erwägen. Vor der versammelten Runde saß ein Mann, der sich selbst als kühler Rechner und knallharter Sanierer präsentierte. Der Mann hieß Alex Schmidt und stellte sich als Senior Vice President des New Yorker Finanzhauses Highbridge/Zwirn vor. Schmidt imponierte mit immer neuen Zahlen und Grafiken, die er per Videobeamer an die Wand projizierte. Glaubt man Kurt-Jörg Gaiser, beeindruckte der amerikanische Finanzier die Runde am meisten mit einer so knappen wie knallharten Ansage: Sein Hedgefonds sei bereit, den Banken ihre Darlehen bei Rinol abzukaufen, aber für keinen Cent mehr als 20 Prozent ihres ursprünglichen Wertes. Wenn die Banken mehr wollten, könnten sie es ja auch bei dem künftigen Insolvenzverwalter von Rinol versuchen.[34] Schmidt klappte seinen Laptop zu und ließ eine Runde verdutzter deutscher Banker und Manager zurück.

Wenige Monate darauf kaufte der milliardenschwere New Yorker Hedgefonds D. B. Zwirn gemeinsam mit dem Londoner Investmentbankhaus Morgan Stanley den Gläubigern ihre Kreditforderungen über gut 37 Millionen Euro ab. Dafür zahlten die Investoren ganze acht Millionen Euro. Gaiser erschien dieser Deal anfänglich vielversprechend. Er glaubte, die Fonds wollten Rinol dauerhaft sanieren. Ihm selbst, so sagt er, habe man sogar zugesagt, bei einem Erfolg werde er als Vorstandsvorsitzender selbstverständlich finanziell teilhaben. »Ich hätte nie gedacht, dass ich mich durch die Verträge mit denen bald selbst vor die Tür setze«, sagt er heute.

Der neue starke Mann bei Rinol, der damals 34-jährige Hedgefonds-Manager Daniel Bernhard Zwirn, wiederum sah endlich eine Möglichkeit, einen Teil seiner in den USA eingesammelten Milliarden bei einem kriselnden Unternehmen mit großem Namen in Übersee zu vermehren. Hedgefonds gehen häufig nach dem gleichen Muster vor. Der Fonds kauft faule oder gefährdete Kredite von Banken auf und erlangt so die Macht über die Unternehmen. In Sanierungsplänen sorgt er für sogenannte Restrukturierungsmaßnahmen, auf Deutsch: Arbeiter und Angestellte, die angeblich überflüssig und zu teuer sind, werden massenhaft auf die Straße gesetzt.

Bei der Gewährung der Kredite, die man zuvor billig von Banken gekauft hat, verdient der Fonds automatisch bis zu 20 Cent von jedem Euro an Gebühren. Kann dieses Geld, und das ist regelmäßig der Fall, von den Unternehmen, die man angeblich sanieren will, nicht aufgebracht werden, werden die Schulden in Eigenkapital umgewandelt. So kauft sich der Hedgefonds in das Firmenkapital ein. Das Ganze trägt den hübschen englischen Namen »Dept to equity swap«, hat aber eiskalte Konsequenzen. Die alten Vorstände hat man zu dieser Zeit längst über Bord geworfen. Das Eigenkapital, das ein Unternehmen eigentlich immer behütet wie der arme Schlucker seine Reserven in der Sockenschublade, wird zum Spielgeld für Finanzjongleure. Bei Rinol kam es allerdings nicht so weit. Anstatt sich mit eigenem Geld als Investor an der Firma zu beteiligen, beschränkte man sich auf die Rolle als Kreditgeber. Der gefeuerte Rinol-Geschäftsführer und Firmeninhaber Gaiser begründet das so: »Man wollte wohl nicht in die Konzernhaftung geraten« – sprich, ins Risiko gehen. Hedgefonds scheuen Risiken – und wenn nicht, dann ist das Risiko ausdrücklich ein Teil ihrer Profitstrategie.

Rinol hatte, wie gesagt, vor der Übernahme durch D. B. Zwirn und Morgan Stanley Schulden in Höhe von 37 Millionen Euro. Doch anstatt mit eigenem Geld zur Entschuldung des Unternehmens beizutragen, halsten die Fonds die 37 Millionen dem Unternehmen weiterhin komplett auf, nebst gnadenlos steigenden Zinszahlungen. Auch diese Zinsen haben Rinol letztlich in die Knie gezwungen. Zwar bemühten sich die Fonds um einen Sanierungsplan, gaben Gutachten bei Wirtschaftsberatungsfirmen in Auftrag, hielten das Unternehmen liquide. Auch weitere etwa 20 Millionen Euro gaben sie nicht etwa als Einlage in das Unternehmen, sondern als Kredit, sodass die Schuldenlast von Rinol sogar noch stieg. Doch anstatt die Schulden gegen Eigenkapital einzutauschen, stiegen die Finanzinvestoren im Januar 2006 ganz aus. Der Fall Rinol war auch für sie am Ende ein verlustträchtiges Geschäft.

Die Umsätze brachen unter den branchenfremden neuen Vorständen ein. »Die hatten keine Konzepte, konnten sie auch nicht haben, denn sie hatten ja keine Ahnung von der Branche«, sagt uns der ehemalige leitende Angestellte Hermann Rausch. Wir treffen ihn im leer stehenden Wandelgang des ehemaligen Bürogebäudes. Auf Rinol deuten nur noch die in einigen Büros herumstehenden orangen Bürostühle – orange, das gehörte zur Corporate Identity von Rinol. Vor Rauschs früherem Büro steht noch ein ausgetrockneter Gummibaum. Gummibäume gab es eine Zeit lang viele in den Chefetagen deutscher Familienunternehmen. Sie sehen nach den siebziger oder achtziger Jahren aus, nach einer Zeit, in der sich die Mitarbeiter in der Firma daheim fühlten. Hermann Rausch hat sich über die Jahrzehnte einen bescheidenen Wohlstand aufgebaut. Regiert wurden die Unternehmen von dominanten Firmeneignern wie Kurt-Jörg Gaiser und dessen Vater. Die waren als Chefs nicht unbedingt beliebter als die neuen Manager, aber für die Belegschaften galt immer: Wenn es denen gut geht, bleiben auch wir nicht auf der Strecke. Dass diese Firmenkultur auf dem absteigenden Ast ist, hat Hermann Rausch hautnah miterlebt. Der heutige Rentner, der ganz dem Bild des schwäbischen Kaufmanns entspricht, fällt sogar ein wenig aus der Rolle, als es um die Hedgefonds geht: »Wenn ich könnte, würde ich denen den Hals umdrehen!«

Ein rot-grünes Steuergeschenk für die Heuschrecken

Zurück zu Franz Müntefering und der Regierung Schröder im Jahre 2001. Diese wollte die Steuergesetzgebung für Unternehmensverkäufe ändern. Denn wer sein Firmenauto weiterverscherbelt, zahlt bekanntlich Steuern, auch der Hausbesitzer, der wieder mal eines seiner Mietshäuser loswerden will. Und auch bei einem Großkonzern war das bislang so, der Teile seines Unternehmens an einen anderen Großkonzern oder einen Finanzinvestor veräußert. Genau deshalb waren Unternehmensverkäufe aber nicht sonderlich lukrativ. Diese »Besteuerung von Veräußerungsgewinnen«, so schätzen es viele Insider ein, war das größte Hemmnis für die Fondsbranche, die ja davon lebt, Unternehmen permanent an- und weiterzuverkaufen.

Gerhard Schröders Regierung wollte das ändern. Also schaffte die rot-grüne Koalition diese Steuer 2001 kurzerhand ab – ein Steuergeschenk der Luxusklasse, denn weder tatkräftige Unternehmer noch Arbeitnehmer haben etwas davon. Dafür verzichtete das Gemeinwesen auf Einnahmen von geschätzten 30 Milliarden Euro – Steuern auf Spekulationsgewinne, auf das Dealen mit ganzen Unternehmen.

Doch dieses Steuergeschenk war der Lobby der international operierenden Fondsgesellschaften noch nicht genug. Zwar steckten schon damals viele Hundert Milliarden Dollar in den sogenannten Hedgefonds. Deren Geld breitete sich wie ein Tsunami über die Welt aus – nur um viele europäische Länder musste die Milliardenflut einen Bogen machen. Denn wie fast ganz Europa hatte auch Deutschland einen kleinen, aber effizienten Deich gebaut: Gesetzlich waren Hedgefonds als Anlagemöglichkeit für Inländer schlicht verboten.

Dieses Verbot wollten interessierte Kreise liebend gern zu Fall bringen. Doch zuvor galt es noch eine Abwehrschlacht zu schlagen. Ein Referentenentwurf aus dem Bundesfinanzministerium sorgte im Oktober 2002 für Aufregung bei den – ganz legalen – Fondsgesellschaften. Im Rahmen eines »Steuervergünstigungsabbaugesetzes« sollten Veräußerungsgewinne bei Fondszertifikaten, die bisher steuerfrei waren, mit immerhin 15 Prozent besteuert werden. Und für Gewinnausschüttungen aus Fonds sollten deutsche Anleger mit ihrem sonstigen persönlichen Steuersatz zur Kasse gebeten werden – so wie jeder andere Bürger auch, der zum Beispiel Lohn aus seiner Arbeit erhält.

Eine vernünftige Idee, doch hier hatte das Finanzministerium die Rechnung ohne den Wirt gemacht. Denn wie für alles im Leben der Deutschen gibt es auch für die Zunft der Investmentbanker und Fondsmanager einen Verband, der ihre Interessen in der Politik vertreten soll. In diesem Fall schon seit 1970, als er noch altbundesdeutsch »Bundesverband Deutscher Investment-Gesellschaften« (BVI) hieß. Im Oktober 2002 nannte sich der BVI in »Bundesverband Investment und Asset Management e. V.« um. Und dieser BVI lief in seiner Lobbyarbeit zu Hochform auf. Gezielt lancierte man Zeitungsartikel, wonach der Finanzplatz Deutschland in Gefahr sei. Das Totschlagwort der Lobby lautete »Doppelbesteuerung«: Wer einen Fonds besaß und die Gewinne daraus bereits versteuern musste, sollte nicht auch noch bei einem Weiterverkauf der Fondsanteile Steuern zahlen – auch nicht, wenn er dabei einen satten Spekulationsgewinn einfährt.

Eine ziemlich lebensfremde Forderung. Schließlich müssen mit dieser Art gestaffelter Steuern Millionen deutscher Einfamilienhausbesitzer schon immer leben – ob sie wollen oder nicht. Macht der gemeine Häuslebauer beim Kauf eines Grundstücks ein Schnäppchen und hat das Glück, dass der Wert des Hauses steigt, zahlt er schon immer eine Spekulationssteuer, wenn er das Haus innerhalb von zehn Jahren gewinnbringend weiterverkauft. Doch was Hunderttausende braver Einfamilienhausbesitzer erdulden müssen, sollte für die Anleger von teuren Fondszertifikaten nicht gelten. Die sollten ungeniert ihre Spekulationsgewinne genießen, ohne die Allgemeinheit teilhaben zu lassen, so das Ziel der Fondslobby.

Um es kurz zu machen, die Fondslobby, allen voran der BVI, setzte sich durch – letztlich mithilfe einer Blockade des Gesetzes durch die CDU/CSU im Bundesrat.

Dieser Erfolg muss die Lobby beflügelt haben. Denn einen milliardenschweren Markt galt es in Deutschland noch zu erschließen: den der Hedgefonds. Im März 2003 kam es auch hier zu einer bemerkenswerten Wende. Ausgerechnet der berühmt-berüchtigte Sparkommissar und SPD-Bundesfinanzminster Hans Eichel kündigte vor der versammelten Bankenelite in Frankfurt am Main an, er werde ein »modernes Investmentgesetz« auf den Weg bringen. Dieses sehe auch Vorschriften für Hedgefonds vor. Anders ausgedrückt: Das in Deutschland bis dato verbotene Angebot von Hedgefonds sollte auch in Deutschland legalisiert werden. Denn, so formulierte es das Bundesfinanzministerium 2003: »Hedgefonds spielen über die Direktanlage oder über den Erwerb von Hedgefonds-Zertifikaten weltweit eine große Rolle als alternative Anlagemöglichkeit.«[35]

Das »moderne Investmentgesetz«, von dem Eichel sprach und das in seinem Ministerium erarbeitet wurde, trug offiziell den Namen »Gesetz zur Modernisierung des Investmentwesens und zur Besteuerung von Investmentvermögen«. Zwei Begriffe fallen dabei auf. Erstens »Modernisierung« – denn hier wurde doch in Wahrheit ein Damm gebrochen, den Deutschland wohlweislich gegen die Hedgefonds mit ihren gefährlichen Geschäftsmodellen errichtet hatte – auch angesichts der hochproblematischen Erfahrungen, die man in den USA schon seit Jahrzehnten mit diesem Finanzinstrument gemacht hatte. Und »Besteuerung von Investmentvermögen« ist eindeutig Etikettenschwindel, denn tatsächlich ging es ja faktisch um die Nichtbesteuerung vieler Fonds. Anleger, denen sogenannte »schwarze Fonds« von den Cayman Islands, den Virgin Islands oder den Bermudas Gewinne überwiesen, mussten diese bislang zu 90 Prozent so versteuern wie ihr übriges Einkommen. Damit war nun Schluss, was die milliardenschweren Hedgefonds auch für deutsche Anleger interessant machte.

Offenbar saßen im Bundesfinanzministerium eingefleischte Fans des Glücksspiels. Das Zocken und Verzocken von Fondsanleihen wurde durch den Kabinettsbeschluss erst möglich gemacht: Wer seine Anteile an einem Hedgefonds zurückverkaufte, musste bisher zehn Prozent Steuern zahlen, unabhängig davon, ob die Einlage zuvor gewinnbringend war. Auch auf diese »Schutzsteuer« gegen unseriöse Fondsanbieter, die auf Verluste setzen, verzichtete das Bundeskabinett nun. Legalisiert wurde auch eine im angelsächsischen Raum schon länger beliebte Kasino-Methode der Gewinnmaximierung: Ein Hedgefonds leiht sich bei einer Bank ein Aktienpaket eines Konzerns zum Beispiel im Wert von 100 Millionen Euro. Diese geliehenen Aktien verkauft er auf einen Schlag an der Börse, was zur Folge hat, dass der Aktienkurs des betroffenen Unternehmens fällt. Zu dem neuen, niedrigeren Kurs kauft der Fonds nun das Aktienpaket wieder an und gibt es der Bank zurück. Die Kursdifferenz streicht der Fonds als Reingewinn ein, und auch die Banken erhalten ihre »Leihgebühr«. So lassen sich auf dem Rücken von stabilen Unternehmen und ihren Belegschaften Milliardengewinne einfahren, denn natürlich erhöht jeder Kurssturz den Druck auf das Management, Kosten zu senken und Personal einzusparen.

Eine Juristin aus der Investmentbranche schreibt am Gesetz mit

Eigentlich erstaunlich, dass ein solches Gesetz ausgerechnet von der rot-grünen Bundesregierung eingebracht wurde. Noch erstaunlicher, dass im August 2003 nach dem Beschluss im Bundeskabinett anders als sonst der Aufschrei der Finanzlobby ausblieb.

Weder von einer Gefahr für den Standort Deutschland noch von Arbeitsplatzverlusten oder sonstigen Untergangsszenarien war die Rede. Im Gegenteil. Der Lobbyverband BVI applaudierte dem Bundeskabinett und nahm das Gesetz sogar gegen vereinzelte Einwände aus den eigenen Reihen in Schutz. Axel Benkner, Vorstandssprecher des BVI und zugleich Chef der größten deutschen Publikumsfondsgesellschaft DWS, warnte sogar vor zu viel »Detailkritik«[36]. Der Cheflobbyist fürchtete eine Blamage für den Finanzplatz Deutschland, falls der Entwurf des Kabinetts zerredet würde. Mit »zerreden« war wohl eine offene inhaltliche Auseinandersetzung in den Gremien der Republik gemeint, die die Interessen der Bürger unmittelbar vertreten sollen, dem Bundestag und dem Bundesrat. Nach dieser Ermahnung konnte sich Hans Eichel behaglich im Ministersessel zurücklehnen.

Diese erstaunliche Eintracht zwischen BVI und Finanzministerium wird erst erklärlich, wenn man weiß – und das war damals nur den Beteiligten bekannt –, dass das Gesetz von einer Angestellten des Lobbyverbandes mitformuliert worden war. Die Dame hatte – just während der heißen Phase der Gesetzesformulierung, also von Januar bis August 2003 – einen eigenen Schreibtisch im Ministerium, und zwar in der Abteilung »Nationale und Internationale Finanzmarkt- und Währungspolitik«. Die »Leihbeamtin« wurde weiterhin vom BVI bezahlt. Das Finanzministerium übernahm nur Kosten, die ihr Einsatz zusätzlich mit sich brachte: etwa 2000 Euro insgesamt.

Dass dieser Einsatz erfolgreich war, bestätigt uns der Hauptgeschäftsführer des BVI, Stefan Seip, ganz offen:

»Wir haben ein hohes Interesse an leistungsfähigen Rahmenbedingungen, an Gesetzen, mit denen die Praxis arbeiten kann. Das ist ja unsere originäre Aufgabe, an der Weiterentwicklung dieser Rahmenbedingungen mitzuwirken, und insofern ist es uns nicht schwergefallen, hier entsprechend Personalkapazitäten zur Verfügung zu stellen.«

Die Interessen des BVI sind also durchaus eingeflossen?

»Natürlich sind die Interessen vom BVI eingeflossen, insofern als wir ein Interesse haben, dass die Gesetzgebung für Investmentfonds in Deutschland eine gute und wettbewerbsfähige ist. Wir haben aber keine konkreten Punkte über diese Mitarbeiterin eingebracht.«

Aber die Mitarbeiterin hat am Gesetz mitgeschrieben?

»Das müssen Sie das Bundesfinanzministerium fragen, aber ich würde das nicht für unwahrscheinlich halten. Das ist ja gerade der Sinn der Mitarbeit, dass diese Kompetenz auf dem Gebiet der Investmentfonds in konkrete Formulierungsvorschläge für das Gesetz mündet.«

Für Sie ist es doch sehr viel interessanter, eine solche Mitarbeiterin im Ministerium zu haben, als über einen Anhörungsprozess im Gesetzgebungsprozess beteiligt zu sein.

»Das kann man nicht vergleichen. In den Anhörungen nehmen wir Einfluss, indem wir konkrete Forderungen stellen und in einem Stadium, in dem bereits ein Entwurf vorliegt, sagen: So wollen wir das nicht haben, wir hätten das gerne anders. Und davon haben wir auch umfassend Gebrauch gemacht, als der Gesetzentwurf vorlag. Es war nicht so, dass wir aufgrund der Mitarbeit unserer Kollegin in dem Gesetzgebungsprozess zuvor jetzt davon ausgegangen wären, nun sei alles so, wie wir es gerne hätten. Ich glaube nach wie vor, dass es dem Gesetz gutgetan hat, dass eine kompetente Fachfrau beim Schreiben des Gesetzentwurfs mitgewirkt hat. Das hat aber nichts damit zu tun, dass wir nicht noch unsere speziellen Wünsche und Interessen in das Gesetzgebungsverfahren eingebracht hätten.«

Wir haben ja eigentlich eine Trennung im Gesetzgebungsprozess. In den Ministerien wird unabhängig ein Gesetz entworfen, und die Interessen werden über einen Anhörungsprozess im Deutschen Bundestag eingebracht. Wird diese Trennung nicht außer Kraft gesetzt?

»Ja, aber ich glaube, das hat wenig damit zu tun, ob im Einzelfall ein Mitarbeiter aus der Wirtschaft fachlich mitarbeitet. Ich glaube, dass Sie ganz generell mit Ihrer Feststellung recht haben. Es ist ziemlich vorentscheidend, in welche Richtung ein Gesetzentwurf geht. Man kann nicht sagen, das ist nur ein Entwurf, und hinterher entscheidet sozusagen das Parlament frei. Das Bundesfinanzministerium hat natürlich einen enormen Einfluss auf die Finanzmarktgesetzgebung, denn wenn das Finanzministerium bestimmte Themen nicht in Gesetzentwürfe hineinschreibt, dann würde das Parlament darüber überhaupt nicht diskutieren. Insoweit ist vollkommen klar, dass die Rolle der Fachministerien in der Gesetzgebung eine starke ist. Das trifft insbesondere für das Bundesfinanzministerium zu.«

So offenherzig das Eingeständnis des BVI-Lobbyisten, so erschütternd ist auch, mit welchem Selbstbewusstsein die Lobby in Deutschland sich demokratischer Institutionen bemächtigt.

Die BVI-Juristin ist nicht die einzige Vertreterin der Privatwirtschaft, die vom eigenen Schreibtisch im Finanzministerium aus direkt an einem Gesetz mitwirkte. Auch je ein Mitarbeiter vom Bundesverband Öffentlicher Banken und von der Deutschen Börse AG arbeiteten fleißig an Gesetzen mit, die ihren eigenen Arbeitgeber direkt betreffen. Beide durften ausgerechnet am Kreditwesengesetz wie am Finanzdienstleistungsaufsichtsgesetz mitschreiben. Wie seine Kollegin vom Lobbyverband BVI wurden sie weiterhin von ihren Arbeitgebern bezahlt.

Politiker, die bisher ein anderes Verständnis von unserer Republik hatten, können diese Vorgänge auf die Palme bringen – so Dietrich Austermann, über viele Jahre haushaltspolitischer Sprecher der CDU, der 2003 sagte: »Das ist so, als wenn Sie den Vorsitzenden des Ferrari-Fanclubs zum Berater der Autobahnpolizei machen. Aber natürlich haben Banken ein Geschäftsinteresse in eine bestimmte Richtung. Das kann abweichen vom Kundeninteresse. Das kann abweichen vom Bürgerinteresse. Und jetzt das Geschäftsinteresse Einzelner ins Gesetzgebungsverfahren einzuschleusen, das ist Lobbyismus, den man Parteien nicht nachsehen würde.«[37]

Dietrich Austermann richtete bereits 2003 im Deutschen Bundestag einige ungemütliche Fragen an das Bundesfinanzministerium. Er wollte wissen, wie das Ministerium die Tatsache rechtfertigt, dass Vertreter von privaten Unternehmen intensiv an dem Gesetz zur Legalisierung der risikoreichen Hedgefonds in Deutschland mitwirkten. Die Antwort der damaligen Staatssekretärin im Bundesfinanzministerium, Barbara Hendricks, ist entwaffnend: »Im Hinblick auf die Eilbedürftigkeit des Gesetzes war es sinnvoll, über die Anhörung der betroffenen Wirtschaftskreise einschließlich der Verbraucherverbände hinaus die fachliche Erfahrung der betreffenden Mitarbeiterin unmittelbar in die Arbeit des Ministeriums einzubeziehen und sich so ihr Know-how kurzfristig nutzbar zu machen. (…) Für diese Arbeiten werden vertiefte Spezialkenntnisse aus dem Bereich des Kapitalmarkts benötigt, insbesondere um eine Einschätzung der möglichen Auswirkungen von Gesetzgebungsvorhaben der Bundesregierung auf die betreffenden Unternehmen und den Kapitalmarkt als Ganzes vornehmen zu können.«[38]

Die Dame vom BVI sollte also höchst offiziell das Bundesfinanzministerium davor bewahren, ihrer eigenen Branche mit dem neuen Gesetz auf die Füße zu treten. Schließlich ist von Auswirkungen auf »die betreffenden Unternehmen« die Rede, weder von Auswirkungen auf Verbraucher, sprich Anleger, noch von Auswirkungen auf die Allgemeinheit. Die abschließend vorgetragene Versicherung, die BVI-Juristin sei »nicht mit der Formulierung von Vorschriften zur Zulassung und Regulierung von Hedgefonds befasst« gewesen, vermag wenig zu überzeugen. Denn dann hätten die Lobbyisten mit eigenem Schreibtisch im Ministerium ihre Arbeit schlecht gemacht.

Die Antwort der Finanzstaatssekretärin hat es auch in anderer Hinsicht in sich: »In diesem Zusammenhang ist darauf hinzuweisen, dass die Kapitalmarktgesetzgebung heute weltweit mehr denn je auf die Expertise der Marktteilnehmer angewiesen ist. So [greifen] beispielsweise die EU-Kommission und das Europäische Parlament in zunehmendem Maße auf den Rat von Vertretern der betreffenden Branche – teilweise in Arbeitsgruppen, teilweise auf Einzelbasis – zurück …«

Dieser Hinweis weckte unseren Forscherdrang. Wir fragten in Brüssel nach – mit überraschenden Ergebnissen. Deshalb wenden wir uns später auch den Mechanismen dieses neuen Lobbyismus in der EU-Bürokratie zu.

Die Heuschrecken sind an 1000 deutschen Firmen beteiligt

Zurück zu den Hedgefonds: Die erfolgreiche Lobbyarbeit trug bald bittere Früchte: Auch hierzulande ist es mittlerweile ein beliebtes Spiel, dass sich internationale Finanzinvestoren günstig in Unternehmen einkaufen, diese dann in Häppchen zerlegen und schließlich die Teile gewinnbringend wieder auf den weltweiten Basar werfen. Eine Goldgrube ist das Ganze für die sogenannten Fondsmanager. Das sind findige Finanzjongleure, denen das Wohl und Wehe von Unternehmen in etwa so wichtig ist wie der Spritverbrauch ihrer Limousine. Bei jeder Fondsanlage, sei sie auch noch so zweifelhaft, verdienen sie bis zu 20 Prozent an Gebühren. Selbst wenn die Anlage platzt, machen sie ihren Schnitt.

Die Lobbyarbeit hat sich gelohnt: Die ausländischen Hedgefonds haben sich in Deutschland rasant ausgebreitet, mittlerweile sind sie an rund 1000 deutschen Firmen beteiligt.

Die Hedgefonds haben ihr risikobehaftetes Geld mittlerweile in jedem Winkel der Finanzwelt untergebracht. Experten schätzen, dass sie weltweit 1,3 Billiarden Dollar investiert haben. »Das ist wie ein Schwamm, der sich ständig vollsaugt, und niemand weiß heute, wo das Geld der Fonds steckt, bei welchen Banken, welchen Unternehmen und mit welchen Risiken für uns alle.«

Die Schwammtheorie stammt von Brun-Hagen Hennerkes. Der Unternehmensberater ist ein Urgestein des rheinischen Kapitalismus. Er kennt so ziemlich jeden Wirtschaftskapitän nebst Gattin, berät zahlreiche Familienunternehmen in Deutschland, und darunter sind, anders als das Wort vielleicht Glauben macht, auch richtige Schwergewichte, zum Beispiel Hugo Boss oder früher Krups. Familienunternehmen machen ungefähr 95 Prozent der mittelständischen Wirtschaft aus und diese wiederum 80 Prozent der Volkswirtschaft. Diese Unternehmensstruktur gehörte also bislang zu den Säulen des deutschen Wirtschaftslebens.

Brun-Hagen Hennerkes sitzt in vielen Aufsichtsräten. Und häufig beobachtet er, wie sich Hedgefonds oder auch Private-Equity-Fonds über Unternehmen hermachen. Letztere arbeiten ähnlich wie Hedgefonds, haben nur einen etwas längeren Atem.

Sie sammeln Geld bei Privatleuten, Pensionsfonds und Versicherungen. Damit kaufen sie Unternehmen, rationalisieren diese und verkaufen sie nach drei bis zehn Jahren wieder. Oft werden Arbeitnehmer entlassen und Teile des Unternehmens abgestoßen. Die Gewinne werden dann an die Geldgeber ausgeschüttet.

»Die Problematik liegt darin, dass aus dem Unternehmen flüssige Mittel herausgenommen werden. Die Unternehmen müssen dann eine höhere Zinslast tragen, und außerdem drücken viele Private-Equity-Gesellschaften unqualifizierte Manager in das Unternehmen«, sagt Brun-Hagen Hennerkes, »und das ist so, als wenn ein Krankenpfleger, der den Patienten in den Operationssaal rollt, anschließend die Herzoperation vornimmt. Das kann nur schiefgehen.«

Auch Lothar Kamps Welt ist die Welt der Zahlen. Er sitzt im sechsten Stock eines Bürogebäudes in Düsseldorf, und die einzige Abwechslung, die die Welt draußen ihm beschert, ist der gegenüberliegende Fußballplatz. Ab und zu wirft er einen Blick hinüber und staunt über das Ballgefühl einer türkischen Mädchenmannschaft, um schnell wieder in die kalte Welt der Zahlen abzutauchen. Nein, Lothar Kamp ist kein Hedgefonds-Manager. Eher ein Hedgefonds-Jäger. Der Diplom-Volkswirt arbeitet für die DGB-eigene Hans-Böckler-Stiftung. Eines seiner Arbeitsgebiete lautet: »Einfluss von Finanz- und Kapitalmärkten auf Unternehmen und Mitbestimmung«. Das klingt unspektakulär, doch dahinter verbirgt sich eine engagierte, detektivische Kleinarbeit. Seit vier Jahren sammelt Kamp gemeinsam mit einem Kollegen Daten und Fakten über den Einfluss von Hedge- und Private-Equity-Fonds auf deutsche Unternehmen. Diese fließen in eine rasant wachsende Datenbank ein. Die Liste der Firmen ist lang, hier nur einige klingende Namen: Autoteile Unger, Bundesdruckerei, Duales System Deutschland, Gardena, Grohe, Märklin, Mobilcom, MTU Aero Engines, Rodenstock, Wincor Nixdorf.

Natürlich sind nicht alle Fondsbeteiligungen an Unternehmen Flops, manchmal sind sie auch Erfolgsgeschichten, manchmal aber könnten sie als Drehbuch für ziemlich abgefahrene Wirtschaftskrimis herhalten. Ob Flop oder Top, eines bringt das Engagement von Beteiligungsfonds immer mit sich: Beschäftigte werden in großer Zahl auf die Straße gesetzt, und das Firmenkapital wird abgeschmolzen zugunsten immer höherer Schulden. Und dies hat für Lothar Kamp System: »Wir haben es hier mit dem immer gleichen Muster zu tun. Die Fonds wollen maximale Renditen erzielen, kaufen das Unternehmen mit vielen Krediten, diese lasten sie dem Unternehmen auf, das Unternehmen ist höchst verschuldet, und während der Zeit, in der die Fonds beteiligt sind, ziehen sie viel Vermögen aus dem Unternehmen – und dies gelingt oft nur mit Massenentlassungen.«

Selbst die Firma Grohe, die auf den Seiten der deutschen Wirtschaftspresse mittlerweile als Erfolg gefeiert wird, musste zunächst Hunderte Arbeitnehmer entlassen – beinahe die gesamte Belegschaft in Deutschland. Und die Kredite erhöhten sich auf sage und schreibe 600 Millionen Euro. Denn den Kaufpreis, den die Fonds für Grohe hingelegt haben, zahlten sie nicht etwa aus eigener Tasche, sondern nahmen dafür Kredite auf, die sie Grohe danach aufbürdeten. Eigentlich absurd, aber die Firmen finanzieren den eigenen Verkauf auch noch durch eigene Schulden. Und den entlassenen Arbeitern nutzt es auch wenig, dass ihre ehemalige Firma weltweit restrukturiert wieder steigende Umsätze verzeichnet. Das sind eher good news für die Aktionäre. Zumindest war es bis ins Frühjahr 2007 so. Als bekannt wurde, dass amerikanische Anleger sich mit faulen Immobilienkrediten in Milliardenhöhe verspekuliert hatten, sprangen ganze Fonds über die Klinge. In Deutschland geriet zunächst die IKB-Bank, dann die Sächsische Landesbank in die Schieflage. Letztere musste sogar die Baden-Württembergische Landesbank übernehmen, um sie vor einer Milliardenpleite zu bewahren. So federten Politiker in Deutschland die Krise durch den Griff in die Steuerkasse ab. International pumpten Notenbanken, um einen Crash abzuwenden, mehr Geld in den Markt als nach den Anschlägen des 11. September.

Nach der Immobilienkrise droht ein Dominoeffekt

Erfahrene Unternehmensberater wie Brun-Hagen Hennerkes, die schon so manche Wirtschaftskrise in der Republik erlebten, bleiben diesmal äußerst skeptisch: »Die Finanzkrise sehe ich mit großen Sorgen. Ich befürchte, dass das, was sich bislang mit der amerikanischen Immobilienkrise gezeigt hat, seinen Höhepunkt noch nicht erreicht hat, und wenn dann noch ein Dominoeffekt eintritt, dass Hedgefonds Unternehmen mit großen Zinslasten erdrücken, dann kann bei uns eine Krise im Bereich der Unternehmensfinanzierung ausbrechen, die bei uns durchaus die Unternehmenslandschaft in ihren Grundfesten erschüttern kann.«

Hennerkes ist stolz auf seine zahlreichen Beziehungen in die Familiendynastien der deutschen Wirtschaft. Und er findet, dass viele dieser Leute sich ehrlich abgerackert haben, für sich und ihren Profit, aber auch für ihre Beschäftigten. Dass ist für Hennerkes kein Widerspruch und gehört für ihn zur guten alten Bundesrepublik. Denn das, was viele heute für altmodisch halten, hat sich für ihn bewährt, nämlich die Sozialpartnerschaft zwischen Unternehmern, die einstehen für den Erfolg ihres Unternehmens, und den Arbeitern und Angestellten, die ihren Teil vom Profit einfordern, aber auch bereit sind, sich dafür für die Firma einzusetzen. Beide Seiten sind durch die Expansion von Fondsgesellschaften zum Spielball der Finanzmärkte geworden. Die Vorstellung der Sozialpartnerschaft als Säule der Demokratie droht eine Reminiszenz für Sozialromantiker zu werden.

Dass es der Lobby der Hedgefonds gelang, ihre eigene Legalisierung mitten im Bundesfinanzministerium durchzusetzen, ist für Hennerkes ein Unding: »Das finde ich absolut nicht in Ordnung. Das würde ich niemals akzeptieren. Aber das hängt natürlich auch mit dieser Entwicklung zusammen, dass diese qualifizierten Leute nicht angemessen bezahlt werden. Ähnliche Entwicklungen haben wir in den Wirtschaftsstaatsanwaltschaften. Wir wollen alle keine Wirtschaftsdelikte, und wir wollen, dass die verfolgt werden, aber die Hochqualifizierten in diesen Bereichen gehen nicht in die Staatsanwaltschaft oder in ein Ministerium. Die können woanders ein Vielfaches verdienen.«

5. Kapitel

Warum wird Gesundheit immer teurer?

Einer flog auf – wie im Ministerium die Gesundheitsreform torpediert wurde

In der Öffentlichkeit kennt man ihn als den Mann mit der Fliege. Karl Lauterbach ist Professor der Gesundheitsökonomie, er hat früher die SPD-Gesundheitsministerin Ulla Schmidt beraten und sitzt heute für die SPD im Bundestag. In seinem Abgeordnetenbüro Unter den Linden trägt er aber gewöhnlich Jeans und Pullover. Er dürfte einer der wenigen Abgeordneten sein, die ein Fitnessgerät zum Inventar ihres Büros zählen. An der Pinnwand in seinem Sekretariat hängt ein Zeitungsartikel mit der Überschrift »Mr. Bürgerversicherung«.

Das mit der Bürgerversicherung ist schon fast wieder vergessen. Dieses ambitionierte Projekt von Rot-Grün löste sich mit dem Abtreten der Schröder-Regierung und in den zähen Verhandlungen um die Gesundheitsreform in der großen Koalition beinahe in nichts auf. »Sie glauben gar nicht, welchen Druck die unterschiedlichen Lobbygruppen gegen dieses Projekt ausgeübt haben, das ist ein Krimi«, sagt Lauterbach. Er spricht dabei ruhig und sachlich, ohne Schaum vor dem Mund. So wie er auch schreibt. Sein neues Buch trägt den Titel »Der Zweiklassenstaat. Wie die Privilegierten Deutschland ruinieren«.[39] Dabei ist Lauterbach kein geborener Klassenkämpfer. Und wenn einer aus ihm wurde, dann, weil er jahrelang hautnah erlebte, wie Pharmaindustrie, Ärzteverbände und Krankenkassen Front gegen Reformversuche machten.

Lauterbach wollte das Gesundheitssystem gerecht, effizient und bezahlbar machen, nicht mehr und nicht weniger. Revolutionär klangen seine Vorschläge höchstens für jene, die ihre Pfründe bedroht sahen. Und eben diese Kräfte haben letztlich eine tiefgreifende Gesundheitsreform verhindert, sagt der frühere Berater der Ministerin. Die Pharmaindustrie verhinderte, dass – wie in vielen anderen Ländern üblich – Positivlisten eingeführt werden, auf denen unabhängig geprüfte, preisgünstige Medikamente zur Verordnung vorgeschrieben werden. Die privaten Krankenkassen schafften es, ihre gut verdienenden Mitglieder davor zu bewahren, zum allgemeinen Solidarsystem auch nur einen Cent beizutragen; überdies dürfen die Privatkassen den gesetzlichen Krankenkassen mit Dumpingangeboten auch noch Patienten abjagen. Die Ärzte schließlich haben erfolgreich für den Erhalt der »Zweiklassenmedizin«[40] gekämpft, denn sie verdienen recht gut an ihren Privatpatienten und den zusätzlichen medizinischen Leistungen – vor und nach der neuen Gesundheitsreform.

Gesundheitsreform? Jeder halbwegs aufmerksame Zeitungsleser oder Fernsehzuschauer um die 40 hat das Gefühl, das Wort verfolge ihn schon seit seiner Geburt. Das Gefühl trügt nicht. Reförmchen gab es immer schon, aber der Begriff »Gesundheitsreform« durchzieht sämtliche Regierungsperioden, seit Helmut Schmidt abgedankt hat. Nur, es wurde eben nie eine echte Reform.

Um zu verstehen, warum die Lobby nie nachgegeben hat, hilft ein kurzer Blick auf die Zahlen aus dem Jahr 2006:

4,3 Millionen Menschen arbeiteten in der Gesundheitsbranche – von Krankenhäusern bis zur Pharmaindustrie, das ist jeder neunte Beschäftigte in Deutschland. Rund 220 000 niedergelassene Ärzte erhielten allein von den gesetzlichen Krankenkassen zusammen 23 Milliarden Euro Honorar. 113 000 Beschäftigte haben in der Pharmaindustrie Waren im Wert von 22,7 Milliarden Euro produziert.[41]

Es geht also um ziemlich viel Geld, das Konzerne und Berufsstände mit einem System verdienen, das auf einer natürlichen Konstante beruht: Menschen werden immer krank. Und diese Menschen, die Patienten, werden reflexartig ins Spiel gebracht, wenn Interessengruppen eine Teilreform fürchten: Dann drohen den Patienten angeblich eine schlechtere Versorgung oder höhere Zuzahlungen für Medikamente. Medien und Öffentlichkeit fallen häufig genug auf solche Lobbykampagnen herein – denn beim Gesundheitssystem fühlt sich jeder angesprochen. Von solchen erfolgreichen Kampagnen erzählen ganze Bücher.[42] Einer der Dauerbrenner ist die sogenannte Positivliste. Eine derartige Auflistung nützlicher und wirtschaftlicher Pharmazeutika gibt es in vielen Ländern wie Belgien, Dänemark, Finnland, Frankreich, Griechenland, Italien, Luxemburg, den Niederlanden, Österreich, Portugal oder Schweden. Der erste Bundesgesundheitsminister, der eine Positivliste in den neunziger Jahren einführen wollte, war Horst Seehofer von der CSU. Sie sollte immerhin 30 000 von 50 000 verschreibungspflichtigen Medikamenten umfassen, obwohl nach Meinung von Experten auch 3000 ausreichen.[43] Doch Seehofer hatte seine Planung ohne den Wirt gemacht – gemeint ist der Bundesverband der Pharmazeutischen Industrie (BPI). Dessen Hauptgeschäftsführer hieß damals Hans Rüdiger Vogel. Der CDU-Mann war zuvor einmal Abteilungsleiter im Gesundheitsministerium von Rheinland-Pfalz, der Heimat von BASF und des damaligen Bundeskanzlers Helmut Kohl. Auf der Hauptversammlung des BPI behauptete Vogel, eine Positivliste würde die Krankenkassen allein in den alten Bundesländern mit 400 Millionen Euro im Jahr zusätzlich belasten.[44] Eine merkwürdige Argumentation, dient die Positivliste doch nachweislich dazu, enorme Kosten einzusparen. Doch die Zahl war nun in der Welt. Der Staatssekretär im Bundesgesundheitsministerium, Baldur Wagner – ein Vertrauter Helmut Kohls –, nahm auch an der BPI-Versammlung teil und versprach gleich, das Projekt werde keinesfalls realisiert.

In der Folge gelang es den Pharmalobbyisten, auch die SPD-Ministerpräsidenten an wichtigen Chemiestandorten umzustimmen: Hans Eichel im Hoechst-Hessen, Johannes Rau im Bayer-NRW und Gerhard Schröder, der in Niedersachsen mit dem Pharmakonzern Wellcome liebäugelte.[45] Und so kam es, dass auch der Bundesgesundheitsminister Horst Seehofer umknickte und sich selbst über die »Listenmedizin« lustig machte. Krönender Abschluss: Baldur Wagner hatte für den BPI-Chef Vogel zu dessen 60. ein ganz besonderes Geschenk parat: ein Exemplar der bereits entwickelten Positivliste – geschreddert und in Klarsichthülle verpackt.[46]

Auch Bundesgesundheitsministerin Ulla Schmidt von der SPD musste während rot-grüner Regierungszeiten manches einstecken. Sie hatte 2001 einen gesetzlich vorgeschriebenen vierprozentigen Preisnachlass für patentgeschützte Medikamente vorbereitet. Damit sollten Krankenkassen und ihre Mitglieder Millionen einsparen. Der Bundestag hatte das Gesetz bereits beschlossen. Doch davon ließ sich die Pharmalobby nicht beeindrucken; diesmal spielte sie über Bande – transatlantisch. Schließlich war die US-Pharmaindustrie genauso betroffen wie die europäische. Erst schrieb die US-Botschaft einen Brief an die Ministerin. Darin wurde gefordert, »irreparable Schäden für Pfizer zu vermeiden«; gemeint war der US-Branchenführer bei Medikamenten.[47] Dann wurde der amerikanische Botschafter Daniel Coats persönlich bei Bundeskanzler Schröder vorstellig.

Und schließlich warf sich ein Mann in die Bresche, der in seinem Sakko keinen Lobbyistenausweis trägt, sondern die Mitgliedskarte einer ganz traditionellen Vereinigung: Hubertus Schmoldt, Chef der Industriegewerkschaft Bergbau, Chemie, Energie. Nachdem auch er noch beim Kanzler vorgesprochen hatte, kippte der Genosse der Bosse das Gesetz eigenhändig. Am 8. November 2001 lud Schröder zum Pharmagipfel ins Kanzleramt. Gesundheitsministerin Schmidt saßen in dieser Runde ihr Chef, der Industriekanzler, der Staatssekretär aus dem Bundeswirtschaftsministerium, Alfred Tacke, sowie drei Manager der Firmen Novartis, Merck und Schwarz Pharma vom einflussreichen Verband Forschender Arzneimittelhersteller (VFA) gegenüber. Der Kanzler hatte ein Papier mitgebracht: eine sogenannte Selbstverpflichtung der Industrie. Natürlich einigte man sich nicht auf einen vierprozentigen Preisnachlass, sondern auf eine Einmalzahlung der Industrie von läppischen 200 Millionen Euro an die Krankenkassen. Ulla Schmidt musste ein bereits vom Bundestag beschlossenes Gesetz in die Tonne hauen. Diese Ablassaktion rief sogar die internationale Korruptionsbekämpfungsorganisation Transparency International auf den Plan. Sie kritisierte, die Bundesregierung habe sich »dem Verdacht der Korrumpierbarkeit« ausgesetzt.[48]

Wenige Jahre später musste die Lobby wieder auf Hochtouren arbeiten. Am 12. Juli 2006 verabredete das Bundeskabinett einen ziemlich faulen Kompromiss. Weder die Bürgerversicherung der

SPD noch die Kopfpauschale der CDU zur Finanzierung des Gesundheitssystems hatten sich durchsetzen lassen. Also machte man irgendwie beides. Obwohl kein großer Wurf, steckte im Kleingedruckten des 54-seitigen Kompromisspapiers viel Zündstoff für die Pharmalobby.

Die Pharma-Multis setzen sich durch

Auch Karl Lauterbach, der ehemalige Berater von Ulla Schmidt, war Mitglied der Verhandlungskommission der Koalitionsparteien zur Gesundheitsreform. Wieder einmal hatten er und andere Experten vorgeschlagen, einen Höchstpreis für Medikamente einzuführen. Schließlich war die Preisbildung für Medikamente in Europa undurchsichtig, bezahlt der Patient in Griechenland für das gleiche Präparat zum Teil nur ein Drittel des Preises, der in Deutschland verlangt wird. Auch gab es keinerlei Preiskonkurrenz zwischen den Apotheken. Das sollte sich nun ändern. »Wir wollten die Preisbindung aufheben, die es wie für Bücher auch für Medikamente in Deutschland gibt«, erzählt Lauterbach. »Bislang ist es so: Zwar gibt die Industrie Mengenrabatte, aber die sparen weder der Krankenkasse noch dem Patienten Geld; profitiert haben nur die Apotheker.« Das bestehende Preiskartell zwischen Pharmaindustrie und Apothekern wollte Lauterbach knacken – inklusive der Zulassung von Apothekenketten und Internetapotheken. Eigentlich alles andere als sozialistische Einheitsmedizin, sondern die Einführung eines echten Wettbewerbs. Krankenkassen, Apotheker und Pharmaindustrie hätten wechselseitig über Preise verhandeln dürfen – zum Wohle des unter stetigen Preissteigerungen leidenden Gesundheitssystems und der Patienten. Für die Pharmaindustrie war das die reinste Horrorvorstellung.

So holten die drei Lobbyverbände Verband der Forschenden Arzneimittelhersteller (VFA), Bundesverband der Pharmazeutischen Industrie (BPI) und ProGenerika zum Gegenschlag aus. In ihrem gemeinsamen Papier »Kritik der Pharmaverbände am Gesetzentwurf zur Gesundheitsreform« warnten sie davor, dieses Gesetz führe dazu, dass die Industrie keine finanziellen Reserven für die Forschung mehr anlegen könne: »Die Festlegung eines Höchstbetrages widerspricht eklatant dem Gedanken des Innovationsschutzes.« Eine merkwürdige Argumentation, wenn man sich die Gewinne dieser Branche ansieht, denen enorme Kosten für die Krankenkassen gegenüberstehen. So sind die Arzneimittelausgaben der gesetzlichen Kassen von 14,6 Milliarden Euro im Jahr 1992 auf 25 Milliarden im Jahr 2006 angewachsen. Trotz steigender Gewinne tat sich die Industrie aber nicht gerade durch besonderen Forschungsaufwand hervor. Galt Deutschland vor Jahrzehnten noch als Apotheke der Welt, so finden sich hierzulande nur noch zehn der weltweit 130 industriellen Pharmaforschungsstätten.[49]

Dennoch machte der VFA Druck – zunächst nach bewährter Manier: gepflegte Gespräche mit Abgeordneten. Vielleicht auch mit dem CSU-Abgeordneten Wolfgang Zöllner. Denn der äußerte eines Tages in der Koalitionsrunde, er spiele bei den Höchstpreisen nicht mehr mit. Als ihn Kollegen wie Karl Lauterbach nach den Motiven für seinen Meinungsumschwung fragten, sagte er nur, darüber wolle er nicht sprechen. Und auch der Bundesrat folgte am 15. Dezember dem Veto der VFA und stimmte gegen Höchstpreise. So konnte der BPI süffisant in seiner Pressemitteilung verbreiten: »Nun liegt es am Bundestag, die berechtigte und nun auch durch die Länder bestätigte Kritik der Pharmaindustrie ernst zu nehmen und die entsprechenden Konsequenzen daraus zu ziehen.«[50]

Und so kam es nie zu den gesetzlich festgelegten Höchstpreisen für Medikamente. Die gesetzlichen Krankenkassen und damit ihre Versicherten kostet allein das mehrere Hundert Millionen Euro im Jahr für überhöhte Arzneimittelpreise.

Ein DAK-Mann kopiert Unterlagen und fliegt auf

Während Gesundheitsministerin Ulla Schmidt noch heute im Zusammenhang mit der letzten Gesundheitsreform von einem Erfolg spricht, bleibt für Karl Lauterbach ein Gefühl der Niederlage. Aber trotz solcher Rückschläge ist Lauterbach in dieser Zeit langer Verhandlungsmarathons um einiges klüger geworden.

Denn die Art, wie einige seiner Vorschläge abgeblockt wurden, führte ihn zu einer bizarren Entdeckung.

Im Herbst 2006 wurde der Referentenentwurf zur Gesundheitsreform zunächst streng geheim in der Koalitionsrunde diskutiert. Am Tisch saßen stets Vertreter des Ministeriums und Gesundheitspolitiker aus den Fraktionen des Deutschen Bundestages. Ein Vorschlag in diesem Entwurf ging direkt auf Karl Lauterbach zurück. Danach sollten Patienten, die regelmäßig Vorsorgeuntersuchungen absolvieren, im Falle einer Erkrankung weniger zuzahlen als andere. »Wir dachten damit die Vorsorge in Deutschland, die nachweislich zu wünschen übriglässt, zu stärken, indem wir positive Impulse für die Patienten geben.«

Die Vorteile lagen auf der Hand: Denn ein solches Präventionsgesetz hätte die Menschen nicht nur vor Krankheiten bewahrt, sondern auch Kosten gespart. Wenn nur jeder Vierte zu den Vorsorgeuntersuchungen ginge, wären mindestens 5000 Todesfälle durch Herzinfarkt, 2900 durch Schlaganfall und 1000 Fälle von Dickdarmkrebs im Jahr zu verhindern.[51] Insgesamt könnten pro Jahr mindestens 10 000 Menschenleben gerettet werden. Gespart würden wiederum fast 400 Millionen Euro an vermeidbaren Kosten pro Jahr.

Das Papier wurde Anfang Oktober in der Koalitionsrunde diskutiert. Wenig später rieb sich Lauterbach die Augen, als er die Zeitungen aufschlug. Der *Focus* wartete am 15. Oktober mit der Schlagzeile auf: »Gesundheitsreform – Höhere Zuzahlungen für Krebskranke«.[52] Das widersprach sogar dem Inhalt des Artikels, denn dort hieß es: »Der Gesetzentwurf sieht vor, dass sich Frauen beispielsweise ab dem 20. Lebensjahr und Männer ab dem 45. Lebensjahr regelmäßig der Krebsvorsorge unterziehen müssen, wenn sie im Falle einer späteren Krebserkrankung eine Zuzahlungsermäßigung beantragen wollen.« Es ging also um die Möglichkeit einer Ermäßigung, nicht um die Erhöhung der Zuzahlung. Gleichwohl bemühte sich die Kassenlobby, die allgemeine Empörung zu schüren.

An die Spitze der Bewegung setzte sich der Vorstandsvorsitzende der DAK, Herbert Rebscher. Er bezeichnete das Gesetz als »absolut grotesk und zynisch«. Doch hinter der gespielten Empörung stand die echte Sorge, dass ein solches Programm auch

Geld kostet – etwa 150 Millionen Euro im Jahr, wie Lauterbach selbst errechnet hat. Zwar sind die langfristigen Einsparungen weit höher, abgesehen davon, dass Tausende Menschenleben gerettet werden. Doch die Kassenfunktionäre scheuen nichts so sehr wie kurzfristig höhere Kosten.

Noch bevor Lauterbachs Vorschlag also in den Fachgremien diskutiert war, war er bereits Opfer einer öffentlichen Kampagne geworden. Aber wie war es möglich, dass solche Informationen aus einer vertraulichen Runde nach draußen gelangen konnten?

»Wir brauchten da nicht lange nachzudenken. Denn für das Bundesgesundheitsministerium arbeitete hier auch ein von der DAK bezahlter Mitarbeiter«, sagt Lauterbach.

Ausgerechnet DAK-Cheflobbyist Rebscher hatte also ein U-Boot im Ministerium. Der Mann hatte monatelang einen eigenen Schreibtisch im Gesundheitsministerium. Doch entweder sind diesem »externen Mitarbeiter« die Sicherungen durchgebrannt, weil er sich Sorgen über die Kosten der Reform machte, oder er hat sich einfach nur ungeschickt angestellt. Jedenfalls kam heraus, dass er das vertrauliche Dokument kopiert und an seinen eigentlichen Arbeitgeber weitergereicht hatte.

Die Sache wurde damals öffentlich, und so musste der Pressesprecher des Ministeriums, Klaus Vater, am 27. November 2006 einräumen: »Es ist eine unerquickliche Geschichte, eigentlich dürfte sie nicht vorkommen. Wir gehen davon aus, dass das ein Einzelfall ist. Ich füge aber auch hinzu: Sollte sich herausstellen, dass dieser Mitarbeiter, der nun nicht mehr für das Bundesgesundheitsministerium tätig ist, sollte sich herausstellen, dass das nicht der einzige Fall gewesen ist, dann werden wir eine erneute Prüfung vornehmen.«[53]

Immerhin »unerquicklich« fand es der Ministeriumssprecher. Die DAK hingegen war keineswegs peinlich berührt. Die »Rückkoppelung« ihres Entsandten im Ministerium mit der Krankenkasse gehöre zum »normalen Geschäft«, ließ die Krankenkasse verlauten.[54] Diese Dreistigkeit lockte nun Ministeriumssprecher Vater doch aus der Reserve: »Die Weitergabe von Papieren ist … kein Kavaliersdelikt, wie die Kasse das darzustellen versucht.« Immerhin, so berichtet Vater, seien in das Bundesgesundheitsministerium 15 Frauen und Männer aus Krankenkassen abgeordnet, davon sieben sogar im höheren Dienst.

Dass die DAK die Indiskretionen auch noch verteidige, findet der Sprecher so unglaublich, dass er in der Pressekonferenz wild gestikuliert: Die Verschwiegenheitserklärung, die alle externen Mitarbeiter unterschreiben müssten, stehe »in einem eklatanten Widerspruch zu dem, was diese Kasse von ihren Mitarbeiterinnen und Mitarbeitern glaubt erwarten zu können. Alles das, was ich Ihnen gesagt habe, ist für mich nur das Vorspiel, das Präludium in dieser Angelegenheit. Die Haltung der Kasse, ihren eigenen Beschäftigten gegenüber und dem Ministerium, ist unfreundlich, ist mehr als unfreundlich. So werden die Menschen, die abgeordnet werden in ein Ministerium, unter Generalverdacht gestellt. Das ist inakzeptabel, unkorrekt und falsch.«

Wie ernst die Lage für die politische Leitung des Hauses war, zeigt auch folgende Drohung des Sprechers: »Wird diese Debatte sich weiter zuspitzen über diesen Fall, dann sind wir in der Lage, mit einstweiligen Versicherungen darzustellen, dass Druck auf diesen Mitarbeiter ausgeübt worden ist, um Papiere rauszurücken.«

Für Karl Lauterbach erfüllt diese neue Form des Lobbyismus eine ganz klare Funktion: »Die Information, die sie erhalten aus erster Hand, ist alles. Die kabeln sie zu den Lobbyverbänden durch, und die versehen das mit einem negativen Spin. So können sie jeden vernünftigen Ansatz öffentlich im Keim ersticken, bevor er durch die demokratischen Institutionen geht.«

Doch wer drückt sich so alles an Ministeriumsschreibtischen herum? Die Bundestagsabgeordnete Marina Bunge von der Linken stellte eine präzise Eilanfrage: »Aus welchen Unternehmen und Verbänden waren und sind Mitarbeiterinnen und Mitarbeiter in der 15. und 16. Legislaturperiode im Bundesministerium für Gesundheit beschäftigt?«

Geantwortet hat die Parlamentarische Staatssekretärin Marion Caspers-Merk. In Sachen Krankenkassenvertreter schreibt sie: »Die von Spitzenverbänden der Sozialversicherung abgeordneten Mitarbeiterinnen und Mitarbeiter arbeiten in der Regel an aktuellen Themenstellungen mit, die eine vorübergehende Verstärkung des Stammpersonals erfordern; sie sind weisungsgebunden und zur Verschwiegenheit verpflichtet.«[55] Na, wenn das so ist! Krankenkassenmanager, die in »Spitzenverbänden der Sozialversicherung« tätig sind, vertreten doch sicher die Interessen des Gemeinwohls, möchte man meinen. Karl Lauterbach klärt uns auf: »Die Krankenkassen befinden sich in einem brutalen Verdrängungswettbewerb, und selbstverständlich hängen das Einkommen und die Berufsaussichten eines Krankenkassenmanagers vom Erfolg der eigenen Kasse ab. Somit wird jeder Kassenmanager versuchen, die Gesetze so zu beeinflussen, dass die eigene Krankenkasse davon profitiert, und damit ist das Lobbyismus wie im kommerziellen Bereich auch.«

Und wie weit ist es mit der »vorübergehenden Verstärkung« und »Weisungsgebundenheit« her, von der die Staatssekretärin sprach, wenn ein Mitarbeiter des AOK-Bundesverbandes im Ministerium sogar einen Referatsleiterposten bekleidet? »Leitung und Grundsatz« heißt das Referat. Das klingt nach politischem Einfluss, und so ist es auch; es ist zuständig für die Koordination von Bund und Ländern. Besonders praktisch war dies bei den Auseinandersetzungen um die Gesundheitsreform. So saß der Referatsleiter von der AOK sogar bei Treffen der Koalitionsarbeitsgruppe Gesundheitsreform mit am Tisch – und protokollierte. Sein Einsatz begann im Februar 2006 und sollte 2008 enden. Der AOK-Mann ist dabei schon ein Routinier des Insiderlobbyismus. Von 2002 bis 2003 war er bereits im Bundeskanzleramt tätig.

Der Mann der Apothekerverbände und die Gesundheitskarte

Marina Bunge von der Linken hatte auch nach Unternehmen gefragt, die möglicherweise im Gesundheitsministerium sitzen. Die parlamentarische Staatssekretärin schreibt dazu: »Aus Unternehmen der Privatwirtschaft werden grundsätzlich keine Mitarbeiterinnen und Mitarbeiter zum Bundesministerium für Gesundheit abgeordnet. In dem betreffenden Zeitraum war lediglich ein Mitarbeiter eines Unternehmens (Werbe- und Vertriebsgesellschaft Deutscher Apotheker) für rund ein Jahr im BMG tätig.«

Leider gibt das Ministerium keine Auskunft, an welchen Aufgaben die Mitarbeiter von Kassen und des Apothekerverbandes jeweils sitzen: »Eine konkrete Zuordnung von Arbeitsergebnissen zu einzelnen Personen ist in dem hier relevanten Zusammenhang aus den dargelegten Gründen nicht möglich.«

Kompliziert formuliert, soll aber offenbar heißen: Niemand im Bundesgesundheitsministerium hat auch nur einen blassen Schimmer, was die bezahlten Vertreter der Privatwirtschaft an ihren Schreibtischen so treiben.

Aber das reicht uns nicht. Auch wir fragen nochmal im Gesundheitsministerium nach. Die Antwort: Ein Mitarbeiter der »Werbe- und Vertriebsgesellschaft Deutscher Apotheker« sei bis März 2005 in der Projektgruppe »Telematik – Gesundheitskarte« tätig gewesen. Er habe die Bearbeitung des Themas »elektronisches Rezept« unterstützt. Wir finden heraus, dass diese Firma ihren Sitz im hessischen Eschborn hat und ein Tochterunternehmen der mächtigen Bundesvereinigung Deutscher Apothekerverbände (ABDA) ist.

Schon am Telefon weist man uns auf einen Dr. Fred Burbach[56] hin. Dr. Burbach arbeitet in der Abteilung Telematik und ist seit Jahren auch mit der Entwicklung der sogenannten »elektronischen Gesundheitskarte« befasst. Die gehört zu den Prestigeprojekten von Gesundheitsministerin Ulla Schmidt.

Die Karte soll die Kranken- und Therapiegeschichte eines Menschen dokumentieren, inklusive der Medikamentierungen. Kritik gibt es von Datenschützern, die den »gläsernen Patienten« befürchten. Andererseits könnte die Gesundheitskarte viele »Übertragungsfehler« verhindern helfen, zumal in Deutschland immer noch alles vom berühmten Arztbrief im verschlossenen Umschlag abhängt. Leider lässt sich in dem aber schlecht die gesamte Krankenakte verschicken, wodurch häufig wertvolle Informationen verlorengehen. Die Karte ist also insgesamt eine gute Sache.

Dennoch sperren sich neben den Ärzten auch die Apotheker gegen diese Innovation. Schließlich bedeutet das Ganze zum einen vermehrten Aufwand und teure Investitionen in Arztpraxen und Apotheken. Zum anderen schafft die Karte Transparenz – etwa was sinnlose und sogar schädliche Doppel- und

Dreifachmedikamentierung angeht. Und wer vom Vertrieb solcher Medikamente lebt, lässt sich ungern dabei in die Karten schauen.

Fest steht jedenfalls, dass der Apotheker-Lobbyverband das Thema elektronische Gesundheitskarte eher mit spitzen Fingern anfasst. In einer öffentlichen Stellungnahme warnt der Verband: »Wir halten die Möglichkeit einer ausreichend qualitätsgesicherten Umsetzung im vorgesehenen engen Zeitrahmen für unrealistisch.«[57] Dr. Burbach von ebenjenem Lobbyverband jedenfalls war ein ganzes Jahr als »externer Mitarbeiter« im Bundesgesundheitsministerium beschäftigt – und mit der Entwicklung der Gesundheitskarte befasst. Uns sagt er ganz freimütig, sein Gehalt habe er die ganze Zeit über weiter von seinem Arbeitgeber bezogen. Gerade das macht uns noch neugieriger. Denn wieso kann der Deutsche Apothekerverband einen hoch qualifizierten Mitarbeiter für ein Jahr entbehren, und das auch noch für ein Projekt, dem man eigentlich kritisch gegenübersteht? Wollte er vielleicht »Schlimmeres verhüten«, etwa finanzielle Nachteile für das deutsche Apothekerwesen?

In diese Richtung gehen auch Karl Lauterbachs Vermutungen: »Ich kann mir vorstellen, dass die Apothekerverbände damit beabsichtigen, den Prozess der Entwicklung der Gesundheitskarte mitzusteuern in ihrem Sinne. Es ist so, dass zum jetzigen Zeitpunkt die Apotheker durch ihre Beteiligung an den Apotheken-Rechenzentren mit den Daten der Verordnungen gute Geschäfte machen. Ich würde nicht ausschließen, dass auch der Verband der Apotheker sicherstellen will, dass bei der Einführung der elektronischen Gesundheitskarte in Zukunft diese Nebeneinkünfte nicht gefährdet werden.« Tatsächlich sind die meisten Apotheker an Rechenzentren beteiligt, über die Daten zur Verordnungspraxis gesammelt und der Pharmaindustrie zur Verfügung gestellt werden. Die Pharmaindustrie wiederum vergütet den Apothekern die Teilnahme an dem System.

Die Gesundheitskarte ist daher eine unmittelbare Konkurrenz. Werden Verordnungs- und Dosierungsdaten direkt auf der Karte gespeichert, könnten die Rechenzentren der Apotheker überflüssig werden. Eine Einnahmequelle für die Branche würde trockengelegt. Deshalb kommt es bei der Entwicklung der Karte konkret darauf an, welche Daten auf ihr gespeichert werden und welche nicht.

Dass ausgerechnet ein Telematikexperte des Apothekerverbandes unmittelbar an der Entwicklung der Karte beteiligt war, bedeutete für den Verband in jedem Fall die Möglichkeit zur Einflussnahme. Zugleich konnte sich der Verband stets auf dem Laufenden halten, was mit der Gesundheitskarte gerade geplant war.

Solche Fragen hätten wir gerne auch persönlich mit dem Telematikexperten und seinem Verband geklärt. Wir hatten sogar schon einen Termin. Doch leider musste Dr. Fred Burbach kurzfristig absagen. Das Bundesgesundheitsministerium hat ihm das Interview untersagt – mit Hinweis auf seine Verschwiegenheitspflicht. So viel zum Thema Transparenz.

Die Frau von Bertelsmann im Stab der Ministerin

Wie schrieb die parlamentarische Staatssekretärin noch? Es werden grundsätzlich keine externen Mitarbeiter aus »Unternehmen der Privatwirtschaft« abgeordnet.

Mal abgesehen von dem DAK-Mitarbeiter, der wichtige Unterlagen kopiert hat und dabei aufgeflogen ist – das könnten wir Frau Caspers-Merk nur abnehmen, wenn sie uns überzeugen kann, dass die Bertelsmann Stiftung keine privatwirtschaftlichen Interessen vertritt. Denn direkt bei Ulla Schmidt sitzt seit Februar 2007 eine Frau, die der Ministerin persönlich mit Rat und Tat zur Seite steht. Ihr Name ist Sophia Schlette. Wer im Ministerium anruft und nach ihrer Telefonnummer und Referatsnummer fragt, erfährt: Sie arbeitet im Referat 5, »politische Grundsatzabteilung«. Doch ihr eigentlicher Arbeitsplatz ist die Bertelsmann Stiftung in Gütersloh. Dort ist Sophia Schlette für internationale Vergleiche in der Gesundheitspolitik zuständig.

Alle Achtung! Sie hat gleich zwei Chefinnen von beeindruckendem Kaliber: die weltweit wohl dienstälteste Gesundheitsministerin, Ulla Schmidt, und Brigitte Mohn – Tochter aus der Dynastie der Bertelsmann-Miteigentümer. Brigitte Mohn ist seit 2005 im Vorstand der Bertelsmann Stiftung, mit dem Verantwortungsbereich Gesundheit, und seit dem 1. Januar 2008 im Aufsichtsrat der Bertelsmann AG.

»Stiftung«, das klingt erst mal nach Gemeinwohl und Mildtätigkeit, ganz anders als Namen wie Ernst & Young oder McKinsey, Beraterfirmen, die für kalte Zahlen stehen und mittlerweile die Geschicke der Politik, aber auch vieler Unternehmen beeinflussen. Tatsächlich ist die Bertelsmann Stiftung gemeinnützig, darf also keine Gewinne machen und auch keinen gewerbsmäßigen Zweck erfüllen. Das unterscheidet sie von allen anderen Vertretern der Privatwirtschaft. Dennoch stehen hinter der gemeinnützigen Stiftung wirtschaftliche Interessen. In ihr stecken gut drei Viertel des gesamten Kapitals des Bertelsmann-Konzerns. Die Gewinne, die die Bertelsmann AG macht und in die Stiftung einbringt, werden damit der Besteuerung entzogen. Der US-amerikanische Gesetzgeber hat dieser auch in Amerika verbreiteten Praxis übrigens einen Riegel vorgeschoben. In den USA dürfen Konzerne nur noch 20 Prozent ihres Kapitals in Stiftungsvermögen einbringen.

Was die Bertelsmann Stiftung angeht, ist sogar die konservative *Frankfurter Allgemeine Zeitung* argwöhnisch. Anlässlich des Abrechnungsskandals um Stiftungsvorstand Werner Weidenfeld schreibt sie über die politische Einflussnahme der Stiftung: »Reichlich aufgeblasen wirken auch Unterfangen wie das ›internationale Standortranking‹, eine Art Schulzeugnis für ganze Nationen und ihre ›Reformpolitik‹. Länder sind Firmen, Firmen brauchen Beratung, Beratung macht effizient – ihre Gemeinnützigkeit versucht die Stiftung durch die Projektion betriebswirtschaftlicher Utopien aufs Ganze zu erweisen.«

Für die Verfassung der Bertelsmann Stiftung findet der Autor nicht gerade schmeichelhafte Worte: »Rastlosigkeit, ihre Allgegenwart, ihren ständigen Seitenwechsel an den Grenzen von privatwirtschaftlich, gemeinnützig und kommunal. Eine echte Nichtregierungsorganisation mit Kontakten in alle Regierungen hinein. Das festliche Wort dafür ist ›zivilgesellschaftliches Engagement‹, weniger güldene Umschreibungen lauten auf Lobbyismus.«[58]

Doch was macht eigentlich die Bertelsmann Stiftung? Dasselbe wie die McKinseys, beraten, beraten, beraten – allerdings darf sie das als Stiftung nicht gewinnorientiert tun. Dafür aber eher einflussreicher als die anderen. Das Lieblingsschlagwort der Bertelsmann-Spin-Doktoren lautet »Entbürokratisierung«, die Stiftung tritt landauf, landab für die Privatisierung öffentlicher Aufgaben ein, weil das effizienter sei. Sprich: Bertelsmann kämpft an vorderster Front für die Durchsetzung der Idee des »schlanken Staates«. Von dem wiederum der gewerbliche Teil, der Bertelsmann-Konzern, kräftig profitiert: Wie wir in unserem Kapitel über Public Private Partnership darstellen, hat die Bertelsmann-Tochter Arvato in Großbritannien sogar eine ganze kommunale Verwaltung für 350 000 Bürger übernommen. Ein Prestigeprojekt mit Strahlwirkung für das europäische Festland.

Neben der kommunalen Verwaltung haben die Bertelsmann-Vorstände ein anderes Lieblingsthema: die Gesundheitspolitik. Bereits 1994 gründeten sie das Centrum für Krankenhaus-Management (CKM). Es gilt als Kaderschmiede und Vorreiter für Privatisierungen im Gesundheitswesen. CKM-Chef Professor Wilfried von Eiff – er war zuvor im Institut für Industriewirtschaft und in der Automobilindustrie tätig – will das Gesundheitswesen an den betriebswirtschaftlichen Erfordernissen der Industrie orientieren.[59] Sein größter Coup ist die erste Privatisierung eines deutschen Universitätsklinikums: Marburg-Gießen. Als Sachverständiger beriet er die hessische Landesregierung bei der Privatisierung. Überdies vertritt er die Ansicht, dass fünf weitere deutsche Universitätskliniken schon bald privatisiert werden könnten.[60]

Worum es dem CKM geht, verrät folgender Auszug aus einem Interview mit von Eiff: »Der öffentliche Tarif mit seinen im Zweijahresrhythmus automatisch erfolgenden Gehaltserhöhungen hat dazu geführt, dass die Personalkosten eines Krankenhauses jedes Jahr um zwei bis vier Prozent steigen. Kosten, denen keine unmittelbare Leistung gegenübersteht.«[61]

Die Ersten, die in einer privatisierten Klinik dran glauben müssen, sind also die bislang öffentlich Beschäftigten, die sich nun mit geringeren Löhnen zufriedengeben müssen. Wie das zu einer Verbesserung der Versorgung führen soll, bleibt unklar, aber es passt zur neoliberalen Ideologie der Bertelsmann Stiftung.

Wo bleiben die »Generalunternehmer Gesundheit«?

Ein weiteres hypermodern klingendes Wort aus der Ideologieschmiede der Bertelsmann Stiftung ist der »Generalunternehmer Gesundheit«, wie Brigitte Mohn erläutert: »Bauherren verlassen sich gerne auf einen Generalunternehmer, der für einen bestimmten Betrag das geplante Gebäude zu einem festgelegten Zeitpunkt schlüsselfertig übergibt. So muss der Auftraggeber nicht mehr die Qualität und den Preis eines jeden Maurers, Elektrikers oder Malers im Vorfeld überprüfen. Und wenn etwas schiefgeht, dann muss er sich hinterher nicht mit jedem einzelnen Handwerker auseinandersetzen. Im Gesundheitswesen gibt es jedoch noch keine ›Generalunternehmer Gesundheit‹, die für den gesamten Genesungsprozess des Patienten sowohl die medizinische als auch die finanzielle Verantwortung übernehmen, die sich also mit allen gegebenenfalls einzubeziehenden ›Subunternehmern‹, wie den Fachärzten, Laboren, Apotheken oder Krankenhäusern, im Sinne des Patienten, ihres ›Auftraggebers‹, abstimmen.«[62]

»Generalunternehmer Gesundheit« – ist das nur ein schickes neues Wort für eine vernünftige Sache, die auch unter dem Begriff »integrale Versorgung« geläufig ist? Oder ist die Assoziation erwünscht, dass man an Privatisierung der bis dato fast überall in Europa als öffentliche Aufgabe verstandenen Gesundheitsversorgung denkt? An diesen Formulierungen mitgefeilt haben dürfte übrigens auch Sophia Schlette, die Gesundheitsexpertin der Stiftung und Mitarbeiterin der Gesundheitsministerin, denn sie ist laut Homepage der Bertelsmann Stiftung zuständig für das »Internationale Netzwerk Gesundheitspolitik«, das sich die Reform des deutschen Gesundheitssystems auf die Fahnen geschrieben hat. In der begleitenden Pressemitteilung zum Statement von Frau Mohn findet sich allerdings kein klares Plädoyer für die Privatwirtschaft, die hier als »neue Dienstleister« nur ein Player von mehreren ist: »Eine solche Gesamtverantwortung könnten beispielsweise ein Ärztenetzwerk, ein medizinisches Versorgungszentrum, ein Krankenhaus mit niedergelassenen Ärzten als Kooperationspartnern, aber auch eine Krankenkasse oder ganz neue Dienstleister übernehmen. Natürlich steht es diesen Akteuren frei, ob sie eine solche Generalverantwortung übernehmen möchten – genauso wie die Versicherten auch weiterhin Wahlfreiheit haben zwischen den ›Generalunternehmern Gesundheit‹, anderen neuen Versorgungsformen oder der bisherigen Regelversorgung.«[63]

Andererseits: Wer Schlagworte in die Welt setzt, sogenannte »Spins«, der sollte sich nicht wundern, wenn sie so verstanden werden, wie sie wirken sollen. »Generalunternehmer« ist ein politischer Begriff. Das Wort klingt nach Privatisierung und soll auch so klingen. Schade eigentlich, denn die Versorgungsidee, die dahintersteht, ist tatsächlich attraktiv. Während sich die Finanzexperten um die Kosten kümmern, sollen an der Basis sogenannte »Patientenscouts« die Kranken an die Hand nehmen und sie zu den richtigen Behandlungen geleiten. Das ist medizinisch geboten und soll zugleich Kosten sparen. Mit dem Wort vom »Generalunternehmer« ist die Stiftung sogar bei ihr nahestehenden Experten wie Professor Bernd Braun vom Zentrum für Sozialpolitik an der Universität Bremen angeeckt. »Dieser Vorschlag greift ein altes Problem auf«, sagt Braun, »als Unternehmer wäre ich sofort begeistert dabei.«[64] Doch genau das gehe nicht an, die Funktion des »Generalunternehmers« dürfe man auf keinen Fall der Privatwirtschaft überlassen. Deshalb sehe der Gesetzgeber diese Aufgabe bei den Sozialversicherungsträgern. In den Sozialgesetzbüchern werde genau formuliert, was der »Generalunternehmer Gesundheit« tun müsse, sagt Braun, auch wenn dieses Wort dort nicht gebraucht werde. Eine integrierte Versorgung von Kranken lasse das Gesetz bereits heute zu.

Die Bertelsmann-Expertin Schlette selbst drückt sich öffentlich gemäßigter aus: »Wir wollen keine vollkommen neuen Konzepte am Reißbrett entwerfen«, aber es könnten doch wenigstens die bestehenden Gesetze in dieser Richtung ausgelegt werden.[65] Doch, wie Frau Schlette es formuliert: »Kaum jemand sieht den langfristigen Benefit.« Wenn Vertreter von millionenschweren Stiftungen von »Benefit« sprechen, sei es uns Journalisten verziehen, wenn wir uns fragen, ob dort vielleicht auch »Profit« gemeint sein könnte.

Doch was macht die Bertelsmann-Expertin Sophia Schlette eigentlich im Büro der Bundesgesundheitsministerin? Wir erfahren, dass sie zwei Auslandsreisen in die USA mit vorbereitet hat. Eine führte sie und Ulla Schmidt im Sommer 2006 ins sonnige Kalifornien. Sophia Schlette muss wohl Kontakte aus ihrer Netzwerkarbeit bei der Stiftung genutzt haben, um einen Besuch der Ministerin bei einem großen Gesundheitsunternehmer zu organisieren: »Kaiser Permanente« – übrigens auch ein Stiftungsmodell. Allerdings etwas anders als Bertelsmann. Kaiser Permanente ist so etwas wie der größte Rundumversorger in Sachen Gesundheit in den USA. Mit 37 Milliarden Dollar Jahresumsatz betreibt Kaiser Kliniken, stellt Ärzte und fungiert als Apotheker. In neun Bundesstaaten beschäftigt der Konzern 13 000 Ärzte und 155 000 Mitarbeiter in 37 Kliniken und 431 Praxishäusern.[66]

Dabei handelt es sich um ein rein privates Versicherungssystem, bei dem fast neun Millionen US-Bürger Mitglied sind. Sie bezahlen im Voraus eine Art Kopfpauschale und erhalten dafür eine Rundumversorgung, von der Prophylaxe bis zur OP. Die Organisation ist übrigens eine Non-Profit-Organisation, was wiederum ihren Charme ausmacht. Neben Kaiser Permanente gibt es weitere Anbieter dieser Art, die insgesamt 78 Millionen Menschen versorgen. Die Gesundheitsversorgung ist dort längst auch eine Art universales Geschäftsmodell geworden. Sophia Schlette wird jedenfalls vor der Reise mit folgenden Worten zitiert: »Amerika ist das größte Versuchslabor der Welt. Wir können uns von Netzwerken wie Kaiser Permanente viel abschauen.«[67]

Auch Ulla Schmidt zeigte sich beeindruckt: »Davon können wir eine Menge lernen«, sagte sie bei ihrem Besuch des Rundumversorgers.[68] Eine enge Integration von Ärzten, Krankenpflegern, Apothekern und Kassen steht seit diesem Besuch auf der Agenda der Ministerin: »Die Debatte darüber müssen wir führen. Wir werden das durchsetzen.«

Der von der Bertelsmann-Mitarbeiterin vorbereitete und begleitete Besuch der Gesundheitsministerin in den USA war also politisch ein Erfolg, auch im Sinne des Bertelsmann-Stiftungs-

Vorstandes. Denn dort hatte man zeitgleich das Schlagwort vom »Generalunternehmer Gesundheit« in die Welt gesetzt.

Ist die Stiftungsmitarbeiterin Sophia Schlette also eine neoliberale Agentin der Bertelsmann Stiftung im Bundesgesundheitsministerium? Wer sich im Ministerium und bei Gesundheitspolitikern im Bundestag umhört, bekommt schnell etwas anderes zu hören. Sophia Schlette ist eindeutig nicht dem neoliberalen Lager zuzuordnen. Bis 2002 war sie wissenschaftliche Mitarbeiterin der damaligen Grünen-Bundestagsabgeordneten Monika Knoche. Die wiederum ist heute Abgeordnete der Linken. Auch ein Blick in Schlettes Veröffentlichungen in der Buchreihe der Bertelsmann Stiftung »Gesundheitspolitik in Industrieländern« sagt nichts über bestimmte Präferenzen. Dort werden Reformen in vielen Ländern der Erde beschrieben, mal sind es steuerfinanzierte, mal Sozialversicherungs-, mal marktorientierte Systeme wie in den USA. Eine Vorliebe lässt sich jedenfalls nicht herauslesen, eher eine akribische Lust, Effizienzvorteile aus verschiedenen Systemen zu filtern und zu überlegen, ob man die eine oder andere Idee auch in Deutschland übernehmen kann.

Unbenommen bleibt, dass die Bertelsmann Stiftung über Sophia Schlette beste Beziehungen zum Bundesgesundheitsministerium pflegt. Grund genug für uns, weiterzufragen.

Magere Antworten von der Bertelsmann Stiftung

Sophia Schlette wäre sogar bereit gewesen, mit uns über ihre Arbeit zu sprechen. Doch das Ministerium verweigerte ein Interview mit dem Hinweis auf die Verschwiegenheitspflichten auch der »externen Mitarbeiter«. Die Arbeitgeber von Sophia Schlette in der Bertelsmann Stiftung untersagten ihr ebenfalls ein Interview mit uns.

Auf einen umfangreichen Fragenkatalog bekamen wir nur eine dürre Antwort. Danach war Frau Schlette vom 26. Februar bis zum 15. August 2007 im Ministerium. Weiterhin sei vereinbart, dass sie vom 1. September 2007 bis zum 31. August 2008 an insgesamt 50 variablen Arbeitstagen im Ministerium tätig sein werde. Wörtlich heißt es: »Die Personalkosten für den Einsatz von Frau Schlette werden vom Bundesgesundheitsministerium übernommen. Frau Schlette hat im Rahmen der deutschen EU-Ratspräsidentschaft bei der Vorbereitung und Durchführung von Fachveranstaltungen mitgearbeitet. An der Formulierung von Gesetzen und Verordnungen hat Frau Schlette nicht mitgewirkt.«

Diese knappe Antwort macht uns dann doch neugierig. Also recherchieren wir im Beamtenapparat des Ministeriums. Informanten, die lieber ungenannt bleiben möchten, vermitteln uns ein relativ klares Bild:

So verfügt Sophia Schlette als Bertelsmann-Mitarbeiterin zumindest in dem wichtigen Referat »politische Grundsätze« über umfassendes Insiderwissen. Sie gehört zum allgemeinen Verteiler des Referates, das heißt, sie hat Zugang zu allen Vorlagen bis hin zu Referentenentwürfen, die aktuell erarbeitet werden. Auch verfügt sie über einen allgemeinen Zugang zum Intranet des Ministeriums und kennt somit den Geschäftsverteilungsplan. Wer im Hause Schmidt was an welcher Stelle in der Hierarchie bestimmt, weiß Frau Schlette also auch.

Andererseits wurde uns zugetragen, man sei seit der Affäre um den DAK-Mitarbeiter äußerst vorsichtig. So würden bestimmte Entwürfe nur im engsten Kreis beraten, und die Teilnehmer könnten sich nie sicher sein, dass ihr dienstlicher E-Mail-Verkehr nicht überwacht werde. Ob das ausreicht, um zu verhindern, dass wichtige Informationen auf anderem Wege aus dem Ministerium herausgelangen?

Sophia Schlette muss über ein gutes Vertrauensverhältnis zur Ministerin Schmidt verfügen, denn sie reist nicht nur mit ihr, sondern schreibt dabei sogar Redevorlagen für die Ministerin, nimmt also auch inhaltlich Einfluss auf das, was Ulla Schmidt auf internationalem Parkett sagt. Vielleicht ist das Vertrauensverhältnis der beiden Frauen der beste Schutz vor Indiskretionen. Vielleicht hat sich die Bertelsmann Stiftung auch schlicht die falsche Person als Lobbyistin ausgesucht. Von »Lobbyismus« würde in Gütersloh selbstverständlich niemand sprechen wollen. Dort spricht man von »Beratung«.

Warum dann aber so ein Geheimnis um die ganze Angelegenheit gemacht wird, bleibt unverständlich. Warum steht nicht auf der Homepage des Ministeriums, dass sich die Hausherrin regelmäßig von einer Vertreterin der Bertelsmann Stiftung beraten und begleiten lässt?

Und warum wird Sophia Schlette auf der Homepage der Bertelsmann Stiftung nicht auch als Beraterin der Bundesgesundheitsministerin vorgestellt?

Ungeklärt ist auch in diesem Fall eine der Gretchenfragen dieses Buches. Von wem erhält Frau Schlette ihr Gehalt? Aus dem Bundesgesundheitsministerium wird uns mitgeteilt, Frau Schlette werde für ihre Zeit dort auch von diesem bezahlt. Insider berichten hingegen, Frau Schlette beziehe ihr Gehalt von der Bertelsmann Stiftung. Allerdings rückvergüte das Ministerium der Stiftung den Arbeitseinsatz ihrer Mitarbeiterin – ob nur teilweise oder zur Gänze, ist beim besten Willen nicht herauszubekommen. Dabei würde es den Steuerzahler doch interessieren, wie viel Geld das Ministerium der gemeinnützigen Bertelsmann Stiftung überweist.

Der SPD-Gesundheitsexperte Karl Lauterbach ist mehr als genervt von dem übergroßen Einfluss der Lobby im Gesundheitswesen. Und er fürchtet, dass viele seiner Kollegen Bundestagsabgeordneten überfordert sind von der komplexen Materie, um die es oft geht. Und so ist es immer dasselbe Spiel: Die großzügig ausgestatteten Referate der Pharmaindustrie und anderer Lobbys wie der privaten Krankenkassen lassen das altehrwürdige Parlament ziemlich alt aussehen. Da würden ganze Gesetzespassagen vorformuliert, und die Abgeordneten durchschauten es nicht. »Schon bei der letzten Gesundheitsreform haben Kollegen von der Union Vorschläge auf den Verhandlungstisch gelegt, auf denen noch das Logo des entsprechenden Verbandes prangte«, erzählt Lauterbach.

Er hält das Bundesgesundheitsministerium nicht für anfälliger für Lobbyaktionen als andere Häuser auch. Aber auch nicht für immuner. Entschieden fordert er, die Einbeziehung der »externen Mitarbeiter« in den Gesetzgebungsprozess zu beenden: »Die allermeisten Gesetze in Deutschland im Gesundheitswesen werden nicht besser, indem wir mit Lobbyisten sprechen. Es gibt in der Regel von den Lobbyisten inhaltlich nichts zu lernen. Man bekommt immer nur kompliziert vorgetragen, dass die Gesetze, die man plant, noch einmal verwässert werden sollen. Ich hielte es für sinnvoll, dass in keinem Ministerium Mitarbeiter der Lobbygruppen tätig sind, weil dann auch gar nicht erst der Verdacht aufkommen kann, dass ein Ministerium nicht unabhängig arbeitet.«

Ob wir solche Worte mal von der amtierenden Gesundheitsministerin hören? Immerhin, Karl Lauterbach war mal ihr Berater. *Der* Berater. Vielleicht denkt sie ja mal in einer ruhigen Stunde darüber nach, wer sie wann warum berät.

6. Kapitel

Warum dürfen Konzerne Rathäuser betreiben?

Das doppelte Lottchen der Bauindustrie – wie der Staat durch »private Partner« um Milliarden erleichtert werden soll

Gladbeck. Tiefster Ruhrpott. Stammland der ehrlichen Malocher. 78 000 Einwohner gibt es hier, unter ihnen Alfred Luggenhölscher. Er ist Architekt und Stadtplaner. Ein kleiner Mann, den das Schicksal seiner Stadt zu beugen scheint. Spät am Abend führt er uns zum neuen Rathaus der Stadt. Am Willy-Brandt-Platz steht es direkt neben dem alten Hauptgebäude aus den Zwanzigern. Der Kasten ist riesig, kann es fast mit einem Ministerium aufnehmen, ein Neubau im Stil der Industriegotik mit großzügigen Höfen und Kolonnaden.

»Das nennen sie in der Verwaltung hier *new urbanism,* ich denke, dafür haben sie die Pläne aufgeblasen, das kann ich nur noch gesteigerte Unvernunft nennen.« Luggenhölscher, ein ernster Mann mit grauem Bart und Baskenmütze, regt die Sache auf. Die Sache, um die es geht, ist vor allem teuer. Ein Rathausanbau, wobei der Begriff »Anbau« ziemlich tiefgestapelt ist. 44 Millionen wird die Stadt in den nächsten 25 Jahren dafür zahlen – obwohl die Stadt einer Haushaltssperre unterliegt. Das bedeutet, dass die Stadtpolitiker sich neue Kredite genehmigen lassen müssen und nur so viel Geld ausgeben dürfen, wie unbedingt notwendig. Die Funktionsgebäude aus den Siebzigern taten es jedenfalls nicht mehr, waren PCB-verseucht, doch ob ein Neubau notwendig war, darüber sind Luggenhölscher und die Stadtväter unterschiedlicher Meinung. Für Luggenhölscher hätte es auf jeden Fall auch eine Sanierung getan. Einem Beamten stehen zehn bis zwölf Quadratmeter Bürofläche zu, jetzt hat hier jeder mehr als 15 Quadratmeter, erzählt er.

Um die Sache auf den Punkt zu bringen: Die Stippvisite in Gladbeck macht klar: Der Rathausanbau ist ein typisches Politikerprojekt – überdimensioniert, ehrgeizig, teuer. Das ist nichts Neues in Deutschland. Neu aber ist, wie es die klammen Stadtväter hinbekommen haben, trotz Haushaltssperre zu bauen. Die Zauberformel für solche Fälle heißt PPP – für »Public Private Partnership« –, unter der deutschen Abkürzung ÖPP für »öffentlich-private Partnerschaft« bekannt.

In Gladbeck lief das so: Die Stadtverwaltung beauftragte nicht, wie üblich, einen Generalunternehmer mit dem Bau eines neuen Rathauses. Stattdessen schloss man mit dem Baukonzern Hochtief einen Vertrag über die Zeitdauer von 25 Jahren. Hochtief baut das neue Rathaus, betreibt es und vermietet es an die Stadt – ein All-inclusive-Geschäft und auf den ersten Blick frappierend modern. Der Haken: Dieses Modell ist womöglich teurer für die Stadt und somit den Steuerzahler als das herkömmliche Verfahren: Die Stadt baut, besitzt und betreibt ihre Liegenschaften selbst. Das jedenfalls behauptet unser Architekt Luggenhölscher.

Berlin. Der Hauptsitz des mächtigen Hauptverbandes der Deutschen Bauindustrie. Susanne Vollrath hat lange blonde Haare, einen klaren Blick und steckt in einem hübschen Kostüm, kurz: Sie ist ziemlich nett anzusehen. Zumindest lässt das ihr Foto vermuten. Vermutlich ist sie auch nett, nur das kriegen wir nicht raus, weil sie mit uns nicht sprechen möchte.

Dass diese Frau gleich zwei knallharte Jobs macht, kann man der Juristin nicht ansehen. Und der Öffentlichkeit blieb das auch verborgen. Wie Alfred Luggenhölscher aus Gladbeck hat auch Susanne Vollrath viel mit PPP zu tun. Anders als er verdient sie sogar ihr Geld damit. Vier Tage in der Woche arbeitet sie in ihrem Büro beim Hauptverband der Deutschen Bauindustrie. Zu ihrem Arbeitsgebiet gehört das Vergaberecht, also die Frage, auf welchem Wege Bauunternehmen zu Aufträgen kommen, und die Anpassung dieses Vergaberechts an die neue Investitionsmöglichkeit Public Private Partnership. Am fünften Tag der Woche fährt Vollrath in ein anderes Büro. Auch dort hat sie einen eigenen Schreibtisch. Im Bundesministerium für Verkehr, Bau und Stadtentwicklung ist sie ebenfalls für das Vergaberecht zuständig.

Und wer eine Zeit lang die Homepage des besagten Ministeriums anklickte, gelangte auf eine Seite, auf der auch Susanne Vollrath als Mitarbeiterin vorgestellt wurde, auch mit Foto. Wer also dorthin surfte, konnte getrost denken, die haben auch hübsche Beamtinnen in diesem Männerministerium. Denn irgendeinen Hinweis auf ihre tatsächliche Rolle, auf ihren Hauptarbeitgeber oder die Institution, die sie für den Einsatz im Ministerium bezahlte, suchte man vergebens.

Eingesetzt war sie in der sogenannten »PPP-Task-Force« des Ministeriums, einer Gruppe von Beamten und Experten, die das Public Private Partnership in Deutschland vorantreiben sollten, etwa durch das Erarbeiten von allgemeinen Standards für dieses Verfahren. Eine ehrenwerte Aufgabe, politisch ambitioniert, nur leider nicht ehrenamtlich. Denn für ihre Lobbyarbeit im Bundesministerium wird Vollrath ebenfalls vom Hauptverband der Deutschen Bauindustrie bezahlt.

Mittendrin im Ministerium – ein effizienter Ansatz

Dass es sich dabei um Lobbyarbeit handelt, räumt der Chef von Susanne Vollrath, Heiko Stiepelmann, Geschäftsführer des Lobbyverbandes, freimütig ein: »Früher waren wir über Anhörungen in die Entscheidungsvorbereitung eingebunden. Das war oft zu spät. Heute sind wir sehr viel früher beteiligt an der Entwicklung von Maßnahmen im Bereich von PPP. Das ist für uns ein wesentlich effizienterer Ansatz. Wir haben einen Arbeitsvertrag mit dem Ministerium, die Mitarbeiterin arbeitet im Interesse der Bundesrepublik Deutschland.«[69]

Löblich die Offenheit des Industrielobbyisten; Zweifel, dass die Arbeit der bezahlten Lobbyistin im Ministerium so ganz durchweg im »Interesse der Bundesrepublik« ist, bleiben jedoch angebracht.

Alfred Luggenhölscher aus Gladbeck hält die Ausbreitung von PPP für katastrophal. Und die Art, wie viele davon profitieren. Denn in einem gleichen sich die Bundesbühne Berlin und das Ruhrpottparkett Gladbeck: PPP füllt vor allem die Kassen der Akteure, also der Industriekonzerne, diverser Berater, Anwälte und Banken, die sonst nie im Leben von einem Rathaus in Gladbeck profitiert hätten. Darunter auch mindestens ein Akteur, der zuvor an den Vorbereitungen der PPP-Begleitgesetzgebung beteiligt war. Und wie noch zu berichten sein wird, sind das oftmals dieselben Spieler – ob in der Kommune, im Land oder Bund –, die in der PPP-Liga unterwegs sind. Natürlich steht Gladbeck damit nicht allein. Gladbecks, so will es die Bundesregierung, soll es Tausende im Land geben:

»Unser Ziel muss es sein, den Anteil von PPPs an den öffentlichen Investitionen von heute vier Prozent auf das Niveau anderer Industrieländer zu bringen, das bei bis zu 15 Prozent liegt.«

Der Satz stammt nicht aus der Feder eines Baulobbyisten, der mit PPP seine teuren Autos verdient. Vielmehr war es Bundesfinanzminister Steinbrück, der sich so beim Neujahrsempfang der Industrie- und Handelskammer in Frankfurt am Main Anfang 2006 geäußert hat.[70]

Und damit die Sache auch sitzt, erklärt ein gutes Jahr später der Bundesminister für Verkehr, Bau und Stadtentwicklung, Wolfgang Tiefensee, noch einmal: »Wir wollen den Anteil von PPP an den öffentlichen Investitionen von derzeit zwei bis vier Prozent mittelfristig auf das Niveau anderer Industrieländer heben, das bei bis zu 15 Prozent liegt.«[71]

Dass unseren sozialdemokratischen Ministern zu einer derart umstrittenen Angelegenheit wie PPP immer die gleichen Worthülsen einfallen, daran müssen wir uns wohl gewöhnen. Oder waren es andere, die den Ministern die Stichworte geliefert haben?

Und tatsächlich sprießen landauf, landab die PPP-Projekte aus der Erde, vom Fernstraßenbau über den Betrieb von Schulen, Verwaltungsgebäuden, Krankenhäusern bis hin zu einem teils privat betriebenen Gefängnis – mit PPP machen private Konzerne rasant steigende Umsätze. Seit Ende 2003 stiegen Investitionen in diesem Bereich auf insgesamt 1,5 Milliarden Euro, davon allein 800 Millionen im Jahr 2006; die Summe soll nun Jahr für Jahr steigen. 52 solcher Projekte gibt es bereits, davon betrafen allein 23 Schulen. Im Jahr 2007 waren weitere 110 Projekte in Vorbereitung.[72]

Und bei den politischen Parteien hatten es die PPP-Lobbyisten vergleichsweise einfach – bis auf die Linkspartei sowie skeptische

Teile der SPD und der Grünen herrscht auch im Bundestag Einvernehmen, dass diese Form alternativer Finanzierung in Zeiten knapper Kassen sinnvoll sei.

Sozialdemokraten wie der PPP-Verfechter im Bundestag, Michael Bürsch, versuchen das neue Konzept sogar als pragmatischen Ausweg aus einem in Deutschland tobenden ideologischen Richtungskampf zu verkaufen: Während quer durch die Parteien viele Politiker noch immer finden, dass hoheitliche Aufgaben in die Hand des Staates gehören, würden die neoliberalen Chefideologen aus CDU und FDP am liebsten auch das Gesundheits- und Bildungssystem privatisieren. In dieser Situation kommt nun Herr Bürsch aus einer zugegebenermaßen geschichtsträchtigen Partei und präsentiert PPP als den berühmten »dritten Weg«: »Es gibt die öffentliche Auftragsvergabe, und es gibt die rein private. Und dann gibt es den dritten Weg. Das Spannende ist, dass man irgendwo Geld herholt und ein Finanzamt baut, und dann wird es an die öffentliche Hand zurückgeleast oder -vermietet. Ich werbe nur dafür, auf PPP mal einen objektiven und emotionsfreien Blick zu werfen. Ich halte viel vom Nebeneinander im Wirtschaftlichkeitsvergleich. Ich sage links: Was kostet uns das bei öffentlicher Auftragsvergabe? Und rechts: Was kostet das als PPP? Und da kommt einiges mit hinein bei PPP.«

Auch beim Boomprojekt PPP lohnt es sich, den Lobbyprozess genauer unter die Lupe zu nehmen. Zunächst war das Konzept nur im angelsächsischen Raum verbreitet; besonders in Großbritannien und Irland ist der Staat unter der Ägide der angeblichen Modernisierung vorgeprescht. Die Verwaltung des Bezirks East Riding im englischen Yorkshire ist mittlerweile weltbekannt. Denn für 350 000 Einwohner hat eine Privatfirma quasi alles übernommen, was so eine Verwaltung ausmacht: Ihre Mitarbeiter kassieren die Steuern ein, betreiben ein gutes Dutzend Bürgerbüros und zahlen im Sozialamt sogar das Wohngeld an Arme aus.[73]

Natürlich betreibt sie auch die Infrastruktur inklusive der Computernetze. Das Unternehmen heißt Arvato AG und ist eine Tochterfirma des deutschen Bertelsmann-Konzerns. Arvato-Chef Hartmut Ostrowski freute sich über den englischen Feldversuch: »Das Projekt bietet ein großes Potenzial für die Zukunft der Gemeinde und soll für die Arvato ein ›Schaukasten‹ werden, in dem Interessenten für ein solches Public Private Partnership unser gesamtes Leistungsspektrum sehen können.«[74]

Bertelsmann geht voran

Dabei hat Arvato auch den deutschen Markt im Visier. Es gebe bereits Gespräche mit drei deutschen Mittelstädten, verriet Ostrowski Anfang 2006. Auch hier sei an das Eintreiben von Steuern und das Auszahlen von Beihilfen gedacht.[75]

In einem Interview im März 2005 äußerte Arvato-Chef Ostrowski, zugleich designierter Chef des Bertelsmann-Konzerns, wie weit Arvato bei der Erschließung neuer Geschäftsfelder gehen will: »Rein technisch gesehen ist das alles dasselbe – angefangen von der Bundesagentur für Arbeit bis hinunter zu den einzelnen Kommunen. Für alle gilt die Aussage: Es ist notwendig, bei geringeren Kosten mehr Bürgernähe und mehr Qualität zu erreichen. Das ist auch ein positiver volkswirtschaftlicher Beitrag.«[76]

Auch bietet er hier eine klare Definition dessen, was nach Vorstellungen von Bertelsmann vom Staat noch übrig bleiben soll: »Hoheitliche Aufgabe des Staates ist es in heutiger Zeit vor allem, Strukturen und Gesetze festzulegen. Die Frage, wie diese letztlich umgesetzt werden, ist keine Frage, mit der sich der Staat beschäftigen muss.«

Im Klartext: Der Staat, das sind nur noch die Ministerien und das Parlament, die Gesetze machen. Vielleicht noch ein paar hoheitliche Aufgaben wie die Polizei. Alles andere ist ab sofort nur noch ein weites Geschäftsfeld.

Die Bertelsmann Stiftung, die wiederum den Löwenanteil am Konzernkapital der Bertelsmann AG hält, sorgt parallel mit Studien und Beratungen zum Thema »Entbürokratisierung des Staates« für gute Stimmung in der Politik.

Die Konzerne sehen das große Geld, doch in Deutschland muss der Dammbruch in ihrem Sinne erst noch geschafft werden. So verdienen Baukonzerne ihr Geld mit PPP bislang vor allem im Ausland. Hochtief erhielt kürzlich den Zuschlag für den Bau einer Umgehungsstraße im australischen Melbourne –

Kostenpunkt: mehr als 231 Millionen Euro. Bilfinger Berger zog 2006 mit drei Verkehrsprojekten in Nordirland, Norwegen und Kanada immerhin Aufträge im Wert von 1,3 Milliarden Euro an Land.[77]

Wir schreiben das Jahr 2001. Im April setzt Bundeskanzler Schröder eine Arbeitsgruppe zur »öffentlich-privaten Partnerschaft« (ÖPP) auf interministerieller Ebene ein. Im Oktober wird in Nordrhein-Westfalen die erste »PPP-Task-Force« gegründet, also eine Art »schnelle Eingreiftruppe«, die dafür sorgen wird, dass NRW mit den weitaus meisten PPP-Projekten in Deutschland aufwartet.

Im Dezember 2002 nimmt eine ÖPP-Arbeitsgruppe der SPD-Bundestagsfraktion ihre Arbeit auf. Ihr Vormann ist der Abgeordnete Michael Bürsch. Mit Rückendeckung seiner Parteioberen soll er ein Gesetz erarbeiten, das die Privatisierung von öffentlichen Aufgaben erleichtert. Nun gibt es für so ein Gesetz grundsätzlich zwei Wege: Entweder es wird von einem Ministerium ins Kabinett eingebracht und schließlich dem Bundestag zur Entscheidung vorgelegt. Oder eine Bundestagsfraktion bringt es selbst ins Parlament ein. Offiziell gibt es nur diese beiden Wege. Nicht so im Fall PPP. Zwar ging die Initiative für das Gesetz offiziell von der SPD-Fraktion aus, doch formuliert haben es andere.

Michael Bürsch sieht das ganz positiv: »Mein Gedanke war: Üblicherweise kommt ein Gesetzentwurf aus dem Finanzministerium, die waren aber von der ganzen Materie PPP nicht besonders angetan. Deshalb habe ich mir von dieser Seite nicht viel erwartet. Ich wollte den Weg mal durchbrechen. Ich habe alle eingeladen, die dazu etwas sagen wollten und konnten. Das waren um die 60 Berater, und dann waren das rund 40 Vertreter aus Politik und den Ministerien.«

Man stelle sich dieses Zahlenverhältnis zwischen Staatsbeamten und Wirtschaftslobbyisten auf einem virtuellen Fußballplatz vor: Es wäre keine Frage, welche Seite haushoch punkten würde. Und so kam es auch.

Berater, das klingt nach wohlwollenden Menschen, denen man sich selbst und auch die Belange des Staates getrost anvertrauen kann. Und geht es nach den Umsätzen, hat Herr Bürsch aus dieser Zunft auch noch die Crème de la Crème der internationalen Wirtschaftsberater und Anwaltskanzleien sowie einschlägiger Lobbyverbände gewinnen können. Hier nur einige Beispiele: PricewaterhouseCoopers, KPMG, Linklaters Oppenhoff & Rädler, Hammonds, Freshfields Bruckhaus Deringer, Clifford Chance, Deloitte & Touche, Bundesverband der Deutschen Industrie, Bundesverband deutscher Banken, Verband Deutscher Hypothekenbanken, Bundesverband Öffentlicher Banken, Hauptverband der Deutschen Bauindustrie und Zentralverband Deutsches Baugewerbe.

Gesetze vorbereiten – Highlight einer Anwaltstätigkeit

Einer, der dabei war, heißt Kornelius Kleinlein. Fast zehn Jahre lang war der Jurist Partner der internationalen Anwaltssozietät Linklaters. Heute residiert er im neunten Stock der feinen Berliner Adresse Potsdamer Straße 1. Denn 2005 wechselte er zur ebenso renommierten Kanzlei Hogan & Hartson Raue.

Glücklicherweise gehört Kornelius Kleinlein zu den Menschen, die ganz offen über die Lobbyprozesse sprechen. Er empfängt uns in einem hellen Besprechungsraum; von der Dachterrasse aus ist das Verkehrsrauschen unten am Potsdamer Platz nur noch leise zu hören.

Der große, schlanke Mann ist ein Enthusiast. Dass er als Anwalt direkt an Vorschlägen für ein Gesetz mitschreiben durfte, macht ihn noch heute glücklich: »In gewisser Weise war das ein Novum, und für mich war das ein Highlight meiner Anwaltstätigkeit. Ich muss wirklich sagen, wir haben großen Spaß dabei gehabt, mal etwas beeinflussen zu können, was heute im Bundesgesetzblatt steht.«

Vor Begeisterung hebt Kleinlein beide Arme, wenn er eine Bemerkung unterstreichen will, und vergisst ab und an sogar, sie wieder herunterzunehmen. Immerhin, er spricht offen aus, wer Interesse an PPP-Modellen hat: »Für die deutsche Bauindustrie ist das natürlich die Möglichkeit, sich gegen ausländische Billigkonkurrenten zu behaupten. Denn die ausländische Billigkonkurrenz kann beim Bau mit einem sehr niedrigen Preis unterbieten, aber sie kann nicht so ein komplexes Angebot machen mit dem ganzen Know-how, das erforderlich ist, 30 Jahre ein Gebäude zu betreiben. Da hat die inländische Bauindustrie einen gewissen Heimvorteil.

Das Attraktive daran ist ein langfristiger Strom sicherer Einnahmen. Nach solchen Anlagemöglichkeiten suchen institutionelle Anleger, Rentenversicherungen und Ähnliche. Auch die Banken haben ein Interesse, weil es eine Möglichkeit ist, langfristig Geld anzulegen mit einer angemessenen, aber sicheren Rendite.«

In der ÖPP-Gruppe der SPD-Fraktion war Kornelius Kleinlein Vorsitzender der Arbeitsgruppe Haushalt. Die Einladung der SPD-Fraktion war für ihn und alle, die Einfluss nehmen wollten, ein Glücksfall. Denn ansonsten sind sie auf die offiziellen Anhörungen des Bundestages angewiesen, sagt Kleinlein: »Das sind dann Anhörungen, da sind die Weichen schon gestellt. Einen Teil kann man vielleicht noch beeinflussen, aber nicht mehr die große Linie. Aber hier: Wir hatten ja weißes Papier vor uns, und dann ist gefragt worden: Aus eurer Erfahrung, wo glaubt ihr, gibt es in den verschiedenen Bereichen Hemmnisse für den größeren Einsatz von PPP, was würdet ihr dort vorschlagen? Da bieten sich natürlich zur Einflussnahme sehr viel mehr Möglichkeiten an.«

Das weiße Blatt Papier nutzten die versammelten Vertreter der Bau-, Banken- und Beraterlobby dann auch weidlich. Laut Bundeshaushaltsordnung war es bislang verboten, einfach öffentliche Verwaltungsgebäude zu verscherbeln – klar, dass die Wirtschaftsvertreter vorschlugen, dieses Verbot aus dem Gesetz zu streichen. Und sie plädierten dafür, zum Ausgleich einen anderen Punkt ins Gesetz aufzunehmen: Beim Kostenvergleich eines PPP-Angebots mit einem traditionellen Auftrag durch eine Kommune sollte ein sogenannter Risikozuschlag eingebaut werden. Die Begründung: Während bei der PPP-Variante ein fixer Preis festgelegt wird, geraten öffentliche Bauvorhaben mit der Zeit häufig kostspieliger als geplant. Daher müsse in diesen Fällen ein bestimmter Wert für unabsehbare Risiken wie Preissteigerungen aufgeschlagen werden. Dieser rein virtuelle Wert allerdings, so sehen es Kritiker, führt dazu, dass PPP im Vergleich häufig besser dasteht, also künstlich schöngerechnet wird. Doch die Lobby setzte sich durch: beim Veräußerungsverbot und bei den Risikozuschlägen.

Wir befragen Kornelius Kleinlein dazu.

Das waren also die beiden Punkte, die Sie im Wesentlichen durchgesetzt haben? Und die sind dann auch umgesetzt worden?

»Ja, genau.«

Sagen Sie, wer hat Sie damals eigentlich bezahlt?

»Niemand. Dafür gab es kein Geld. Das ist natürlich eine gewisse Ehre, gefragt zu werden, und auch eine interessante Erfahrung gewesen, an diesem Prozess teilnehmen zu können. Und wir haben uns davon natürlich einen gewissen Know-how-Vorsprung vor unseren Mitbewerbern versprochen, um dann gegenüber den Mandanten sagen zu können: ›Ja, wir haben sozusagen am Puls der Gesetzgebung mitgearbeitet.‹«

Das heißt: Sie kennen das Gesetz gut, also können Sie auch gut beraten?

»So ungefähr. Es trägt einfach zum Profil und zum Standing bei den Mandanten bei. Und deswegen war das für uns und alle anderen auch kein Problem, das ohne Honorar zu machen.«

Das war quasi eine Investition, um später Aufträge zu bekommen?

»Deswegen bekommen Sie allein noch keinen Auftrag, dafür müssen Sie viel tun. Aber das ist sicher ein Mosaikstein, der hilft.«

Für Kleinlein und seine Kanzlei war es in jedem Fall eine gute Investition. Denn in Zusammenhang mit dem bislang größten PPP-Projekt hierzulande kam er zu einem ansehnlichen Mandat. Gemeint ist die Vergabe der Errichtung und des Betriebs des

Lkw-Mautsystems auf deutschen Autobahnen. Weil diese Geschichte so spannend ist, widmen wir ihr im Anschluss ein eigenes Kapitel.

Im Juli 2004 wird auf Bundesebene die PPP-Task-Force unter dem Dach des Bundesministeriums für Verkehr, Bau und Stadtentwicklung gegründet. Es ist die Zeit, in der unter Hochdruck an dem von Michael Bürsch und seinen Genossen angestoßenen ÖPP-Beschleunigungsgesetz gearbeitet wird. Vom Steuerrecht bis zum Vergaberecht müssen sich diverse Bundesministerien in diesen Monaten mit den Gesetzesvorschlägen der Bundestagsgruppe und ihrer »Berater« befassen. Gut, dass im federführenden Bundesverkehrsministerium auch die uns bereits bekannte Lobbyistin Susanne Vollrath vom Bauindustrieverband sitzt. Auch die Lobby schätzt Synergieeffekte.

Im September 2005 wird das ÖPP-Beschleunigungsgesetz verabschiedet. Ein Dammbruch, denn ein lange geltendes Verbot wird gekippt: das Verbot, Eigentum des Staates, das er für die Erfüllung öffentlicher Aufgaben benötigt, zu veräußern. Und steuerlich wird PPP begünstigt: Errichtet ein Unternehmen wie im Fall Gladbeck ein Verwaltungsgebäude, um es der Stadt zu vermieten, entfällt die Grundsteuer, die ansonsten jeder private Eigentümer zahlen muss.

Dass diese Steuer zu 100 Prozent Städten und Gemeinden zugutekommt, war natürlich auch den Kommunalverbänden und dem Deutschen Städtetag bekannt. Und die Kommunen lehnten das Projekt ab. Doch bevor auch nur ein Dorfbürgermeister oder der OB einer Großstadt sich gegen diese kleine, gemeine Regelung zur Wehr setzen konnte, waren die Würfel schon gefallen. Das ÖPP-Beschleunigungsgesetz machte seinem Namen alle Ehre. Innerhalb von nur drei Wochen wurde es von Bundestag und Bundesrat verabschiedet. Nur wenige Gesetze von dieser Tragweite sind in der Geschichte der Bundesrepublik jemals so schnell durchgepeitscht worden.

Dass die damalige rot-grüne Bundesregierung die Pforten für die PPP-Lobby so weit aufsperrte, hatte noch einen anderen Grund. Deutschland kämpfte damals beständig gegen die Überschreitung der Maastricht-Kriterien bei der Neuverschuldung. Und die Experten von der europäischen Statistikbehörde Eurostat machen hier ganz filigrane Unterschiede: Wird ein PPP-Modell als reine Projektfinanzierung abgewickelt, also ausschließlich von PPP-Unternehmen und Banken finanziert, werden die Zahlungen, die eine Kommune dem Unternehmen über Jahrzehnte zusichert, wie herkömmliche Mietkosten behandelt und nicht als zusätzliche Verschuldung definiert. Ein PPP-Modell ohne die Einbeziehung von Kommunalkrediten steigert daher offiziell nicht die Staatsverschuldung in Deutschland. Daher plädiert auch die Bundesregierung für diese Investitionsform. Dass Rechnungshöfe trotzdem längst von einer verdeckten Verschuldung sprechen, beirrt sie dabei nicht. Doch dazu später.

Überdies spülen »öffentlich-private« Vorhaben zusätzlich Mehrwertsteuer in die Bundeskasse. Denn während zum Beispiel eine von der Kommune selbst bezahlte Putzkraft nicht umsatzsteuerpflichtig ist, ebenso wenig wie der Hausmeister, fällt diese Steuer bei PPP massenhaft an. Denn die Personalkosten, die das PPP-Unternehmen für die von ihm gestellten Arbeitskräfte in Rechnung stellt, unterliegen sämtlich der Mehrwertsteuer. Belastet werden damit die Kommunen, denn die privaten PPP-Partner schlagen die Mehrwertsteuer natürlich auf die bereits kalkulierten Kosten drauf. Zu den Profiteuren gehört also auch in diesem Fall der Bundesfinanzminister, in dessen Kassen die Mehrwertsteuer zum großen Teil landet.

Wie gezeigt, verfügt der »neue Lobbyismus« auch über neue Waffen: Geschwindigkeit als Mittel der Politik. Je schneller vorgegangen wird, desto eher lassen sich demokratische Institutionen auf das Spiel der Lobbyisten ein. Eigentlich ein billiger Trick, ungefähr so billig, wie kirgisische Männer angeblich ihre künftigen Bräute erobern: Sack übern Kopf, ins Auto zerren, heiraten. Das Problem: Demokratie ist eine langsame Angelegenheit. Am oberen Ende der politischen Geschwindigkeitsskala lauert der Putsch als Mittel der Politi militärische Mittel.

»Wir rechnen mit einem Auftrag ht nicht immer zum richtigen Zeitpunkt«, sagte nac kein Geringerer als Hans-Peter Keitel.[78] D setz kommt Hauptverbandes der Deutschen Bauindustrie beschluss er Vorstandsvorsitzender von Hochtief, einem ident des konzerne Europas. Das Baugewerbe kann sich also aber ist Bau-

Doch aus PPP ist noch mehr rauszuholen. Und für lobbyisten gilt: Nach dem Gesetz ist vor dem Gesetz. Das As- Jürgen R. Thumann, der Chef des Bundesverbandes der De schen Industrie (BDI), gleich nach der Verabschiedung des ÖP Beschleunigungsgesetzes im September 2005 klar: »Die nächste Bundesregierung muss das Thema ÖPP schnell und umfassend voranbringen. Das aktuelle ÖPP-Gesetz ist zwar ein Schritt in die richtige Richtung. Mehr aber leider nicht. Wenn wir solche Privatisierungsmodelle in Deutschland voranbringen wollen, brauchen wir mehr als dieses legislative Feinjustieren. Uns fehlt eine nationale Strategie, mit der wir Vorfahrt für die Privatisierung oder Teilprivatisierung öffentlicher Leistungen schaffen.«[79]

Privatisieren um jeden Preis, ob Bildung, Gesundheit, Sicherheit oder die lebensnotwendige Wasserversorgung – die neoliberale Lobby läuft zu Hochform auf. Nimmt man diese Worte des BDI-Präsidenten ernst, und das empfiehlt sich, dann heißt das: Bei PPP geht es nicht darum, mehr privates Kapital für gesellschaftlich notwendige Aufgaben zu akquirieren, wie es uns die SPD weismachen will, sondern um eine lang angelegte Strategie, auch Grundbedürfnisse der Menschen den Renditeerwartungen von Konzernen zu unterwerfen. Und die Gesetzgebung zu PPP zeigt: Der Staat als Hüter des Gemeinwohls liefert sich aus – mit der erklärten Absicht, sich auszuliefern.

Doch zurück zu Alfred Luggenhölscher aus Gladbeck. Um zu verstehen, was PPP hier anrichtet, lassen wir uns von ihm die Alternativen erklären, vor denen die Stadt gestanden hätte.

Neben dem alten Rathaus gab es, wie gesagt, zwei Bürotürme aus den siebziger Jahren. Als hier eine PCB-Belastung festgestellt wurde, gab es für die Stadt fünf Möglichkeiten: Abriss und Un-

… Gebäuden, Sanierung der vorhandenen … der Stadt an einen Generalunternehmer für … die Beauftragung einer PPP-Gesellschaft mit … Betrieb des neuen Gebäudes über einen fest… um. Überdies hätte es eine fünfte, wichtige Mög… ben, für ein neues Rathaus den besten Preis her… agen: Beauftragung eines Generalunternehmers und …ßend Suche nach einer Leasing-Firma, die das Gebäude …adt über Jahrzehnte abnimmt und vermietet.

…ie erste Variante wurde zunächst sogar umgesetzt, denn die …eamten konnten für die Zeit des Abrisses und Neubaus schlecht auf dem Willy-Brandt-Platz kampieren. Also wurden sie in umliegende Liegenschaften verteilt. Rund 57 000 Euro Miete hat das die Stadt und somit den Steuerzahler pro Monat gekostet. Diese Variante wäre noch ausbaufähig gewesen: Hätte man das ehemalige, leer stehende Markthallengebäude etwas aufgemöbelt, wäre das Ganze nur unbeträchtlich teurer gekommen, nur hätte es eben kein schönes, repräsentatives, neues Rathaus gegeben. Eigentlich eine gute Idee für einen »schlanken Staat«, sollte man meinen.

Alfred Luggenhölscher plädierte 2002 für eine Sanierung der Türme. In seinem vollgepackten Architektenbüro hängt noch heute eine schöne Computerzeichung an einem Metallregal: Es zeigt die beiden alten Bürotürme mit einer neuen Glasfassade. Laut Luggenhölscher gab es damals das Angebot, die alten Türme nach diesen Plänen für einen garantierten Preis zu zehn Millionen Euro zu sanieren. Das heißt, die Stadt wäre nicht das übliche Risiko eingegangen, durch etwaige Nachforderungen enorm draufzuzahlen. Sie hätte das sogar über einen Kommunalkredit von 3,5 Prozent finanzieren können, die monatliche Belastung hätte bei 41 000 Euro gelegen. Diese Variante war nach der geltenden Rechtslage in Nordrhein-Westfalen möglich, falls die Stadt nachgewiesen hätte, dass ein PPP-Projekt teurer gewesen wäre. Für diesen Fall hätte Gladbeck trotz Haushaltssperre neue Kredite aufnehmen können. Dies trifft auch für die dritte Variante zu, also den Neubau in Eigenregie. Ein Generalunternehmer hätte das Gebäude errichtet, Kosten 16,9 Millionen. Einschließlich 1,5 Prozent Tilgung und Betriebskosten hätte das Ganze dann rund 100 000 Euro im Monat gekostet.

Tatsächlich entschied man sich jedoch für das PPP-Modell. Für Bau und Betrieb des neuen Rathauses zahlt die Stadt der Hochtief AG monatlich sage und schreibe 147 000 Euro Miete, und das 25 Jahre lang! Ein miserables Geschäft, sollte man meinen. Noch dazu für eine Stadt, die ohnehin pleite ist. Doch in Gladbeck hatte sich der damalige Bürgermeister Eckhard Schwerhoff schon früh für PPP begeistert und die Ratsherren damit angesteckt. Auch wechselte ein neuer Baudezernent nach Gladbeck, ein gewisser Michael Stojan aus dem fernen Potsdam. Und was macht ein Neuer in ungewohnter Umgebung? Sich profilieren, was das Zeug hält.

Jedenfalls setzten Schwerhoff und Stojan eine Prüfung der PPP-Variante durch. Das machte man natürlich nicht selbst, sondern holte dafür für die Vorbereitungsphase die Unternehmensberatung PricewaterhouseCoopers (PwC) ins Boot. Wir erinnern uns: PwC war auch in der Arbeitsgruppe der SPD-Bundestagsfraktion vertreten – eine lohnende Vorarbeit. Schließlich wurde die Unternehmensberatung Ernst & Young mit der eigentlichen Prüfung beauftragt.

Das Ergebnis: Eine öffentlich-private Partnerschaft brächte der Stadt eine Ersparnis von bis zu 14 Prozent ein – im Vergleich mit dem Neubau durch einen Generalunternehmer. Luggenhölscher war davon verblüfft. Wie kam die renommierte Wirtschaftsberatung zu diesen Zahlen? Seinem Instinkt folgend beantragte er bei der Stadtverwaltung Akteneinsicht, was ihm nach dem Informationsfreiheitsgesetz NRW zusteht. Er erhielt eine erstaunliche Antwort: »Mir wurde gesagt: Wir haben nichts, was wir Ihnen zur Kostengliederung zeigen können. Fachlich sind die sich im Klaren, dass sie mit mir jemanden vor sich haben, den sie nicht einfach verblüffen können wie einen Ratsherrn. Wenn die mir schreiben, sie haben nichts, dann ist das der Nachweis einer Unterlassung von Kosten-und-Nutzen-Abwägung. Dass das Rechtsamt mir so etwas mitteilt … Da müsste doch sofort die Jalousie runtergehen, da hätten sie erkennen müssen, dass da etwas falsch gemacht wurde.«

Alfred Luggenhölscher versteht die Welt nicht mehr. Das Rechtsamt von Gladbeck muss einräumen, keine belastbaren Zahlen vorliegen zu haben, die den Kostenvorteil der PPP-Variante belegen.

Alfred Luggenhölscher konnte immerhin einige Akten einsehen, denn irgendetwas musste man dem Mann ja zeigen. Einige Details machen ihn misstrauisch. So habe man die erste Alternative, also Umsetzung der Beamten in andere Gebäude, gar nicht erst durchgerechnet. Und bei der zweiten Alternative, der Sanierung, habe man Kosten und Angebote nicht ernsthaft geprüft. Die dritte Alternative, das Rathaus in eigener Regie zu bauen, wurde künstlich teuer gerechnet. Das vermutet zumindest der Architekt.

Merkwürdig sind auch die Vergleichszahlen, die Luggenhölscher aus den Akten herausfiltern konnte: So rechnete Ernst & Young für einen Neubau im Rahmen von PPP mit einem sogenannten »anfänglichen Kapitaldienst« von 87 456 Euro pro Monat. Im Falle des Baus durch einen von der Stadt beauftragten Unternehmer kalkulierten die Unternehmensberater mit einem »anfänglichen Kapitaldienst« von sage und schreibe 108 875 Euro. »Es gibt zwei Möglichkeiten, wie diese Zahlen zustande kommen. Entweder baut Hochtief günstiger als ein anderes Unternehmen, oder man bekommt Kredite zu niedrigeren Zinsen«, so Luggenhölscher. Dass ein Konzern günstigere Kreditkonditionen als eine Kommune erhält, ist vollkommen unmöglich. Städte und Gemeinden verfügen über die günstigsten Konditionen überhaupt – für Kommunalkredite zahlen sie zwischen 3,5 und vier Prozent Zinsen bei den Banken –, denn Kommunen können schließlich nicht pleitegehen. Und wenn Hochtief tatsächlich günstiger baut, hätte die Stadt die Firma auch selbst als Generalunternehmer beauftragen können.

Wir tappen also weiterhin im Dunkeln. Wie erklärt sich der angebliche Effizienzvorteil des PPP-Modells mit einem monatlichen Nutzungsentgelt – auch dies Zahlen, die Luggenhölscher einsehen konnte – von 146 283 Euro gegenüber 169 459 Euro im Falle des Eigenbetriebes durch die Stadtverwaltung? Vieles deutet darauf hin, dass Alternativen in Gladbeck nie ernsthaft durchgerechnet wurden.

Dabei gab es schon früh Hinweise, etwa des Bundes Deutscher Architekten (BDA), von Alfred Luggenhölscher selbst und von einem weiteren Architektenbüro, dass andere Varianten günstiger sein könnten. Doch Luggenhölscher macht sich keine Illusionen, was die Entscheidungsprozesse in der modernen Bundesrepublik angeht: »Da überzeugt die Glaubwürdigkeit etablierter Beratungsfirmen, da springen alle drauf und schalten ihren eigenen Kopf aus, hier waren es PwC und Ernst & Young, anderswo sind es andere. Der Mechanismus ist immer derselbe, und das durchzieht die Entscheidungsprozesse von den Kommunen über das Land bis zur Bundesregierung.«

PPP – Pleiten, Pech und Pannen

Ist PPP wirklich gleichbedeutend mit »Pleiten, Pech und Pannen«, wie Alfred Luggenhölscher gerne sagt? Wohl kaum, denn es geht um viel Geld, und das hat nach aller Lebenserfahrung mehr mit kühler Berechnung als mit Glück oder Pech zu tun. Wer aber profitiert von solchen Investitionen? Neben großen Baukonzernen sind es vor allem Wirtschaftsberater und Anwälte. Sie feilen auf Bundes- und Landesebene an PPP-Gesetzen mit, von denen sie später selbst profitieren. Das gilt auch für einen Akteur in Gladbeck.

Die Verträge zwischen der Stadt und dem Bauriesen Hochtief hat die internationale Anwaltskanzlei Bird & Bird ausgehandelt und dafür angeblich einen sechsstelligen Betrag erhalten. Federführend auf Seiten von Bird & Bird war dabei Jan Byok. Er hat sein Büro in Düsseldorf, und seine Spezialgebiete sind Vergaberecht, Privatisierung und Outsourcing von öffentlichen Leistungen. Er hat viele Mandate aus der Bauwirtschaft, aber auch der Versorgungs- und Entsorgungsbranche. Was er in Gladbeck in die Praxis umsetzen konnte, bereitete er jedoch, ganz klassisch und selbstverständlich uneigennützig, selbst mit vor: Dr. Byok ist Mitglied der PPP-Task-Force NRW, die dem dortigen Finanzministerium unterstellt ist.

An den Wänden von Alfred Luggenhölschers Büro ragen diverse Kunststoff- und Holzmodelle von Großbauten hervor, Bauten, die er realisiert oder nur entworfen hat. Und weil der Platz nicht mehr reichte, stapeln sich die Entwurfszeichnungen sogar in Hängeregalen unter der Decke. Als er den Auftrag für das Gladbecker Rathaus nicht erhielt, hätte er sich eigentlich anderen Projekten zuwenden können. Doch stattdessen schrieb er sich die Finger wund. Der dicke Aktenordner mit dem Schriftverkehr zeugt davon: Dutzende Anfragen und Eingaben hat er verfasst, an die Stadt, den Kreis, die Kommunalaufsicht, das Regierungspräsidium, die Landesregierung und sogar an die Bundestagsfraktionen in Berlin.

Erstaunlich ein Brief des Landrates des Kreises Recklinghausen. Der ist für die Aufsicht der Kommunen zuständig. Die PPP-Verträge, so schreibt der dortige Beamte, seien als »kreditähnliches Rechtsgeschäft« im Jahr 2004 der Kommunalaufsicht »angezeigt« und daraufhin von der Kommunalaufsicht offiziell »zur Kenntnis genommen worden«. Von Prüfung oder Genehmigung ist nicht die Rede. Da blättern wir doch mal in unserem Zeitungsarchiv: In der *Westdeutschen Allgemeinen Zeitung* erschien Anfang 2006 ein Artikel mit der Überschrift »PPP-Lösung nachweislich günstiger für die Stadt – Stadt bezieht Stellung zu Behauptung«. Als Reaktion auf die öffentliche Kritik Luggenhölschers lässt der Pressesprecher der Stadt darin verlauten: »Die gewählte PPP-Lösung mit Hochtief sei nachweislich günstiger, als der Abriss der Bürotürme, ein Neubau und sein Betrieb über 25 Jahre durch die Stadt gewesen wäre. Dies hätten nicht nur die Prüfungen der Stadt, sondern auch der Kommunalaufsicht und der PPP-Task-Force des Landes NRW ergeben.«

Das ist leider falsch, denn geprüft hat die Kommunalaufsicht nie, wie sie selbst schreibt. Und sollte die doch für allgemeine Fragestellungen eingesetzte PPP-Task-Force NRW tatsächlich geprüft haben, können wir nur hoffen, dass an diesen Tagen Jan Byok nicht anwesend war. Denn das hätte ihn doch bestimmt in Gewissensnöte gestürzt, schließlich hat er in Gladbeck als Anwalt selbst eine Stange Geld mit den PPP-Verträgen verdient.

Nach jahrelangen, eher fruchtlosen Schriftwechseln mit den lokalen Behörden wendete sich Luggenhölscher am 9. Juni 2006 an die Bundeskanzlerin höchstselbst und warnte sie vor dem eigenen Regierungsprojekt. Was in Gladbeck passiert sei, könne auf Deutschland hochgerechnet die Steuerzahler Milliarden kosten. Antwort erhielt Luggenhölscher von einem Regierungsdirektor aus dem Kanzleramt: »Grundsätzlich ist es wichtig, bei jedem Projekt von neuem Chancen und Risiken abzuwägen. Gerade für Kommunen ist es zentral, auch die Erfahrungen anderer einzubeziehen. Um hier mehr Transparenz herzustellen, erarbeitet die Bundesregierung zusammen mit den Ländern Mindeststandards für ÖPP-Projekte.«[80]

Der genannte Bund-Länder-Arbeitskreis erarbeitet u. a. einen »Leitfaden zur Wirtschaftlichkeitsuntersuchung bei PPP-Modellen«. Dabei geht es darum, auf welchem Weg man in Vergabeverfahren herausfindet, wie sich PPP am besten rechnet. Und hier schließt sich der Kreis: Just dies gehört auch zum Aufgabengebiet der Lobbyistin Susanne Vollrath im Bundesverkehrsministerium. Denn als Mitglied der PPP-Task-Force soll sie Vergaberichtlinien für Kommen, Länder und den Bund mitentwickeln – bezahlt von der Bauindustrie.

Fragen wir Professor Dieter Kiefer, der selbst zwei Jahre lang an den Sitzungen des Bund-Länder-Arbeitskreises teilnahm. Kiefer ist ein angesehener Mann in Baden-Württemberg und dank PPP längst in ganz Deutschland bekannt. Heute arbeitet er als Direktor beim Landesrechnungshof Baden-Württemberg. Doch er ist alles andere als ein linksideologischer Kritiker jeglicher Privatisierung. Im Gegenteil: 1993 machte er sich einen Namen, als er ein Gutachten über sogenannte Investorenmodelle in Baden-Württemberg für den Rechnungshof anfertigte. Solche Modelle bezeichnet Kiefer als Vorläufer von PPP: Ein Privatinvestor errichtet und finanziert ein öffentliches Gebäude, vermietet es dann für 20 bis 30 Jahre an eine Gemeinde oder Landesbehörde, um es dann nach Ablauf der Vertragszeit der öffentlichen Hand zu verkaufen – oder auch zu behalten und weiterhin zu vermieten. In der Zwischenzeit trägt der private Investor sämtliche Risiken einschließlich der Instandhaltung.

Sieben von zehn Projekten, fand Professor Kiefer damals heraus, seien tatsächlich wirtschaftlicher gewesen als die Errichtung, Finanzierung und Bewirtschaftung in staatlicher Regie. Für sein Gutachten bezog er damals eine Menge Prügel: »Ich habe damals merkwürdige Reaktionen geerntet. Die meisten waren der Meinung, das Gutachten weise methodische Fehler auf, ein Kritiker hat sogar nachgefragt, wie viel Schmiergeld man mir hierfür bezahlt habe.«

Gern wird das Kiefer-Gutachten auch heute noch von PPP-Verfechtern zitiert. Doch das hat einen Haken: Für die heutigen öffentlich-privaten Partnerschaften gilt es schlicht nicht mehr, wie Kiefer selbst klarstellt. Denn damals hätten die Kommunen acht bis neun Prozent Kommunalzinsen zahlen müssen, private Finanziers kamen mit fünf aus, weil sie auf steuersparende Immobilienfonds zurückgreifen konnten. Doch dieser Vorteil hat sich erübrigt. Dennoch ist Professor Kiefer PPP gegenüber nicht grundsätzlich abgeneigt: »Ich halte PPP im Prinzip für eine gute Sache. Aber wie es momentan praktiziert wird, sehe ich die Gefahr, dass die Mehrzahl der Projekte bei kritischer Analyse sich nicht als wirtschaftlich erweist.«

Wie gute Ideen plötzlich aus einem Papier verschwanden

Kiefer brachte damals Ideen in den Bund-Länder-Arbeitskreis ein, die verhindern sollten, dass PPP-Projekte im Voraus schöngerechnet werden. Unter diesen Ideen war auch die sogenannte ABC-Ausschreibung. Nehmen wir wieder das Beispiel Gladbeck. Nach diesem Modell hätte eine Parallelausschreibung in drei Teilen stattfinden müssen, um die kostengünstigste Variante zu ermitteln. In Teil A hätte Gladbeck geprüft, wer am günstigsten das Rathaus bauen kann. Das wäre eine klassische Bauausschreibung für einen Generalunternehmer gewesen, und man hätte die Angebote vergleichen können. In Teil B hätte Gladbeck zeitgleich Angebote für die verschiedenen Finanzierungsformen eingeholt, von Kommunalkrediten über Leasing bis hin zu unterschiedlichen PPP-Modellen. In Teil C hätte die Stadt parallel einen Komplettanbieter nach dem PPP-Modell gesucht, also ein Unternehmen, das baut, finanziert und bewirtschaftet. Zum guten Schluss hätte die Stadt die drei Varianten nebeneinanderlegen und sich für oder gegen PPP entscheiden können. Diese Zahlen wären dann jedenfalls nicht nur errechnet, sondern durch einen glasklaren Wettbewerb ermittelt worden.

Wie gesagt, Professor Kiefer brachte diese und andere Ideen in den Jahren 2005 und 2006 in den Bund-Länder-Arbeitskreis ein. Doch was dann geschah, ärgert ihn noch heute: »Dieser Arbeitskreis von Bund und Ländern wurde ja im Wesentlichen von der Bundes-Task-Force PPP gemanagt und zuerst an der langen Leine geführt, aber im Ergebnis sehr stark aus Berlin beeinflusst. Ich habe intensiv im Arbeitskreis mitgewirkt, habe auch versucht, immer wieder die Idee der ABC-Ausschreibung einzubringen. Dagegen liefen alle Sturm, die PPP-Task-Force im Bund wollte es nicht, und auch die Bauindustrie wollte es nicht, weil durch die ABC-Ausschreibung ein ganz knochenharter Wettbewerb entsteht.«

Verdeckte Schulden für alle

Professor Kiefer kritisierte auch die von den PPP-Lobbyisten geforderten Risikoaufschläge bei Wirtschaftlichkeitsvergleichen. Dadurch würde die Variante einer klassischen kommunalen Auftragsvergabe regelmäßig mit deutlich höheren Risikoaufschlägen versehen und damit schlechter gerechnet – zugunsten der PPP-Variante: »Ich habe auch immer gesagt, die Risikozuschläge, wie ihr sie vorschlagt, sind einseitig und zu hoch und führen zu einer akademisch verbrämten Manipulation der Wirtschaftlichkeitsberechnung. Das hat man zwar mit Interesse zur Kenntnis genommen. Die Bundes-Task-Force hat dafür gesorgt, dass in der Endfassung dieses Papiers weder die Idee der ABC-Ausschreibung drin ist noch die warnenden Hinweise zu den Risikoaufschlägen. Diese Dinge, die sind in der Zwischenphase des Entwurfs drin gewesen und in der Endphase einfach wieder rausgeschmissen worden.«

Dieter Kiefer hat lange gerätselt, warum seine Vorschläge am Schluss im Papierkorb landeten. Damals wusste er ebenso wenig wie die Öffentlichkeit: Auch in der Bundes-Task-Force saß eine bezahlte Vertreterin der Bauindustrie. Das macht ihn nachdenklich: »Vermutlich sind die Papiere von diesen Damen und Herren, die in den Ministerien sitzen oder ständig Ein- und Ausgang haben, kritisch unter die Lupe genommen worden, und was dann gegen die Lobbyinteressen gegangen ist, wurde wieder rausgestrichen.«

Fragt man Rechnungshofdirektor Kiefer nach seiner Arbeitsmotivation, erzählt er, dass er aus einer Handwerkerfamilie stammt. Dass er weiß, wie schwer es ist, sein Geld zu verdienen. Und dass er deshalb seinen Job darin sieht zu verhindern, dass das Geld der Steuerzahler mit vollen Händen ausgeschüttet wird. Schließlich zahlten Großkonzerne kaum Steuern, dagegen trage der Mittelstand die Hauptlast. Dass Vertreter von Lobbyverbänden und Großkonzernen in Bundesministerien sitzen und dort an hochbrisanten Vorlagen arbeiten, kann Kiefer mit seinem Staatsverständnis nicht vereinbaren:

»Meine Befürchtung ist, dass da keine objektive Hilfestellung gegeben wird, sondern eine sehr einseitige zugunsten der Bauindustrie und der Berater. Es ist ja ganz deutlich, dass hier eine Interessenverquickung stattfindet. Für mich ist bedauerlich, dass die Rechnungshöfe, aber auch viele Kommunen offenbar noch gar nicht gemerkt haben, dass da letztlich nicht die Wirtschaftlichkeit der Projekte im Vordergrund steht, sondern nur, möglichst viele öffentliche Baumaßnahmen schnell über PPP zu realisieren, koste es, was es wolle. Ich habe nichts dagegen, wenn die Privatwirtschaft der Politik beratend zur Verfügung steht, aber was da letztlich an Produkten herauskommt, müsste einer sehr kritischen Analyse innerhalb der Ministerien und innerhalb des Parlamentes unterzogen werden. Und das ist leider offenbar nicht der Fall.«

Gern hätten wir Susanne Vollrath dazu befragt. Aber sie lehnt ein Gespräch ab. Auch ihr Chef, der Hauptgeschäftsführer des Bauindustrieverbandes, Heiko Stiepelmann, gibt sich wortkarg. Am Telefon weist er nochmals darauf hin, seine Mitarbeiterin schreibe keine Gesetze, sondern arbeite an den Vergaberichtlinien für PPP. Im Übrigen sei das »keine Undercoveraktion«, denn Frau Vollrath habe ja sogar auf der Homepage des Ministeriums gestanden. Nur eben nicht als Lobbyistin, entgegnen wir. Stiepelmann sagt, man habe hier absolut nichts zu verbergen. Wir fragen uns, warum er dann kein Interview geben will. Er selbst hat übrigens auch Erfahrung mit dem PPP-Gesetzgebungsprozess. Denn er saß gleich in drei von insgesamt vier Kompetenzgruppen der SPD-Arbeitsgruppe, die das Gesetz auf den Weg gebracht hat.[81]

Immerhin: Außerhalb des Dunstkreises der PPP-Lobby wächst mit jedem neuen Projekt die Kritik. Dass wie in Gladbeck eine Stadt trotz Haushaltssperre zu einem teuren Prestigeprojekt verleitet wird, halten insbesondere die deutschen Rechnungshöfe für fatal: »Städten, Gemeinden und auch Ländern, die finanziell angeschlagen sind, hilft dieses Instrument nicht weiter.« So die Präsidentinnen und Präsidenten der deutschen Rechnungshöfe von Bund und Ländern in einer Erklärung aus dem Februar 2006. PPP sei »mittel- und langfristig ein gefährlicher Weg, weil auch hier die Finanzierungslast in die Zukunft verschoben wird«.[82]

7. Kapitel

Warum wurde die Lkw-Maut zum Desaster?

Toll Collect – die DaimlerChrysler-Connection im Bundesverkehrsministerium

Nils Ehlers studiert Politikwissenschaften an der Universität Potsdam und arbeitet gerade an seiner Promotion. Ehlers steckt in Jeans und T-Shirt, und unter seinem blonden Haarschopf lächelt ein jugendliches Gesicht. Stimmt, sagt Ehlers, er werde immer für jünger gehalten. Die Politologie hat sich noch nicht in seine Stirnfalten eingegraben. Nils Ehlers ist 29 und, für Politologieabsolventen eher selten, sogar politisch aktiv. Allerdings nicht parteipolitisch. Einmal in der Woche trifft er sich mit Gleichgesinnten aus der Initiative »Mehr Demokratie« in einem Hinterhofbüro in Berlin, Prenzlauer Berg.

Die Initiative tritt für mehr direkte Demokratie ein, also Volksabstimmungen über wichtige politische Fragen wie zum Beispiel die Zukunft der Atomenergie, das Wahlrecht ab 16 oder die Auslandseinsätze der Bundeswehr oder die EU-Verträge. »Das wird von den großen politischen Parteien wie CDU / CSU oder SPD immer als verfassungsfremd dargestellt«, sagt er, »aber im Grundgesetz heißt es doch, die Demokratie gehe vom Volk aus, in ›Wahlen und Abstimmungen‹.« Wohl wissend, dass Bemühungen dieser Art seit Jahrzehnten fruchtlos blieben, spricht Ehlers darüber, als stehe die direkte Demokratie kurz vor der Verwirklichung. Er gehört zu einer neuen Generation von politisch aktiven jungen Menschen, spricht ohne Schaum vorm Mund, und Zynismus, wie ihn sich viele Altlinke zugelegt haben, ist ihm fremd. Nils Ehlers ist einfach überzeugt, dass mehr direkte Demokratie der Demokratie guttäte: »Gäbe es mehr direkte Abstimmungen, hätte der Lobbyismus sich nicht so breitmachen können in Parlamenten und in Regierungen. Dann wäre das, was ich da erlebt habe, nicht möglich gewesen.«

Was Nils Ehlers »da erlebt« hat, spielte sich im Jahr 2002 ab. Für sein Studium brauchte er noch ein Praktikum, also bewarb er sich im Bundesverkehrsministerium. Er freute sich über die schnelle Zusage, dachte noch, anscheinend reißen sich hier nicht gerade Tausende um so ein Praktikum. Dabei handelt es sich genau genommen um ein Superministerium. Die Beamten hier sind nicht nur für Verkehr zuständig, sondern auch für das deutsche Bau- und Wohnungswesen. Natürlich ist das nicht so glanzvoll wie das Auswärtige Amt. Andererseits gebieten die Beamten im Verkehrsministerium über die gigantische Investitionssumme von rund 26 Milliarden Euro im Jahr. Straßenbau, Schienennetz, Flughafenbau, öffentliche Bauinvestitionen, das Feld der Ausgaben ist riesig. Das Bundesverkehrsministerium ist somit ein Schlüsselressort und zugleich äußerst attraktiv für die Einflüsterer aus der Verkehrs- und Bauindustrie.

Ein kauziger »Hospitant«

Als Nils Ehlers seinen Job antrat, wusste man wohl zunächst nicht so recht, was man mit einem solchen Praktikanten anfangen sollte, so jedenfalls kam es ihm vor. Immerhin bekam er ein Büro zugeteilt, in der zweiten Etage des modernen Ministeriumsanbaus in der Invalidenstraße in Berlin-Mitte. Dort saß bereits ein freundlicher älterer Herr in einem grünkarierten Sakko, der sich knapp als »Dr. Osterloh«[83] vorstellte und meinte, er sei auch »so eine Art Hospitant«. Er komme von DaimlerChrysler. Nils Ehlers ahnte zu dieser Zeit noch nicht, dass dieser bescheidene Herr ein ziemlich hohes Tier war. Dr.-Ing. Heinrich Osterloh war zu der Zeit »Leiter Konzernstrategie Verkehr« von DaimlerChrysler, wie der Daimler-Konzern damals noch hieß. »Er sagte, er nehme an einem Hospitationsprogramm zwischen der Wirtschaft und der Politik teil, das das gegenseitige Verständnis verbessern soll«, erinnert sich Ehlers. »Tatsächlich ist mir aber nie klargeworden, was dieser Dr. Osterloh dort gemacht hat. Er war, jedenfalls weiß ich das nicht, keinem Referat direkt zugeordnet.« Ehlers erinnert sich, dass Dr. Osterloh nie etwas auf dem Schreibtisch liegen gelassen habe, was man von anderen Beamten wahrlich nicht behaupten konnte. Bevor er das Büro verließ, schloss er seinen Schreibtisch ab. Das Diensttelefon nutzte er höchst selten. »Meist telefonierte er mit seinem Handy. Er sprach dann – ich vermute, mit seiner Sekretärin bei DaimlerChrysler – Dienstreisen ab, aber manchmal schien er mit dem Hinweis, der Akku sei bald leer, das Gespräch auch lieber abwürgen zu wollen.«

Einmal hörte Ehlers zufällig etwas, das seinen Argwohn erregte: »Er telefonierte mit jemandem, ich vermute mit seinem Konzern, und sagte so etwas wie: ›Die Durchfahrtshöhe bekommen wir hier nicht durch‹.« Nils Ehlers, dem der freundliche ältere Hospitant anfänglich nur etwas kauzig erschienen war, kam die Sache nun ziemlich merkwürdig vor. »Das klang doch wie ein klassischer Lobbyist, der hier im Ministerium etwas durchsetzen wollte für seinen Konzern.«

Dr. Osterloh hatte auch Zugang zu internen Akten, sowohl zu den nichtvertraulichen mit dem grünen Deckel wie auch den gelben mit dem Vermerk »vertraulich«. Die wurden ihm häufig vom internen Postdienst gebracht. Doch Dr. Osterloh ließ nichts liegen. »Meist steckte er Sachen sofort in seine Aktentasche, einmal sah ich ihn auch am Kopierer«, erinnert sich Ehlers.

Dr. Osterloh, der Konzernstratege von DaimlerChrysler, hatte sich eine spannende Zeit für seine »Hospitanz« ausgesucht. Das Bundesverkehrsministerium hatte einen gigantischen Industrieauftrag zu vergeben: die Errichtung und den Betrieb des neuen satellitengestützten Lkw-Mautsystems, ein Milliardengeschäft. Das Projekt sollte als eines der ersten in »öffentlicher-privater Partnerschaft« realisiert werden – eben ein »ÖPP«- oder »PPP«-Projekt, wie es später genannt wurde. Und um die Suche nach dem privatwirtschaftlichen Partner für einen der größten staatlichen Aufträge in der Geschichte der Bundesrepublik drehte sich nun alles im Ministerium. Die privaten Betreiber des Mautsystems sollten – so sah es der im September 2003 letztendlich geschlossene Vertrag mit dem siegreichen Bewerberkonsortium vor – für den Aufbau und Betrieb der Anlagen über einen Zeitraum von zwölf Jahren insgesamt 7,3 Milliarden Euro erhalten, jährlich also rund 600 Millionen Euro – dauerhaft sicheres Geld vom Staat. Gleichzeitig versprach sich die öffentliche Hand Einnahmen von rund 3,4 Milliarden Euro im Jahr. Ein gutes Geschäft für die Steuerzahler, die bislang allein für den Ausbau des Straßennetzes herhalten mussten, so propagierte es die Politik. Doch es kam anders.

DaimlerChrysler und der Milliardendeal

Zunächst marschierten die Bewerber auf – darunter ausgerechnet der Arbeitgeber von Dr. Osterloh, nämlich DaimlerChrysler. Der Konzern hatte ein Konsortium zusammen mit der Deutschen Telekom und dem französischen Unternehmen Cofiroute gebildet. Anfangs waren noch vier weitere Bewerber am Start, von denen aber 2002 nur noch zwei im Rennen waren: das Ages-Konsortium, bestehend aus dem Mobilfunkbetreiber Vodafone und den Tankstellenbetreibern Aral und Shell, sowie die Fela, eine Firma mit besten Referenzen, die bereits in der Schweiz ein Mautsystem aufgebaut hatte.

Doch die Schweizer wurden vom Bundesverkehrsministerium mit der Begründung »mangelnder Finanzierungsfähigkeit« bald aus dem Verfahren genommen.[84] Ernst Uhlmann, Chef der Fela-Verkehrstechnik-Sparte, kann darüber nur lachen, wenn auch bitter. Denn hinter dem Fela-Angebot standen eine ganze Reihe namhafter Banken. Uhlmann vermutet, dass sich das Verkehrsministerium »gedanklich« bereits früh auf das deutsche Konsortium festgelegt habe. Tatsächlich wurde auch der dritte namhafte Bewerber, das Ages-Konsortium, wenige Monate nach der Fela aus dem Vergabeverfahren ausgeschlossen. Die Begründung des Ministeriums auch hier: Eine »hinreichende Finanzierung der Projektgesellschaft« sei »nicht gewährleistet«. Dabei hatte sich die Ages bei der geforderten Bürgschaftserklärung wörtlich an den Ausschreibungstext des Ministeriums gehalten. Spitzfindig monierten die Beamten, das Angebot sei nur von der Ages GmbH unterzeichnet gewesen, also der Projektgesellschaft von Vodafone, Shell und Aral. Gefehlt hätten aber die Unterschriften der Mutterkonzerne selbst. Sonderbar nur, dass man dem DaimlerChrysler-Telekom-Konsortium eine ganze Menge Formfehler durchgehen ließ. So war die Bürgschaftserklärung von DaimlerChrysler und Telekom überhaupt nicht unterschrieben. Die

Ages wandte sich an das Bundeskartellamt und ging vor Gericht. Erstaunt musste sich der Vorsitzende Richter am Oberlandesgericht Düsseldorf von Seiten der Ministeriumsvertreter anhören, die Bietergruppe habe immerhin zugesichert, die Bürgschaftserklärung zu unterschreiben, wenn ihr der Auftrag erteilt würde. Auch reichte das Konsortium nach dem offiziellen Abgabeschluss noch ergänzende Unterlagen ein, mit einem Umfang von sage und schreibe 6000 Seiten.[85]

Die Ages sah daher die Grundsätze der Gleichbehandlung verletzt. Die Richter des OLG Düsseldorf folgten dem weitgehend, sprachen davon, Ages sei »eklatant benachteiligt« worden[86], und zwangen das Bundesverkehrsministerium, Ages wieder an dem Bieterverfahren teilnehmen zu lassen.

Es war also eine schwere Zeit für das Konsortium um DaimlerChrysler, denn dort hatte man den Auftrag schon sicher in der Tasche geglaubt. Und genau in diesen Monaten »hospitierte« Dr. Heinrich Osterloh, Leiter der Konzernstrategie Verkehr bei DaimlerChrysler, in jenem Ministerium, das den Milliardenauftrag vergab. Ein Zufall?

Bei der Beantwortung unserer Fragen scheinen sich das Verkehrsministerium und Daimler nicht abgesprochen zu haben. Anders sind die Widersprüche nicht zu erklären, die bei einem Kriminalfall jeden Ermittler entzückt hätten. Auf die Frage, ob Herr Osterloh im Ministerium etwas mit dem Mautsystem zu tun hatte, antwortet uns die Daimler AG ausweichend: »Es war damals klar vereinbart, dass Herr … nichts mit dem Thema Lkw-Maut zu tun haben würde.« Das Bundesverkehrsministerium wiederum gibt zu: »Im Rahmen seines Aufenthaltes hat er auch mit dem damals für die Lkw-Maut zuständigen Referatsleiter gesprochen.«

Zur Frage, ob Herr Osterloh interne Unterlagen kopiert und gar mit aus dem Ministerium genommen hat, schreibt wiederum Daimler kleinlaut: »Herr … hat nach unseren Informationen eine ihm überlassene Telefonliste und Unterlagen kopiert.« Das Ministerium verlegt sich aufs Nicht-Wissen, vielleicht auch Lieber-nicht-wissen-Wollen: »Uns liegen keinerlei Informationen vor, dass Herr … interne Dokumente kopiert und mitgenommen haben soll.«

Gern hätten wir auch mit Heinrich Osterloh selbst gesprochen, um die Sache aufzuhellen. Doch der ist in den wohlverdienten Ruhestand gegangen und möchte uns kein Interview geben. Wir sollen unsere Fragen an die Konzernpressestelle von Daimler schicken. Dies tun wir und bitten um Erläuterung, was Dr. Osterloh – wenn er doch mit der Vergabe des Lkw-Maut-Auftrags nichts zu tun hatte – denn im Ministerium so getrieben hat. Die Antwort ist wenig befriedigend und in sich nicht logisch: »Herr … ist seit annähernd zwei Jahren im Ruhestand und war davor bereits in der Ruhephase der Altersteilzeit. (…) Der zeitlich befristete Austausch von Mitarbeitern aus Politik und Wirtschaft hatte zum Ziel, den Beteiligten bessere wechselseitige Kenntnis über die unterschiedlichen Bereiche zu vermitteln. Daimler hat sich daran, wie andere Unternehmen und Institutionen auch, gelegentlich beteiligt. Selbstverständlich haben wir stets darauf geachtet, dass es dabei nicht zu Interessenkonflikten kommt.«

Wenn der Daimler-Mann aber bereits in der »Ruhephase der Altersteilzeit« weilte – für welche berufliche Zukunft sollte er dann an den »wechselseitigen Kenntnissen« zwischen Politik und Wirtschaft partizipieren? Eine Weiterbildung im Beamtenapparat wird Dr. Osterloh nach einem erfüllten Berufsleben wohl kaum angestrebt haben. Mallorca würde so einem Mann doch wohl besser zu Gesicht stehen als der Aufenthalt in einem trostlosen Ministeriumsbüro in der nicht gerade schicken Invalidenstraße in Berlin-Mitte. Und worum ging es bei den Telefonaten mit seinem eigentlichen Dienstherrn? Hat er wirklich nur den berühmten »One-Dollar-Man« gegeben, also als alter Hase aus der Wirtschaft sein Wissen der Allgemeinheit zur Verfügung gestellt? Oder wollte er sich kurz vor der Rente noch mal so richtig ins Zeug legen für seinen Konzern? Fakt ist, er spricht nicht mit uns.

Hat Dr. Osterloh tatsächlich nie etwas mit der Lkw-Maut zu tun gehabt? Immerhin taucht sein Name in einem Dokument auf, das vom Bundesverkehrsministerium bereits im November 2001 veröffentlicht wurde – unter dem sperrigen Titel: »Auswirkungen neuer Informations- und Kommunikationstechniken auf Verkehrsaufkommen und innovative Arbeitsplätze im Verkehrsbereich«.[87] Klingt schon ziemlich nach Maut.

Bei der satellitengestützten Überwachung des Lkw-Verkehrs geht es natürlich nicht nur um das Abkassieren von Brummifahrern. Die Entwickler wussten von Beginn an, dass mit dem System weit mehr möglich ist, so auch die mittlerweile von Sicherheitspolitikern geforderte Überwachung des Pkw-Verkehrs. Das Zauberwort der Branche lautet »Telematik«, also die drahtlose Vernetzung der Verkehrsüberwachung mit der Verkehrslenkung. Und genau auf diese Ausbaufähigkeit verwiesen die Autoren des erwähnten Berichts, eine sogenannte Monitoringgruppe beim Verkehrsministerium, in der neben Beamten auch – Sie ahnen es! – Konzernlobbyisten saßen, darunter niemand anderes als Dr. Heinrich Osterloh: »Dem BMVBW wird empfohlen, die Vernetzung der Verkehrsträger zu beschleunigen. Ländern und Kommunen wird die Weitergabe verkehrlicher Daten an private Dienstleister empfohlen. Den Großstädten wird empfohlen, ›Telematikbeauftragte‹ in ihren Verwaltungen zu benennen.«

Dr. Osterloh und die Lkw-Maut

Die »privaten Dienstleister« richteten ihre Begehrlichkeiten auch gleich auf den gesamten EU-Markt. Das Verkehrsministerium wird unverhohlen aufgefordert, die Verbreitung der gewinnträchtigen Technologie voranzutreiben: »Das BMVBW wird gebeten, die anstehenden Standardisierungsverfahren … auf europäischer Ebene zu unterstützen. Außerdem wird das BMVBW gebeten, die flächendeckende Verbreitung von Broadcasting-Medien … in den europäischen Gremien zu unterstützen und in Deutschland voranzutreiben.«

Neben fünf Beamten des Bundesverkehrsministeriums und je einem aus Forschungs- und Wirtschaftsministerium saßen vor allem Vertreter von Konzernen aus der Verkehrs- und Logistikbranche in der Runde. Logisch, dass man diese Möglichkeit, staatliche Entscheidungen zu beeinflussen, gerne dauerhaft gesichert hätte. Folglich hieß es in dem Bericht: »Die ressortübergreifend zusammengesetzte Monitoring-Gruppe unter Leitung des BMVBW sollte als steuerndes Gremium erhalten bleiben.«

Dass dem DaimlerChrysler-Mann Dr. Osterloh das Abkassieren von Autos und Lkw schon lange ein Steckenpferd war, belegt ein weiteres Dokument aus dem Jahr 1998. Zusammen mit zwei Kollegen vertrat er damals die Privatwirtschaft in einer Enquetekommission des nordrhein-westfälischen Landtages, der außerdem Wissenschaftler und Politiker angehörten. Unter dem schönen Titel »Zukunft der Mobilität« fordern die Experten abschließend u. a.: »Das Land sollte auf der Ebene des Bundesrates Initiativen anstoßen zur Erweiterung der Möglichkeit preispolitischer Maßnahmen (z. B. ›Straßenbenutzungsgebühren‹, ›City-Maut‹).«[88]

»Preispolitische Maßnahmen« – schöner kann man »Maut« nicht umschreiben.

Trotz der massiven Vorbehalte des Oberlandesgerichts Düsseldorf gegen das Ausschreibungsverfahren gelang es dem Konsortium um DaimlerChrysler, den Milliardenauftrag für die Lkw-Maut endgültig zu ergattern.

Dr. Osterloh hatte rein gar nichts mit dem Thema Lkw-Maut zu tun. Punkt. Sonderbar nur, dass er just zu der Zeit, als er im Bundesverkehrsministerium »hospitierte«, auch vor der »Bundesfachkommission Verkehr« des CDU-Wirtschaftsrates referierte. Die traf sich insgesamt viermal zwischen dem 21. März 2002 und dem 21. Februar 2003. Ein Thema der Runde lautete: »Telematik – Marktpotenziale (…) europaweit ausschöpfen«.[89] Mitreferent war hier Dr. Michael Rummel, der Geschäftsführer von Toll Collect, der Lkw-Maut-Betreiberfirma, die DaimlerChrysler, Telekom und Cofiroute inzwischen gegründet hatten.

Und wir haben noch ein Dokument ausgegraben: Das Memorandum über verkehrspolitische Grundsätze vom Juli 2003. Verfasst vom Zentralverband Elektrotechnik und Elektronikindustrie (ZVEI).[90] Einer der Autoren: Dr. Heinrich Osterloh. Da war der Lkw-Maut-Auftrag erteilt, die Debatte über eine Pkw-Maut hatte gerade erst begonnen. Die Branche witterte – das wird trotz der blumigen Umschreibung deutlich – neue milliardenschwere Geschäftsfelder: »Der Ausschuss Verkehrspolitik verfolgt das Ziel, mit elektrotechnischen und elektronischen Produkten und

Systemen die einzelnen Verkehrsträger und das gesamte Verkehrssystem weiterzuentwickeln und zu modernisieren.«

An anderer Stelle heißt es: »Mit der Einführung der Maut für Lkw ab 12 t ergibt sich darüber hinaus die Chance, weitere Dienstleistungen zu integrieren. Die Chance, damit Telematiksysteme am Markt schneller einzuführen und die Marktdurchdringung zu beschleunigen, sollte unbedingt genutzt werden.«

Natürlich haben sich die Herren vom Zentralverband nicht nur Gedanken über die Vermarktungsmöglichkeiten der Telematik gemacht, sondern auch über das Finanzierungsmodell:

> »Der ZVEI tritt für den Grundsatz ein, dass Verkehr insgesamt Verkehr finanziert. Die Verkehrsarten sind unter gleichen Bedingungen durch Kostentransparenz verursachungsgerecht zu finanzieren. (...) Verkehr erfordert eine leistungsfähige Infrastruktur. Die angespannte öffentliche Haushaltslage erschwert den notwendigen Ausbau und den Einsatz neuer Technologien zur Steigerung der Kapazität der vorhandenen Verkehrswege.
>
> Die Elektroindustrie unterstützt daher die Einbindung der Privatwirtschaft. Voraussetzung für privatwirtschaftliches Engagement sind langfristige, politische Weichenstellungen für die Deregulierung verkehrsbezogener Dienstleistungen und für die zugehörige rechtliche Absicherung. Im Einzelnen sind die nachstehenden Maßnahmen erforderlich:
>
> Der ZVEI begrüßt die Einführung der Autobahnmaut für schwere Nutzfahrzeuge, wenn die erhobenen Wegegebühren nicht in die öffentlichen Haushalte, sondern verursachergerecht wieder in Verkehrswege fließen. Der Infrastruktur-Finanzierungsgesellschaft müssen deshalb erhobene Wegegebühren direkt zweckgebunden zufließen sowie das Aufgaben- und Finanzmanagement erweitert werden.«

Hier zeigt sich die Zukunft der »öffentlich-privaten Partnerschaften«. Während bei der Autobahnmaut für Lkws – dem ersten großen PPP-Projekt in Deutschland – die eingenommenen Gelder direkt dem Staat zufließen, der wiederum den Betreiber pauschal bezahlt, geht der Lobbyverband jetzt einen entscheidenden Schritt weiter: Private Betreiber sollen Verkehrsmanagement in Eigenregie übernehmen, also auch das Geld der Autofahrer verwalten. Die Verkehrslobbyisten scheinen zu bestätigen, was Kritiker dem PPP-Konzept vorwerfen: Es sei nur die Einflugschneise für die komplette Privatisierung öffentlicher Aufgaben. Zumindest waren viele der Firmen, die schon mal am Toll-Collect-Milliardendeal kräftig mitverdienten, geballt im »Ausschuss Verkehrspolitik« des Elektrotechnikverbandes vertreten, der die ZVEI-Forderungen ausgearbeitet hatte.

Unter den elf Ausschussmitgliedern kamen fünf von Firmen, die an der Lkw-Maut mitverdient hatten: Siemens AG, T-Mobile Traffic GmbH, Harting Electric, Vodafone Passo GmbH – und für die DaimlerChrysler AG, wen überrascht es, Dr. Heinrich Osterloh.

Ein Stück aus dem Tollhaus

Wie bekannt, geriet die Einführung der Lkw-Maut trotz – oder wegen? – aller Ränkespiele der Lobby zu einem peinlichen Desaster, das jahrelang die Republik beschäftigte. Trotz permanenter Schwierigkeiten bei der Planung und Koordinierung des komplexen technischen Vorhabens verlegte sich das Betreiberunternehmen Toll Collect auf immer neue Durchhalteparolen. Deren erster Chef Michael Rummel verkündete trotz bereits offenkundiger Verzögerungen noch im April 2003: »Wir starten pünktlich am 30. August, 0.00 Uhr, mit der Lkw-Maut-Erhebung.«[91] Doch erst im Januar 2005 floss das erste Mal Geld aus der Lkw-Maut, und erst ein weiteres Jahr später lief das System mit allen Funktionen. Der Bundesrepublik und ihren Steuerbürgern sind damit Einnahmen von mehr als fünf Milliarden Euro durch die Lappen gegangen. Dieser Vorgang beschäftigt noch heute – das Land sah in dieser Zeit zwei Verkehrsminister kommen und gehen – die Gerichte. So klagt die Bundesrepublik Deutschland inzwischen gegen Toll Collect, weil diese die vorgeschriebenen Fristen nicht eingehalten habe. Toll Collect wiederum verklagte im Jahr 2007 die Bundesrepublik, weil das Unternehmen sich um Einnahmen aus der Lkw-Maut geprellt sieht.

In dem Rechtsstreit des »öffentlichen« gegen den »privaten« Partner bei diesem PPP-Vorzeigeprojekt taucht übrigens ein alter Bekannter wieder auf: Rechtsanwalt Dr. Kornelius Kleinlein. Der hatte, wie beschrieben, am PPP-Gesetzentwurf der SPD-Bundestagsfraktion mitgewirkt – ohne dafür ein Honorar zu verlangen. Doch Kleinlein gehört trotzdem zu den wenigen Gewinnern des Lkw-Maut-Desasters. Denn ihn beauftragte das Bundesverkehrsministerium mit dem Mandat gegen Toll Collect.

Neben zahlreichen technischen Pannen, Lieferproblemen und Managementfehlern, die Toll Collect zur Lachnummer machten, findet sich ein Verzögerungsgrund der besonderen Art. Acht Monate gingen auf das Konto des Gerichtsurteils in Düsseldorf, das die Ages, das Konsortium aus Vodafone, Shell und Aral, wieder zum Vergabeverfahren zuließ. Ages hatte übrigens eine solch kurzfristige Inbetriebnahme, wie Toll Collect sie noch versprach, als das Scheitern der Pläne schon absehbar war, nie in Aussicht gestellt. Doch die Bundesregierung schien wild entschlossen, dem DaimlerChrysler-Konsortium den Vortritt zu lassen.

So kam es, dass Toll Collect Ages ein Stillhalteangebot machte. Ages wurde mit 20 Prozent am Auftragsvolumen beteiligt. Vodafone übernahm einen Gutteil der Mobilfunkverbindungen, und die Konsorten Aral und Shell setzten durch, dass von den Brummifahrern auch klassische Tankkarten bei der Mautabrechnung benutzt werden durften. Diese nicht vorgesehenen technischen Details bescherten dem ehrgeizigen Projekt eine weitere Verzögerung. Eine teure Verzögerung, die es unter den Bedingungen eines regulär verlaufenen Vergabeverfahrens vermutlich nie gegeben hätte. Das heißt, unter Bedingungen, in denen Konzernlobbyisten außen vor geblieben wären. Doch so wurde aus Toll Collect ein für die Steuerzahler teures Stück aus dem politischen Tollhaus Bundesverkehrsministerium. Ein Ministerium, das nicht nur in Sachen Maut überaus anfällig für Konzernlobbyismus war und ist.

Nils Ehlers, der damals das Büro des DaimlerChrysler-Lobbyisten teilte, hat keinen blassen Schimmer, wie dieser den Konzerneinfluss im Ministerium geltend machte. Doch im Unterschied zur politischen Leitung des Ministeriums reicht ihm die Tatsache, dass da ein Mann mit Kontakten saß, ein Lobbyist, ausgestattet mit eigenem Schreibtisch, aber bezahlt von der Industrie. »Für mich ist das eine politische Form der Korruption. So was darf es nicht geben, und dabei spielt es keine Rolle, ob das offengelegt ist oder nicht«, sagt er. Dabei hätte Ehlers selbst womöglich das Zeug für eine politische Beamtenlaufbahn. Er hat Politologie studiert, spricht fließend mehrere Sprachen, wirkt verbindlich und seriös. »Aber bei solchen Verhältnissen, ich weiß nicht. Ich denke, da wäre ich nicht diplomatisch genug, diese Dinge hinzunehmen«, sagt Nils Ehlers.

Ein Daimler-Manager will den Staat bewegen

Anders sieht das naturgemäß Holger Meinel. Der ist ein hoher Manager bei Daimler und trat seinen Dienst am 1. März 2006 im Grundsatzreferat der Innovations- und Technologiepolitik im Bundeswirtschaftsministerium an. Er ist der einzige »externe Mitarbeiter«, der sich öffentlich äußert, und zwar auf der Homepage der Bundesregierung: »Das Thema Austauschprozesse ist eine der Möglichkeiten, um diesen Staat zu bewegen. Wenn jeder nur an seinem Schreibtisch vor sich hin werkelt, kommt im Endergebnis nicht viel heraus. Die Seiten müssen sich einfach viel, viel besser verstehen, um mitzukriegen, worum es sich wirklich dreht.«[92]

»Seitenwechsel – Schreibtisch tauschen« heißt das Personalaustauschprogramm der Bundesregierung. Dies sei Teil eines »Regierungsprogramms ›Moderner Staat – Moderne Verwaltung‹«, heißt es auf der Website. Das klingt doch gut, gar nicht nach modrigen Amtsstuben. Modern halt.

Weiter zitiert die Regierungsseite den Daimler-Manager Holger Meinel: »›Anfangs schwimmt man natürlich, wenn man zum Beispiel einen Bürgerbrief beantworten muss. Das muss alles Hand und Fuß haben und die Politik des Ministeriums verdeutlichen.‹ Eine Einarbeitungszeit von zwei, drei Monaten brauche man schon. Nur so lernt man wirklich, wie Politik gemacht wird. Ihm macht das großen Spaß.«

Wir halten fest, worum es, folgt man der einzigen öffentlichen Stellungnahme eines Insiders, beim Einsatz der Konzernmitarbeiter wirklich geht: »Politik machen« und die »Möglichkeit, diesen Staat zu bewegen«. Die erste Frage, die sich da aufdrängt, lautet: In welche Richtung soll der Staat bewegt werden? Die zweite Frage: Warum sollen ausgerechnet die Vertreter von Privatinteressen prädestiniert dafür sein, Politik zu machen? Das soll doch im demokratischen Staat die Sache aller Bürger sein!

DaimlerChrysler hat sehr aktiv an dem »Austauschprogramm« zwischen Politik und Wirtschaft teilgenommen – auch wenn der »Austausch« etwas einseitig verläuft. Wie berichtet, haben sich über 100 Konzernmitarbeiter teilweise über Jahre in Ministerien eingenistet. Dagegen sind nur zwölf Beamte zeitweise in der Wirtschaft tätig gewesen, darunter auch einer, der bei DaimlerChrysler unterschlüpfte. Werden die Beamten während ihres Einsatzes in der fremden Welt der Privatwirtschaft denn auch vom Staat bezahlt? Die Antwort der Regierung ist erstaunlich: »Ein Beamter bei der Siemens AG, der Beamte bei der BMW AG und der Beamte bei DaimlerChrysler AG sind für die Zeit ihres Einsatzes beurlaubt. Die anderen Beamten werden vom entsendenden Bundesministerium bezahlt.«[93]

Manche Antworten sind vor allem dazu angetan, neue Fragen aufzuwerfen, das ist wie im richtigen Leben. Wir stolpern über das Wort »beurlaubt« und fragen uns, ob wir uns um das Familieneinkommen dieser Staatsdiener Sorgen machen müssen. Also fragen wir bei Daimler an. Der Beamte, so antwortet man uns, sei aus dem Auswärtigen Amt im Herbst 2004 für zehn Monate zu DaimlerChrysler entsandt worden: »Zu den wesentlichen Tätigkeitsfeldern des Beamten zählten in dieser Zeit die Beobachtung und Analyse politischer Entwicklungen in den Ländern Mittel- und Osteuropas sowie der Abgleich mit den sich hieraus langfristig ergebenden Marktchancen.«

Zehn Monate hat der neue Mitarbeiter also sein diplomatisches Insiderwissen der Marktforschung des Verkehrskonzerns zur Verfügung gestellt. In dieser Zeit hat ihn laut Auskunft von Daimler das Auswärtige Amt bezahlt. Der Beamte scheint dabei einen guten Eindruck gemacht zu haben: »Am 01.07.2005 trat der Beamte in ein reguläres, zeitlich befristetes Arbeitsverhältnis mit der DaimlerChrysler AG ein, das zum 30.04.2007 endete.«

Für den Beamten hat sich das Austauschprogramm seines Dienstherrn also gelohnt. Sein im Staatsdienst erworbenes Insiderwissen scheint so wertvoll für den Konzern gewesen zu sein, dass er ihn dem Ministerium glatt wegkaufte. Unser Buchtitel »Der gekaufte Staat« bekommt hier eine ganz neue, praktische Bedeutung. So etwas kennt man sonst nur vom Spielerkauf großer Fußballclubs. Und die Bundesregierung verlangt nicht einmal eine Transferzahlung.

8. Kapitel

Warum wissen wir nicht, wie viel Gift in unserer Kleidung ist?

Lobbyismus hautnah – wie Konzernvertreter in Brüssel und Berlin die Chemikalienrichtlinie REACH verwässerten

Axel Singhofen sitzt auf einem Sofa in der hinteren Ecke des Parlamentscafés. Vor ihm steht eine Tasse Milchkaffee. Er rührt sie nicht an. Aufgeregt fuchtelt er mit seinen Armen durch die Luft und sagt: »Dass Lobbyisten Einfluss nehmen, gehört zur Demokratie, aber was hier passiert ist, war eine große Sauerei.«

Axel Singhofen ist wissenschaftlicher Mitarbeiter der Grünen im Europaparlament, aber er weiß, wie die Lobbyisten vorgehen, denn er war selbst mal einer. Und zwar für die Umweltorganisation Greenpeace. Allerdings hat die einen guten Ruf zu verlieren, sodass er stets darauf geachtet habe, dass die Fakten, mit denen er hantierte, absolut korrekt waren. »Mein größtes Kapital ist Glaubwürdigkeit. Wenn ich das verspiele, kann ich gleich aufhören. Leider scheint das bei Industrielobbyisten weniger der Fall zu sein, frei nach dem Motto ›Ist der Ruf erst ruiniert, lebt's sich gänzlich ungeniert‹.«

Singhofen arbeitet 50 bis 60 Stunden in der Woche. Wenn der Parlamentsbetrieb in Brüssel so richtig auf Hochtouren läuft, bekommt er fünf Einladungen am Tag von Lobbyisten. »Die haben nicht die geringsten Hemmungen«, sagt er, »wenn auf eine E-Mail keine Antwort kommt, fragen sie sofort nach.« Aber das ist Normalität in der europäischen Lobbyhauptstadt. Was ihn so aufbringt, ist etwas anderes, und das hat mit REACH zu tun.

Die Chemikalien-Richtlinie REACH geht eigentlich jeden etwas an. REACH – das ist die Abkürzung für »Registration, Evaluation and Authorization of Chemicals«, also Registrierung, Evaluierung und Zulassung von Chemikalien – sollte, kurz gesagt, die Menschen besser vor giftigen Chemikalien schützen. Und die gibt es zuhauf. Doch das, was 2006 beschlossen wurde, ist nicht mehr REACH, wie es von der EU-Kommission mal geplant war.

Geschlagene sechs Jahre arbeitet Axel Singhofen jetzt im Europäischen Parlament, aber einen derart massiven Druck, wie ihn die Chemieindustrie aufgebaut habe, sei ihm vorher noch nie begegnet – »und ich glaube, auch sonst niemandem«. Singhofen ist wirklich betroffen, so sehr, dass er sogar seinen Milchkaffee kalt werden lässt. Er berichtet von einer Zeit, in der das eigentliche Anliegen von REACH ins Gegenteil verkehrt worden sei: die Notwendigkeit, die menschliche Gesundheit und die Umwelt besser vor Chemikalien zu schützen. Heraus kam eine Richtlinie, die vor allem das Ziel hatte, die »Wettbewerbsfähigkeit« der Chemieindustrie zu schützen. Und er erzählt, wie die Abgeordneten, die für mehr Verbraucherschutz eintraten, bedrängt, beschimpft, gar bedroht wurden.

Singhofen kann sich noch über eine, wie er findet, skandalöse Praxis aufregen, an die sich die meisten in Brüssel längst gewöhnt hätten: die alltägliche Nähe der Chemielobby zu den Beamten in der Kommission und zu den Abgeordneten im EU-Parlament. Diese nutze den komplexen und langwierigen Weg aus, auf dem ein Gesetz ein Gesetz wird, und niemand kontrolliere diesen Einfluss. Die Bürger wiederum bekämen davon kaum etwas mit. Höchstens, wenn die Industrie mal wieder öffentlich protestiert – im Falle REACH mit ganzseitigen Anzeigen in allen großen deutschen Zeitungen und Nachrichtenmagazinen. Ihre politischen »Partner« träfen die Lobbyisten dagegen in Hinterzimmern. Im Europäischen Parlament organisierten sie Lobbyempfänge, sponserten Konferenzen und schrieben Hunderte von Gesetzesänderungen – und das über die ganzen sechs Jahre, berichtet Axel Singhofen. Sechs Jahre – so lange hat die Erarbeitung von REACH gedauert.

Doch wie weit die Lobbyisten tatsächlich schon in das politische Zentrum der europäischen Macht vorgedrungen sind, hätten wir uns zu Beginn unserer Recherchen ebenso wenig vorstellen können wie der Grünen-Mitarbeiter Singhofen vor seiner Brüsseler Zeit. Denn über Hinterzimmergespräche kann ein bestimmtes Kaliber von neuen Lobbyisten nur müde lächeln.

Worum geht es bei REACH? Täglich nehmen wir über unzählige Dinge des Alltags, ungewollt und unbewusst, Chemikalien in uns auf. Giftige Chemie lauert in Kosmetika und Spielzeugen, in Möbeln und Bodenbelägen, in Kleidern, Autos oder in Elektrogeräten. Kaum einer weiß, was er da genau in den Einkaufswagen packt. Tausende verschiedener Chemikalien kommen zum Einsatz, reagieren zum Teil sogar untereinander, sodass ein unberechenbarer Chemiecocktail in den Gütern des Alltagskonsums entstehen kann. Welche Stoffe in welcher Menge in welchem Produkt enthalten sind, entzieht sich zum großen Teil der Kenntnis der zuständigen Behörden. Zwar führte die EU-Kommission bereits 1980 eine Meldepflicht für chemische Stoffe ein, aber das war – Lobbyismus ist keine Erfindung unserer Zeit – nicht mehr als ein schlechter Witz. Denn die Vorschrift galt nur für sogenannte »Neustoffe«, also Chemikalien, die nach 1981 auf auf den Markt gebracht wurden.

Diese »Neustoffe« machen aber gerade mal ein Prozent aller eingesetzten Chemikalien aus. Die restlichen 99 Prozent wurden von der Kommission als »Altstoffe« behandelt, und für die galt keine Meldepflicht. 100 000 solcher Altstoffe gibt es, wird geschätzt, wie sie auf den menschlichen Organismus wirken, ist weitgehend unerforscht. Nur für rund 1000 von ihnen lagen 1999 vollständige Daten vor.

Und selbst bei sehr gebräuchlichen Substanzen, die in größeren Mengen von über 1000 Tonnen jährlich produziert werden, ist die Lage desolat. Diese Stoffgruppe umfasst etwa 2700 Chemikalien, doch nur in 14 Prozent der Fälle haben die Hersteller dem europäischen Chemikalienbüro entsprechende Daten übermittelt. Denn, wie gesagt, eine derartige Verpflichtung gab es nur für sogenannte Neustoffe.

Selbst wie viele von diesen 100 000 Altstoff-Chemikalien tatsächlich auf dem Markt sind, weiß niemand. Rund 300 solcher künstlicher Substanzen konnten schon im menschlichen Körper nachgewiesen werden. Die Liste möglicher Folgen ist lang und kann einem wirklich das Shopping verderben. Denn viele der Stoffe sind giftig, einige haben die unangenehme Eigenschaft, sich im Körper anzureichern, sie sind krebserregend oder schädigen die Fortpflanzungsfähigkeit oder das Erbgut, sie können Krankheiten wie Asthma und Allergien auslösen oder wirken wie Hormone, die keiner braucht.

Dass hier etwas im Argen liegt, fiel 1993 auch den EU-Umweltministern auf. Sie planten, die 140 giftigsten und umstrittensten Stoffe zu bewerten, setzten dabei allerdings zunächst auf die freiwillige Mitarbeit der Industrie. Doch die spielte nicht mit, und so verlief die Aktion im Sande.

Da die Industrie keine Daten meldete und die Behörden somit nichts auszuwerten hatten, drehten die Minister 1998 den Spieß um. Die neue Idee war, die Industrie zu verpflichten, ihrerseits Chemikalien auf ihre Wirkung zu testen und auf die Weise selbst den Nachweis der Unbedenklichkeit oder der sicheren Verwendung zu erbringen. Dieses Verfahren sollte europaweit gelten; das Projekt REACH war geboren. Ca. 30 000 Stoffe, darunter etwa 1000 besonders besorgniserregende Substanzen, sollten von der Industrie registriert, evaluiert, d.h. auf ihre Schädlichkeit überprüft, und schließlich von den Behörden zugelassen werden – oder auch nicht.

Schätzungen zufolge könnte allein im deutschen Gesundheitswesen ein zweistelliger Milliardenbetrag jährlich eingespart werden, wenn die Belastung durch Chemikalien zurückginge. Die Gesellschaft würde dadurch enorm profitieren, finanziell wie gesundheitlich. Doch für die chemische Industrie geht es ebenfalls um Milliardenbeträge: Alle chemischen Stoffe zu testen und auszuweisen, kostet viel Geld. Außerdem müssten, wenn die Ergebnisse vorliegen, wahrscheinlich Hunderte gefährliche Stoffe vom Markt genommen werden. Verbraucherinteressen standen also gegen knallharte Industrieinteressen. Ein klassisches Feld für Lobbyisten.

Für die Chemielobby muss der 27. Februar 2001 ein schwarzer Tag gewesen sein: Die EU-Kommission legte ein sogenanntes Weißbuch unter dem Titel »Strategie für eine zukünftige Chemiepolitik« vor. Darin waren zwei für die Industrie bedrohliche Forderungen enthalten: Sämtliche chemische Stoffe mit einer Jahresproduktion pro Hersteller von mehr als einer Tonne sollten registriert und für Gefahrstoffe ab zehn Tonnen Jahresproduktion deren sichere Verwendung nachgewiesen werden. Ein Supergau für die Vorstandsetagen von BASF, Bayer und Konsorten.

Und ein Politikum. Denn die Chemieindustrie trägt als Schlüsselindustrie rund zehn Prozent zur verarbeitenden Industrie der Europäischen Union bei und stellt 1,7 Millionen Arbeitsplätze. Damit ist der Wirtschaftszweig der drittgrößte Arbeitgeber in der EU. Der Umsatz lag im Jahr 2006 bei 580 Milliarden Euro – ein Drittel des Chemie-Weltumsatzes. Mehr als die Hälfte der 30 größten Chemiekonzerne der Welt haben ihren Sitz in Europa.

Deutschland wiederum besitzt die mit Abstand größte Chemieindustrie in Europa: Fast 30 Prozent der 1,7 Millionen Arbeitsplätze und gut ein Viertel des EU-Umsatzes von 520 Milliarden Euro im Jahre 2001 entfielen auf hier ansässige Chemieunternehmen. Rechnet man das Geschäft der europäischen Tochterfirmen hinzu, erhöht sich der Umsatzanteil Deutschlands sogar auf über 34 Prozent. Die deutsche Chemieindustrie ist also wichtig für Europas Wirtschaft – und entsprechend mächtig.

Politiker auf der Payroll der Chemieindustrie

Die Büros der wichtigsten Lobbyisten liegen rund um den Place Schuman, nur ein paar Straßen weiter finden sich die Gebäude der EU-Kommission, der Brüsseler Dependance des Europaparlaments und des EU-Rates. Dazu Luxusrestaurants wie das Atelier oder das Barbanera, wo sich Beamte, Abgeordnete und Lobbyisten treffen.

Avenue de Cortenbergh 60. Hinter den Glasfassaden des Bürogebäudes verbirgt sich das Brüsseler Lobbybüro des deutschen Chemieriesen BASF. Das deutsche Unternehmen ist der größte Chemiekonzern der Welt mit einem Jahresumsatz (2006) von mehr als 52 Milliarden Euro, einem Gewinn vor Steuern von 6,7 Milliarden und mit mehr als 95 000 Mitarbeitern in 41 Ländern. Da ist es nur naheliegend, dass der Konzern auch in der Disziplin »politische Beeinflussung« führend ist.

Der nationale und auch der europäische Lobbyverband werden von BASF-Topmanagern geführt: Eggert Voscherau, Vorstandsmitglied des Unternehmens, ist seit 2002 Präsident des Verbandes der Europäischen Chemischen Industrie (Cefic).[94] Der Verband hat über 140 Angestellte, die außerhalb des EU-Viertels in einem großen Gebäude an der Avenue E. Van Nieuwenhuyse untergebracht sind.

2003 trat BASF-Chef Jürgen Hambrecht persönlich die Führung des deutschen Verbandes der Chemischen Industrie (VCI) an. Dem VCI sind 1600 deutsche Chemiefirmen sowie Tochterunternehmen ausländischer Firmen angeschlossen. Er zählt zu den vier größten Industrieverbänden Deutschlands und hat seinen Hauptsitz in Frankfurt am Main, dazu Büros in Berlin und Brüssel. Von 2003 bis 2005 war der BASF-Vorstand Jürgen Strube Präsident des einflussreichen europäischen Arbeitgeberverbands Unice (Union of Industrial and Employers' Confederations of Europe) – dem europäischen Pendant zum BDI. Somit hatte die BASF in allen wichtigen Industriegremien – dem deutschen wie dem europäischen Chemieverband und dem europäischen Industrieverband – die Zügel in der Hand.

Personell gesehen ist BASF also in Sachen herkömmliches Lobbying bestens aufgestellt. Und so versuchte man auch zunächst auf ganz herkömmliche Weise, die Gefahr, die von REACH für die Konzernprofite ausging, zu bannen.

Zunächst wurde die transatlantische Karte gespielt. Im Rahmen des TransAtlantic Business Dialogue (TABD) schmiedete die BASF 2002 eine Koalition zwischen großen amerikanischen und europäischen Unternehmen. Dem höchst einflussreichen TABD gehören aktuell 35 große EU- und US-Konzerne an. BASF, Deutsche Bank und Siemens sitzen aus Deutschland im Executive Board. Prompt warnte die US-Regierung in einer Stellungnahme an die EU, REACH könne sich als globales Handelshemmnis erweisen, und der US-Chemieverband ACC wertete REACH sogar als Verstoß gegen die Regeln der Welthandelsorganisation WTO. Auf dem europäisch-amerikanischen Gipfel im Juni 2004 konnte eine hochrangige TABD-Delegation ihre Standpunkte vor der versammelten EU- und US-Führung präsentieren. Eine der zentralen Forderungen war die Abschwächung der Chemikalienrichtlinie.

Die transatlantischen Machtspiele der deutschen Chemielobby bildeten aber nur den Rahmen für das eigentliche Geschehen auf europäischem Boden. Hier ist der deutsche Chemieverband VCI bestens aufgestellt und bedient die klassischen Lobbyinstrumente: EU-Abgeordnete werden etwa zum Essen und zu Workshops eingeladen. Allein 2003 spendete der VCI der CDU 100 000 Euro, der Schwesterpartei CSU und der FDP jeweils 50 000 Euro und der SPD immerhin noch 40 000 Euro.[95] Und BASF selbst hat schon immer beste Kontakte zur Politik: 2005 gab der Konzern öffentlich bekannt, ganze 235 Politiker auf Bundes-, Landes- und kommunaler Ebene unter Vertrag zu haben. Ein bekanntes Beispiel ist der rheinland-pfälzische FDP-Landtagsabgeordnete Jürgen Creutzmann. Er hat seit 1973 für die BASF gearbeitet und sich im heimischen Parlament für die Belange der Chemieindustrie starkgemacht. Gerade Vertreter der konservativen Parteien treten häufig als Unterstützer der Chemieunternehmen auf, natürlich auch in Brüssel. Gerade in Brüssel.

»Mensch und Umwelt gezielter schützen«

An der Rue Wiertz liegt das Europäische Parlament. Hoch oben in dem Gebäude hat Hartmut Nassauer ein kleines Büro. Seit 13 Jahren wirkt er hier als Abgeordneter, von Juni 1999 bis Ende 2006 war er Vorsitzender der CDU/CSU-Gruppe im EU-Parlament. Der weißhaarige, stets akkurat gekleidete Politiker ist eine feste Größe in Straßburg und Brüssel. Nassauer gilt als taktisch ausgebufft. Als Verfasser der Stellungnahme zu REACH im Binnenmarktausschuss hatte der frühere hessische Innenminister eine Schlüsselposition inne. Denn das Parlament entscheidet gleichberechtigt mit dem Ministerrat – den EU-Regierungen – über die Gesetzgebung.

Nassauers Rolle ist etwas undurchsichtig. Wenn es um REACH geht, scheint er nicht nur parlamentarischer Wortführer der Konservativen, sondern auch der chemischen Industrie zu sein. Vielleicht aber auch nur deren Flüstertüte. Seine Stellungnahme im Binnenmarktausschuss umfasste über 250 Änderungsanträge, fünfmal so viele wie die des Berichterstatters im federführenden Umweltausschuss. Einige seiner Änderungswünsche betrafen hochkomplexe Alternativansätze, andere waren technisch so detailliert, dass es eines Doktortitels der Chemie oder zumindest langer Berufserfahrung im technischen Bereich bedurfte, um sie zu verstehen. Es wäre schon phänomenal, wenn Nassauer sich das alles selbst ausgedacht hätte. Hat er wohl auch nicht.

Regelmäßig decken sich seine öffentlichen Statements wortwörtlich mit denen der chemischen Industrie. Dafür nur ein Beispiel. In einem Positionspapier des VCI vom Mai 2004 heißt es: Die Kombination aus Expositionskategorien und Mindestdatensatz sei im Zusammenhang mit REACH ein Vorschlag für ein effizientes System, »um Mensch und Umwelt gezielt zu schützen«.[96] In einer Pressemitteilung vom Mai 2005 schreibt Nassauer: Die Kombination aus Expositions- und Verwendungskategorien stelle ein effizientes Instrument dar, »um Mensch und Umwelt gezielter zu schützen«.[97]

Bei der entscheidenden ersten Lesung der neuen Chemikalienrichtlinie, die im November 2005 anstand, ging Hartmut Nassauer – der sich von Dr. Michael Lulei aus der Verbindungsstelle des VCI in Brüssel und von einem Vertreter des Chemiegiganten Dow Europe beraten ließ – dann ganz auf Nummer sicher. Die zahlreichen Änderungsanträge, die er im Namen seiner Fraktion zusätzlich einbrachte, waren nicht nur ganz im Sinne der Industrie. Vielmehr waren sie, wie sich der VCI in seinem Jahresbericht 2005 rühmte, auch auf ihrem Mist gewachsen.

An uns Journalisten wird übrigens auch gedacht. Um Einfluss auf die Berichterstattung über die REACH-Kontroversen zu haben, wurden extra Mitarbeiter des BASF-Kommunikationsstabs aus Ludwigshafen nach Brüssel abkommandiert, erinnert sich Marc Devisscher, der Sprecher von Cefic, des Dachverbandes der chemischen Industrie in Europa.[98] Der Vollständigkeit halber sei noch nachgetragen, dass die frühere Assistentin von CDU-Mann Hartmut Nassauer heute just für Cefic arbeitet.

Doch noch einmal zurück in der Chronologie, ins Jahr 2003. Am 16. Mai wird der erste Entwurf der Chemikalienrichtlinie vorgelegt. Trotz aller Lobbyanstrengungen finden sich hier die wesentlichen Elemente aus dem Weißbuch von 2001 wieder, nämlich Tests und Unbedenklichkeitsnachweise für nahezu alle in nennenswerten Quantitäten hergestellten chemischen Substanzen. BASF-Vorstand Eggert Voscherau schlägt nun eine härtere Gangart an. Im

Sommer 2003 warnt er, mit REACH sei man dabei, »Europa zu deindustrialisieren«. In der Fachsprache des Lobbyismus heißen solche Strategien »gunship«, Kanonenboot: aggressivstes Lobbying unter Androhung der Unternehmensverlagerung, falls ein politisches Vorhaben nicht fallen gelassen wird. Sein Vorgänger bei der Cefic, Jean-Pierre Tirouflet, hatte noch gefordert, »praktikable Lösungen« zu entwerfen. Eine Lobbystrategie, die auch als »Kofi Annan« oder »trojanisches Pferd« bezeichnet wird und die auf konstruktives Engagement setzt, um für beide Seiten akzeptable Kompromisse zu erarbeiten – eine eigentlich weiter verbreitete Strategie in Brüssel. Doch nun gibt es Sperrfeuer, unterfüttert mit vorgeblichen wissenschaftlichen Studien.

Übertriebene Horrorzahlen als Lobbywaffe

Der BDI hatte bei der Unternehmensberatung Arthur D. Little ein Gutachten zu den »wirtschaftlichen Auswirkungen der EU-Stoffpolitik« auf Grundlage der Forderungen des Kommissions-Weißbuches anfertigen lassen. Im Oktober 2002 liegt die erste Version vor. Drei Horrorszenarien, was die Folgen der Einführung von REACH angeht, werden darin unter den sprechenden Namen »Clouds«, »Storm« und »Hurricane« vorgestellt. In Deutschland seien bis zu 2,35 Millionen Jobs in Gefahr, behaupten die Autoren der Studie. Die gesamtwirtschaftlichen Auswirkungen gingen nämlich weit über die Chemiebranche hinaus: Bis zu 20 Prozent Produktionsverlust seien im verarbeitenden Gewerbe zu erwarten. Die Bruttowertschöpfung der deutschen Industrie könnte durch die EU-Vorschrift um 6,4 Prozent sinken, orakeln die bestellten Gutachter.

Im August 2003 wird die Studie dann ergänzt. Die Prognose liegt nun irgendwo zwischen »Storm« und »Hurricane«: 1,7 Millionen Jobs gingen in allen Industriesektoren verloren, 14,9 Prozent Produktionsverlust im herstellenden Gewerbe und 4,7 Prozent Verlust in der Bruttowertschöpfung aller Industriesektoren seien zu erwarten. Wer solche Zahlen liest, den packt die nackte Angst, nicht so sehr um die bedrohten Milliardengewinne der Industrie, sondern um das Schicksal von Millionen Beschäftigten.

Studien der französischen Union des Industries Chimiques (UIC), realisiert von Mercer Consulting, und der britischen Chemical Industries Association (CIA) kommen zu ähnlich düsteren Ergebnissen. Sie sagen Wachstumseinbußen von bis zu 6 Prozent für ihre Länder voraus.

Die Nachrichtenagentur dpa meldet am 16. September 2003 um 12:45 Uhr: »BDI: EU-Chemie-Richtline kostet mehr als 1,7 Millionen Jobs«. Um 13:12 Uhr folgt die Agentur AFP: »BDI: Chemiepolitik der EU kostet 1,7 Millionen Arbeitsplätze«. Am folgenden Tag übernehmen fast alle Tageszeitungen diese Meldungen. So prasseln die Horrormeldungen ohne Gegenrecherche auf ein Millionenpublikum ein. Die vernichtende Kritik einer Expertenrunde des Umweltbundesamtes sowie, unabhängig davon, des Sachverständigenrates für Umweltfragen an den grundlegenden methodischen Schwächen der BDI-Studie wird mit keiner Silbe in den Medien erwähnt.

Fragwürdig in diesem Zusammenhang ist die Rolle des Superministeriums für Wirtschaft und Arbeit unter Minister Wolfgang Clement (SPD), das nicht nur die erste BDI-Studie mitfinanziert hatte, sondern auch noch in die Panikmache der Chemieindustrie einstimmte. So heißt es in einer Pressemitteilung des Ministeriums, die Studie zeige, dass je nach Ausgestaltung der geplanten neuen Chemikalienregelungen erhebliche Auswirkungen auf die Produktion und die Arbeitsplätze der deutschen Chemiefaser- und Textilindustrie zu erwarten seien:

> »Ziel muss es daher sein, eine praktikable Ausgestaltung der EU-Stoffpolitik zu erreichen. Die Studie belegt die Bedeutung der Durchsetzung der gemeinsamen Position der Bundesregierung, des Verbandes der Chemischen Industrie und der Industriegewerkschaft Bergbau, Chemie, Energie zur EU-Chemikaliengesetzgebung. Das heißt, den Aufwand für das Registrierungs- und Zulassungsverfahren hinsichtlich Kosten und Zeit möglichst gering zu halten, Stoffprüfungen an konkreten Risiken und nicht an Eigenschaften auszurichten und Stoffe, die nur im Produktionsprozess eine Rolle spielen, generell von der Registrierungs- und Zulassungspflicht auszunehmen.«

Minister Clement persönlich erklärte: »Die neue EU-Chemikalienpolitik darf nicht die Wertschöpfung und Wettbewerbsfähigkeit deutscher Unternehmen negativ beeinflussen. Dafür werde ich mich einsetzen.«[99] Dumm nur, dass die Horrorzahlen des BDI jeder Grundlage entbehrten. Die Zahlen der Industrie seien »gelinde gesagt ein wenig übertrieben gewesen«, sagte der zuständige EU-Industriekommissar Günter Verheugen später gegenüber dem *Spiegel*.[100] Sein Kommissariat habe mehrfach nachgerechnet, immer seien zusätzliche Kosten zwischen 2,8 und 5,2 Milliarden Euro herausgekommen – über die ersten elf Jahre nach der Einführung von REACH verteilt. Auf der Basis des unteren Werts würde die Umsetzung der Chemikalienrichtlinie die gesamte europäische Chemieindustrie etwa 250 Millionen Euro pro Jahr kosten. Bei einem Umsatz allein der BASF von 52 Milliarden im Jahr 2006 entsprächen die Kosten nicht einmal einem halben Prozent des Jahresumsatzes. Doch die Zahlen taten ihre Wirkung, nicht nur bei Journalisten. Im September 2003 warnten Bundeskanzler Gerhard Schröder, Frankreichs Staatspräsident Jacques Chirac und Großbritanniens Premier Tony Blair in einem gemeinsamen Schreiben an EU-Kommissionspräsident Romano Prodi vor »unnötigen Lasten« für die europäische Chemieindustrie und nicht praktikablen bürokratischen Regelungen.

Und die konzertierte Aktion hat Erfolg. Am 17. September 2003 verändert die Kommission den REACH-Entwurf. Sollten ursprünglich alle Chemikalien von der Industrie auf ihre Unbedenklichkeit getestet werden, so werden nun zwei Drittel der Stoffe von dieser Regelung ausgenommen. Am 29. Oktober wird REACH an das Europäische Parlament und an den Rat zur Bearbeitung weitergeleitet.

Das lautstarke Trommeln der Lobby erklärt den Erfolg der Chemieindustrie aber nur zum Teil. Denn parallel zum mehr oder weniger öffentlichen Vorgehen lief ein versteckter Lobbyprozess ab, nicht in den Hinterzimmern, nicht in Bars, sondern direkt in den Büros der Generaldirektion Industrie und Unternehmen. In dieser Abteilung der EU-Kommission wurde das Weißbuch zur künftigen Chemiepolitik erarbeitet. Und was in der Generaldirektion geschah, blieb selbst den engagiertesten Abgeordneten in Brüssel verborgen.

Rue de la Loi 200 – die Adresse des Hauptsitzes der Europäischen Kommission. Das Berlaymont-Gebäude, ein spiegelverglaster Wolkenkratzer, ist 13 Stockwerke hoch und x-förmig angelegt. Er wird von der Brüsselern auch geringschätzig »Berlaymonstre« genannt, das »Berlay-Monster«. In den 2200 Büroräumen arbeiten rund 3000 Menschen.

Im Herbst 2001 bezog hier ein Mann seinen Schreibtisch in der Kommission, der nie zuvor in einer Behörde gesessen hatte: Markus Malangerie, langjähriger Manager der BASF AG.[101] Mit seinem Umzug kehrte er der Privatwirtschaft aber keineswegs endgültig den Rücken, denn Malangerie wurde zwar nicht von der BASF bezahlt, behielt aber seinen Arbeitsvertrag mit dem Konzern. Von September 2001 bis August 2004, also just in der heißen Phase der Arbeit an REACH, gehörte er in der Generaldirektion Unternehmen und Industrie einer Arbeitsgruppe zur Chemikalienrichtlinie an, doch davon wussten nur seine Arbeitgeber von der BASF sowie die Verantwortlichen in der EU-Kommission.

Malangeries Spezialgebiet waren Testverfahren für giftige Stoffe, wie sie der Industrie im Rahmen der Richtlinie auferlegt werden sollten – nach Auffassung der Generaldirektion aber nur ab einer Jahresproduktion von zehn Tonnen an. Damit hätte man auf die Tests von rund 20 000 chemischen Substanzen ganz verzichtet. Das wollte die EU-Kommissarin für Umwelt nicht mitmachen.

Daraufhin verlegte sich die Generaldirektion auf einen anderen Ansatz: die Zahl der vorgesehenen Tests zu reduzieren. Waren nach dem Richtlinienentwurf vom Mai 2003 noch acht verschiedene Testverfahren für Stoffe unter zehn Tonnen Jahresproduktion vorgeschrieben, wurde deren Zahl im Kommissionsvorschlag vom Oktober 2003 auf fünf reduziert. Gestrichen waren Untersuchungen, was die Abbaubarkeit von chemischen Stoffen und die Auswirkungen auf Algen im Wasser angeht, sowie die Frage, ob Chemikalien toxisch auf Säugerzellen wirken. Kostenersparnis für die Industrie: 500 Millionen Euro. Ein Sieg für die Industrie, der Verbraucherschutz hingegen musste eine Niederlage einstecken. Die Giftigkeit vieler Substanzen kann angesichts der reduzierten Testerfordernisse nicht mehr korrekt beurteilt werden.

Es bleiben drängende Fragen. Wurde der Verbraucherschutz hier den Profitinteressen der Chemiebranche geopfert? Welche Rolle spielte der BASF-Mann Markus Malangerie dabei? Und welches Staats- und Politikverständnis wird hier eigentlich praktiziert?

Ein Besuch bei Industriekommissar Verheugen

Wir verabreden uns mit dem deutschen Industriekommissar Günter Verheugen. Von ihm wollen wir wissen, wie er die Sache mit dem BASF-Lobbyisten in der Kommission sieht. Und ob es noch mehr solcher Mitarbeiter gibt.

Günter Verheugen ist ein recht selbstbewusster Mann. Früher war er mal in der FDP, dann, mit dem Ende der sozialliberalen Koalition unter Helmut Schmidt, wechselte er zur SPD. Ab 1999 war er als EU-Kommissar zuständig für die Erweiterung der Union, 2004 wurde er Vizepräsident der Europäischen Kommission und Kommissar für Unternehmen und Industrie. Verheugen betritt den Sitzungsraum im Berlaymont-Gebäude mit energischen Schritten. Er hat sich etwas verspätet, kein Wunder, er ist ein viel beschäftigter und gefragter Mann. Günter Verheugen setzt sich in angespannter Haltung an den Kopf des Tisches, um sich unseren Fragen zu stellen.

Obwohl es mittlerweile kein Geheimnis mehr ist, dass die EU-Kommission mit der Arbeit an REACH eine bis dato historisch einmalige Lobbyschlacht erlebte, bezeichnet Verheugen den Einfluss der chemischen Industrie als gering. Gleich zu Beginn unseres Interviews verweist er darauf, dass er erst Ende 2004 Industriekommissar geworden und somit an dem Gesetzgebungsprozess zu REACH nicht beteiligt gewesen sei. Trotzdem, er ist der Kommissar, er ist jetzt zuständig für die Zustände in seiner Generaldirektion. Wir sind gespannt und fragen weiter.

Hat jener Markus Malangerie, der einen Arbeitsvertrag bei der BASF gehabt hat, in der EU-Kommission an REACH mitgearbeitet? »Das ist aber nichts Besonderes, das gibt es in vielen Bereichen hier in der Kommission, dass Mitarbeiter da sind, die einen besonderen Erfahrungshintergrund haben.« Das sei in der Generaldirektion Umwelt genauso. Dieser Mitarbeiter sei während seiner, Verheugens, Amtszeit ausgeschieden: »Er hat mit REACH direkt nichts zu tun gehabt.«

»Nicht direkt«, heißt das: indirekt schon? Vielleicht hat Malangerie mal was zu lesen bekommen von einem Beamten, der direkt mit REACH zu tun hatte, vielleicht haben die beiden auch nur mal einen Rouge miteinander geschlürft. Mit so einer schwammigen Aussage hätte der Industriekommissar bei einem richtig knallharten Kriminalkommissar einen schweren Stand. Als Mitglied des Teams innerhalb der Generaldirektion war Malangerie offenbar unmittelbar am Erarbeitungsprozess beteiligt.[102]

Unsere Recherchen dürften Verheugen reichlich irritiert haben. Und unser Interview mit ihm erst recht. Jedenfalls flattert uns wenige Tage später ein Schreiben seines Pressesprechers ins Haus: »Der von Ihnen ebenfalls erwähnte Herr Malangerie dagegen hat tatsächlich von 2001 bis 2004 für die Europäische Kommission in der Generaldirektion Unternehmen und Industrie gearbeitet, diese jedoch bereits verlassen, bevor Herr Verheugen zum Vizepräsidenten und Kommissar für Unternehmen und Industrie benannt wurde und deshalb auch für die Generaldirektion Unternehmen und Industrie zuständig wurde. Während seiner Zeit in der Generaldirektion, die damals Herrn Liikanen unterstand, war Herr Malangerie allerdings in keinster Weise an der Vorbereitung des Kommissionsvorschlages zu REACH beteiligt.«[103]

Wird ein Industriekommissar nervös, lässt er solche Schreiben aufsetzen. Das ließe den Herrn Kriminalkommissar eher noch misstrauischer werden. Erst recht, wenn dem Cop dann auch noch ein verräterisches Papier in die Hände fällt. In unserem Fall ist es ein interner Brief von der Hand des Kommissionspräsidenten José Manuel Barroso. Dort heißt es, auf Malangerie bezogen: »This person could be considered to have worked on REACH.«[104] Zu Deutsch: Es ist davon auszugehen, dass diese Person an REACH gearbeitet hat.

Wir recherchieren weiter. Und da kommen Kriminalkommissare wie Journalisten manchmal mit ganz einfachen Methoden weiter. Zum Beispiel mit einem Blick in Pressearchive und ins Internet. Dort werden wir fündig: Am 18. und 19. März 2003 nahm Malangerie an einer Fachtagung der Akademie Fresenius in Darmstadt teil. Thema: »Die neue Chemikaliengesetzgebung der EU und ihre Auswirkungen für die Praxis«.

In der Ankündigung heißt es: »Die neue Chemikalienpolitik der EU gewinne an Kontur, Registrierung, Bewertung und Zulassung würden neu geregelt, erklärt die Akademie. So sollen Alt- und Neustoffe künftig im Rahmen eines einheitlichen Systems (des sogenannten REACH-Systems) dem gleichen Verfahren unterliegen. Das bringe neue Verpflichtungen für die Industrie mit sich. Zu Beginn der Tagung wird, wie die Akademie ankündigt, Markus Malangerie von der EU-Kommission den aktuellen Stand aus Brüssel referieren.«

Malangerie trat hier also als EU-Beamter auf. Kein Wort davon, dass er nach wie vor einen Arbeitsvertrag bei der BASF AG hat. Und er referiert über just das Thema, mit dem er »in keinster Weise« zu tun hatte.

Das gleiche Schema beim Workshop mit dem Titel »Reform der EU-Chemikalienpolitik in einer entscheidenden Phase: der neue Vorschlag der EU-Kommission«, der am 25. November desselben Jahres in Berlin stattfand. In einem Bericht darüber heißt es: »Markus Malangerie von der Generaldirektion Unternehmen der Europäischen Kommission stellte auf dem Berliner Workshop die Eckpunkte des Ende Oktober 2003 von der Kommission vorgelegten Richtlinienentwurfs vor.«[105]

Und was die Tagungsteilnehmer aus der Chemieindustrie von ihrem U-Boot aus der EU-Bürokratie zu hören bekamen – REACH war damals in der entscheidenden Phase –, dürfte sie beruhigt haben: »Aber REACH hat seine Grenzen, betonte Markus Malangerie von der Europäischen Kommission. Ein Zusatznutzen für den Arbeits- und auch den Verbraucherschutz könne sich dadurch ergeben, dass mehr Informationen systematischer erhoben und kommuniziert werden als bisher, bestehende Defizite im Arbeitsschutz sollten aber behoben werden, indem das Arbeitsschutzrecht nachgebessert oder die Umsetzung der Gesetze verbessert wird. Man sollte REACH nicht mit Aufgaben überhäufen, so Malangerie. Oder in unkonventionellen Worten: ›REACH ist keine eierlegende Wollmilchsau.‹«

Nicht REACH solle also zur Verbesserung des Arbeitsschutzes beitragen, sondern das Arbeitsschutzrecht selbst. Wie das beim Umgang mit gefährlichen Chemikalien in der Arbeitswelt möglich sein soll, ohne deren Unbedenklichkeit nachzuweisen, ließ Malangerie offen. Dafür versicherte er seinen Kollegen, ganz im Sinne seines eigentlichen Arbeitgebers BASF, für den Anwender von Chemikalien seien mit REACH keine weitreichenden Folgen zu befürchten: »Er kann einen Stoff beliebig einsetzen (sofern er etwa die Arbeitsschutzgesetze beachtet), wenn kein Stoffsicherheitsbericht zu erstellen ist. Das gilt in der Regel für alle jene Stoffe, von denen kein Hersteller oder Importeur mehr als zehn Tonnen pro Jahr in der EU herstellt oder in die EU einführt. Und es gilt auch für jene Stoffe oberhalb der 10-Tonnen-Schwelle, die nicht als gefährlich eingestuft wurden.«

14 deutsche Wirtschaftsvertreter sitzen in der EU-Kommission

In Axel Singhofens kleinem Büro stapeln sich die Aktenordner zu REACH. Täglich bekommt er E-Mails zu diesem Thema. Systematisch hat er sich sechs Jahre in das Thema eingearbeitet, denn »wer in dieser Sachfrage nicht firm ist, wird von den Gegnern nicht ernst genommen«.

Dass ein vielleicht nicht gut vorbereiteter Industriekommissar bei einem Interview ins Schwimmen kommt, kann Singhofen gerade noch nachvollziehen, schließlich hat Verheugen viel um die Ohren. Dass er aber seinen Pressesprecher obendrein schriftlich verlauten lässt, Malangerie habe mit REACH nichts am Hut gehabt, sieht für Singhofen doch sehr nach einem »Blackout« aus. Vielleicht war es aber auch nur der hilflose Versuch, sich lästige Journalisten vom Hals zu schaffen. Singhofen kann darüber nur den Kopf schütteln.

Eine Passage aus dem Interview müssen wir übrigens noch nachtragen. Günter Verheugen glaubt nämlich nicht, dass externe Experten von ihren Konzernen weiterbezahlt werden, während sie in der Kommission arbeiten.

»Also, jedenfalls in meiner Generaldirektion würde ich nicht erlauben, dass es Mitarbeiter gibt, die von irgendeinem Unternehmen bezahlt werden. Das ist vollkommen außerhalb des Vorstellbaren für mich.«

Nicht vorstellbar? Wir haben einfach mal nachgefragt bei den Vertretern der Industrie in der EU-Bürokratie, wer ihr Konto füllt. Dazu haben wir uns die Mühe gemacht und das gesamte interne Telefonverzeichnis der Europäischen Kommission nach deutschen Namen abgesucht.

Dort haben wir angerufen und gefragt, von welchem Arbeitgeber die deutschen Mitarbeiter bezahlt werden. Diese Recherche hat über eine Woche gedauert, aber es hat sich gelohnt, denn das Ergebnis ist erstaunlich.

Allein in Verheugens Generaldirektion Unternehmen und Industrie sitzen zwei Lobbyvertreter, ein Mitarbeiter der Telekom und einer vom Zentralverband des Deutschen Handwerks. Keine Ausnahme. Insgesamt 14 Mitarbeiter aus deutschen Privatfirmen, Interessenverbänden und Vereinen haben nach unseren vorläufigen Recherchen einen eigenen Schreibtisch in der Kommission. Bezahlt werden sie allesamt von ihren deutschen Arbeitgebern. Hier nur einige Beispiele aus Deutschland: Deutsche Telekom, DLR, KPMG, RAG AG, Deutsche Post AG, DIHK, GSF GmbH, PE Europe GmbH und Zentralverband des deutschen Handwerks. Darauf werden wir im nächsten Kapitel noch näher eingehen.

Was für den Industriekommissar selbst möglicherweise neu war, ist für die EU-Kommission längst zur Selbstverständlichkeit geworden: dass in ihren Reihen »Beamte auf Zeit« arbeiten, sogenannte »abgeordnete nationale Sachverständige« (ANS), die von Großkonzernen bezahlt werden. So heißt es in einer offiziellen Antwort der Kommission auf die Frage der Grünen-Europaabgeordneten Hiltrud Breyer:

»In der für ANS geltenden Regelung wird ausdrücklich darauf hingewiesen, dass die abgeordneten Sachverständigen während der Dauer ihrer Abordnung weiter im Dienst ihres Arbeitgebers stehen und von diesem bezahlt werden. Die ANS bringen ihre Fachkenntnisse und beruflichen Erfahrungen vor allem in den Bereichen in die Kommission ein, in denen die genannten Kenntnisse und Erfahrungen in den Generaldirektionen der Kommission nicht in ausreichendem Maß zur Verfügung stehen und die die Vorgehensweise der Privatwirtschaft betreffen.«[106]

Die EU-Administration teilt sogar offen mit, worin der spezielle Nutzen der Großkonzerne bei der Entsendung ihrer Mitarbeiter besteht: »Gleichzeitig weiten die ANS während ihrer Abordnung ihre Kenntnisse über die Arbeitsmethoden der Kommission aus, was für ihren Arbeitgeber bei ihrer Wiedereingliederung nützlich sein kann.«

Aufforderung zur Kungelei

In einem anderen offiziellen Dokument der EU wird den Leihbeamten sogar die Möglichkeit eines regen Austausches mit ihren Konzernen während ihrer Abordnung zugestanden. Auch wird ganz unverblümt mit der Aussicht auf dauerhafte Kungelei geworben: »Während der Abordnungszeit wahren die [nationalen Sachverständigen] im Idealfall den Kontakt zur entsendenden Stelle und informieren über aktuelle Themen aus dem Arbeitsbereich. Nach ihrer Rückkehr sollen sie die erworbenen Kenntnisse und Erfahrungen sowie geknüpften Netzwerke in die tägliche Arbeit einbringen.«[107]

Wir reiben uns die Augen und fragen vorsichtshalber noch mal nach in Brüssel. Auf unsere Frage, ob durch den Einsatz der von der Industrie bezahlten Leihbeamten nicht Interessenkonflikte drohen, erhalten wir eine Antwort, die mit Sicherheit nicht für unsere Augen bestimmt war – ein Glücksfall für jeden Journalisten. Irgendjemand in der Pressestelle der EU-Kommission hat wohl die Datei der offiziellen Antwort mit einem internen Schreiben verwechselt. Darin wird offenbar ein erster Antwortentwurf kritisiert – wegen zu großer Offenheit? Das, was bei uns als E-Mail anrauscht, ist jedenfalls aufschlussreich: »Das hört sich zu sehr so an, als ob wir privaten Unternehmen erlauben würden, Insider-Informationen über die Kommission zu ›kaufen‹. Wir sollten positiver denken und stattdessen eher etwas im folgenden Wortlaut sagen: ›Mitarbeiter aus Privatunternehmen sollen sowohl die Kommission als auch ihre Angestellten unterstützen‹.«[108]

Selbstlose Großkonzerne verzichten auf die Arbeitskraft ihrer fähigsten Mitarbeiter, damit diese die EU-Kommission befähigen, dem Allgemeinwohl verpflichtete Entscheidungen zu erarbeiten. So oder so ähnlich lassen sich die Antwortentwürfe aus der Kommission deuten, und irgendwie macht es den Leuten dort wahrscheinlich auch Spaß, die Öffentlichkeit mit Worthülsen zu leimen. Allein, die Realität ist anders, wie der Lobbykrieg um die Chemikalienrichtlinie REACH zeigt.

Wie bereits dargelegt, hat Deutschlands Chemieriese BASF direkt drei Lobbyverbände geführt, national den VCI, auf EU-Ebene die Cefic und international die Unice. Diese Lobbyverbände haben jahrelange Kontakte in die EU-Kommission. Und für die Kontaktleute in der Kommission zahlt sich ihre Offenheit für die Lobby oft aus.

Jean-Paul Mingasson arbeitete über 20 Jahre in der Europäischen Kommission, zuletzt stand er von 2002 bis 2004 der Generaldirektion Unternehmen und Industrie vor und war somit auch zuständig für REACH. Im Oktober 2004 wechselte er dann nahtlos als General Adviser zum europäischen Arbeitgeberverband Unice.

Als loyaler Kommissionsbeamter hatte er REACH stets verteidigt, etwa im März 2003: »Wir haben zum jetzigen Zeitpunkt eine umfassende Folgenabschätzung der neuen Politik, und die zeigt uns, dass die ungefähren direkten und indirekten Kosten von REACH für die Unternehmen von den geschätzten langfristigen Vorteilen für die Umwelt und die Gesundheit überwogen werden, insbesondere durch einen merkbaren Rückgang von Berufskrankheiten.«[109]

In seinem neuen Job als Berater des Arbeitgeberverbandes Unice verbreitet er nun genau die Argumente, denen er vorher als Kommissar Paroli bieten musste. Jean-Paul Mingasson im März 2005: »Unice unterstützt REACH. Aber während die europäische Arbeitgeber-Organisation die Prinzipien und Ziele der Reform unterstützt, spürt sie dennoch, dass Änderungen am gegenwärtigen Text, wo er grundlegende Probleme aufwirft, notwendig sind.«[110]

Auch die Leiterin der Abteilung bei Cefic, die für REACH zuständig war, arbeitete vorher sechs Jahre in der Generaldirektion Unternehmen und Industrie – und zwar ausgerechnet in der Abteilung für chemische Stoffe. Ihre Insiderkenntnisse dürften sie ihrem späteren Arbeitgeber empfohlen haben.

Ein weiteres Beispiel ist eine Dame, die 14 Jahre für die Bayer AG arbeitete und dann für sieben Jahre in den europäischen Lobbyverband Cefic ging. Ein nettes Sprungbrett, denn von dort wechselte sie wiederum in die Generaldirektion Unternehmen und Industrie der EU-Kommission und arbeitete dort an einem umfassenden Vorschlag zur harmonisierten Einstufung und Kennzeichnung von Chemikalien.

Sicherlich beeindruckende Karrieren, doch der Werdegang des BASF-Mitarbeiters Markus Malangerie stellt sie alle in den Schatten.

Der BASF-Mann geht ins Bundeswirtschaftsministerium

Noch einmal zurück in den Oktober 2003. Die Chemielobby kann neben der Veröffentlichung des abgemilderten Kommissionsvorschlags einen weiteren großen Erfolg verbuchen: Just zu dem Zeitpunkt, als sich der Rat der nationalen Umweltminister mit REACH beschäftigen soll, wird ihm die Kompetenz entzogen. Zuständig sollen von nun an der Wettbewerbsrat und damit die nationalen Wirtschaftsminister sein.

Nun stehen die Stellungnahmen der EU-Mitgliedsländer an. Entsprechend verlagert sich der Lobbyprozess der chemischen Industrie auf die nationale Ebene. Besonders wichtig: Deutschland, wo fast ein Drittel der europäischen Chemieproduktion zu Hause ist. Für die Chemielobby gerät nun Berlin in den Fokus.

Nach fast drei Jahren Aufenthalt in der EU-Kommission packt Markus Malangerie im September 2004 seine Koffer. Das Timing seiner beruflichen Neuausrichtung scheint geradezu lehrbuchmäßig: Unmittelbar anschließend bezieht er ein Büro im Bundeswirtschaftsministerium – als externer Mitarbeiter. Sein Gehalt bekommt Malangerie jetzt von der BASF. Und er ist wieder bestens platziert. Wie zuvor in der EU-Kommission arbeitet er auch im Wirtschaftsministerium ausgerechnet an den Giftstofftestverfahren, die sein Arbeitgeber am liebsten ganz verhindert hätte.

Wie zuvor in der EU-Kommission die Umweltkommissarin drängt auf Bundesebene das Umweltministerium auf schärfere Standards. Hier will man 2004 die bereits abgeschwächte Chemierichtlinie der Europäischen Kommission nachbessern. Rainer Baake ist zu dieser Zeit Staatssekretär im Bundesumweltministerium. An das politische Gezerre um REACH kann er sich noch gut erinnern: »Gebremst hat das Bundeswirtschaftsministerium. Der Richtlinienvorschlag der Kommission war in der Tat hoch umstritten. Und das Wirtschaftsministerium hat die große Sorge umgetrieben, dass dieses REACH-Testverfahren zu einer zu großen Belastung der deutschen Wirtschaft führen wird. Insofern war hier noch eine ganze Reihe von Streitfragen, auch innerhalb der Bundesregierung, zu klären, weil Deutschland als wichtiger Chemiestandort natürlich in diesem Gesetzgebungsverfahren auch eine wichtige Rolle gespielt hat.«

Letztendlich habe das Wirtschaftsministerium eins zu eins die Standpunkte der chemischen Industrie übernommen, sagt Baake. Das Ergebnis war niederschmetternd für die Verfechter von mehr Verbraucherschutz: Die Testverfahren für Stoffe mit einer Jahresproduktion von weniger als einer Tonne wurden ganz gestrichen, und für viele Substanzen mit Produktionsmengen von mehr als einer Tonne wurde auf weitere Testanforderungen verzichtet.

Der ehemalige Staatssekretär ist darüber noch heute erstaunt: »Das heißt, an dieser Stelle ist im Interesse der chemischen Industrie gehandelt worden und nicht im Interesse der betroffenen Verbraucher.«

Markus Malangerie hatte sich inzwischen eine neue Identität zugelegt: Während er sich auf einer Dienstreise, aus Brüssel kommend, seinem deutschen Publikum als »Herr Malangerie von der EU-Kommission« vorstellen ließ, trat er nun im Europäischen Parlament als Vertreter des deutschen Wirtschaftsministeriums auf. Daran kann sich der grüne EU-Mitarbeiter Axel Singhofen gut erinnern: »Ich hab Herrn Malangerie im Rahmen eines Seminars des BMU und des BMWi mit Mitarbeitern des Parlaments im Januar 2006 getroffen.« Der BASF-Mann habe sich als Vertreter des Bundeswirtschaftsministeriums vorgestellt und die Abgeordneten über REACH informiert, sagt Singhofen: »Wenn er von BASF bezahlt worden ist, so halte ich das für einen Skandal, zumal er industrienahe Positionen im Parlament vertreten hat.«

BASF, das sei noch nachgetragen, nahm besonders fleißig an dem von der rot-grünen Bundesregierung initiierten Austauschprogramm »Seitenwechsel« teil. In den letzten vier Jahren saßen Mitarbeiter der BASF AG im Bundespresseamt und in den Ministerien für Finanzen, Wirtschaft und Umwelt. Eine Vertreterin der BASF-Konkurrenz Bayer hat es dort im Umweltministerium sogar zur Referentin gebracht. Ihr Arbeitsgebiet: »Umwelteinwirkungen auf den Menschen«. Aufgrund »personeller Engpässe«, so teilt das Ministerium mit, sei es übrigens nicht möglich gewesen, einen Ministerialbeamten im Gegenzug zu Bayer abzuordnen. Armes Ministerium, arme Republik!

Der Sieg der Chemielobby

Bereits am 11. Juli 2005 signalisierte der BASF-Vorstand Eggert Voscherau in einem Interview mit der *Frankfurter Rundschau,* dass die Verhandlungen zu REACH ganz in seinem Sinne laufen. Auf die Frage, ob die EU-Kommission inzwischen dem Druck aus Deutschland nachgegeben hätte, sagt er: »Wir sind auf dem richtigen Weg.«[111] Für die Aktionäre der BASF eine beruhigende Nachricht. Nicht für die Millionen europäischer Verbraucher.

Am 13. Dezember 2006 kam das Straßburger EU-Parlament in zweiter Lesung nach jahrelangem zähen Ringen zu einer einvernehmlichen Lösung mit dem Rat. Eine große Mehrheit von 529 Abgeordneten stimmte dem Kompromisspapier zu, das am 30. November mit dem Ministerrat vereinbart worden war. 98

Abgeordnete stimmten dagegen, 24 enthielten sich. Alle Änderungsanträge der Grünen wurden abgelehnt. Die Chemikalienrichtlinie REACH trat zum 1. Juni 2007 in Kraft.

Für den Grünen-Mitarbeiter Axel Singhofen ist das Ganze auch eine persönliche Niederlage. Die Parlamentsentscheidung hält er für einen »faulen Kompromiss«, der die deutliche Handschrift der deutschen Chemieunternehmen trage: »Industriegifte tauchen weiterhin dort auf, wo sie nichts zu suchen haben, nämlich im Blut von Kindern und Erwachsenen. Es ist ein Skandal, dass Stoffe, die Krebs, Fortpflanzungs- oder Erbgutschädigungen hervorrufen können, auch dann nicht ersetzt werden müssen, wenn ungefährlichere Alternativen vorhanden sind. Damit werden auch nachkommende Generationen mit den gefährlichen Stoffen belastet.«

Jahrelang wurde REACH von Lobbyisten innerhalb und außerhalb von Ministerien und EU-Kommission durch den Wolf gedreht. Bleibt überhaupt noch ein Fortschritt für den Verbraucher? Die Testanforderungen für fast alle der 30 000 von REACH erfassten Chemikalien wurden auf Druck der Industrie stark abgeschwächt. Die Industrie muss jetzt weniger als 50 Prozent der Stoffe mit einer Produktion von mehr als einer Tonne auf ihre Schädlichkeit überprüfen.

Immerhin, das EU-Parlament hat letztlich auch ein Verbraucherrecht erstritten: Wer sich zum Beispiel ein Sofa kauft, darf künftig den Händler nach den enthaltenen Giftstoffen befragen. Ab einer bestimmten Konzentration des Stoffes, etwa im Sofabezug, muss der Händler sogar Auskunft geben. Über Hochrisikostoffe müssen die Händler ebenfalls informieren, aber nur auf Nachfrage der Kunden, und wer fragt schon jedes Mal nach. Im Unterschied zu Lebensmitteln gibt es also keine Kennzeichnungspflicht für die Waren. Wer sich also gerade für ein Sofa, ein T-Shirt oder Bettwäsche erwärmt, kann erst mal höflich anfragen. Wann die Antwort kommt, steht in den Sternen, da Fristen und andere Einzelheiten des Verfahrens noch nicht geregelt sind. Und welcher Verbraucher weiß überhaupt von dem Anfragerecht?

Nach beinahe einem Jahrzehnt politischer Debatten wird es wohl noch weitere zehn Jahre dauern, bis man wirklich weiß, welche Auswirkungen REACH genau hat. Viele schwierige Entscheidungen über technische Einzelheiten sind vertagt worden. Der Teufel steckt im Detail – und da ist noch viel Spielraum. Aber eines ist sicher: Die Industrie ist stets aktiv dabei. Aber vielleicht werden die Abgeordneten, die bei REACH mit Ja stimmten, künftig auch einmal nachfragen, wer an diesem oder jenem Text die eine oder andere Änderung vorgenommen hat. Und in wessen Interesse.

9. Kapitel

Warum dürfen Konzernlobbyisten in der EU-Kommission arbeiten?

Konzern-U-Boote in der EU-Kommission – eine deutsche Idee

Von der Straßburger Tramstation Wacken aus sieht man es bereits, das Raumschiff. Und wer den knappen Kilometer die Rue des Anémones entlangwandert, kann kaum glauben, dass am Ende dieser beschaulichen Wohnstraße mit kleinen, feinen Häusern ein veritables Machtzentrum liegt: das Europäische Parlament. Hier treffen wir Hiltrud Breyer, die als Abgeordnete der Grünen bereits seit 1989 hier arbeitet. Für sie ist heute ein besonderer Tag, denn sie wird am Abend von einem waschechten EU-Kommissar empfangen. Siim Kallas heißt er; er stammt aus Estland und ist in der Kommission für die Verwaltung zuständig. Und bei ihm liegt seit mehreren Monaten eine Anfrage Breyers zum Thema »nationale Sachverständige« und »temporäre Beamte«.

Da wir mit unseren Recherchen nicht weiterkamen, hatten wir Hiltrud Breyer Ende 2005 auf das Thema aufmerksam gemacht und mit ihr verabredet, dass sie offiziell bei der Kommission zu diesem Thema anfragt. Breyer war alarmiert, denn das Treiben der auch »externe Mitarbeiter« genannten Lobby-U-Boote war ihr bislang verborgen geblieben.

Eine Abgeordnete versucht, Licht ins Dunkel zu bringen

Hiltrud Breyer wäre eine gute Stadtführerin durch die europäische Lobbyhauptstadt Brüssel. Sie könnte stundenlang erzählen, wo die einschlägigen Etablissements sind, wer jemals versucht hat, sie als grüne Abgeordnete auf seine Seite zu ziehen. Doch wer mit ihr eine Zeit lang herumfährt, hat nicht viel von ihr.

Denn sie telefoniert unaufhörlich. Selten mit ihrem Mann oder den Kindern, sondern eher mit ihren Büros, Abgeordnetenkollegen, Fachleuten. Und in den letzten Jahren fiel ein Wort besonders häufig: REACH. Das dürften sogar ihre Kinder zu Hause buchstabieren können. Auch Hiltrud Breyer hat trotz intensiver parlamentarischer Arbeit zusehen müssen, wie ein sinnvolles Gesetz verwässert wurde. Doch das hat sie nur zu neuen Aktivitäten angestachelt. So richtet sie seit Monaten immer neue Anfragen an die EU-Kommission, will wissen, wer aus der Industrie in welchen Büros der Kommission an welcher Arbeitsaufgabe sitzt. Ihre Anfragen füllen bereits Aktenordner, und je ungenügender sie beantwortet werden, desto eifriger fragt sie nach.

Hiltrud Breyer sieht durch diese Form des verdeckten Lobbyismus längst die demokratische Legitimation der EU-Institutionen bedroht: »Das ist ein Politikum erster Güte, wenn die Kommission es zulässt, dass ihre Unabhängigkeit hinterfragt werden muss. Das ist ein Schlag ins Gesicht der Demokratie, und bei den Bürgern schürt es die EU-Verdrossenheit.«

Ihre erste Anfrage stellte sie Anfang 2006. Doch bis sie überhaupt eine Antwort bekam, vergingen drei Monate. Die Zahl der externen Mitarbeiter wurde mit zwölf angegeben, Namen und Einsatzgebiete wurden gar nicht erst genannt. »Das ist doch eine Beleidigung der Intelligenz, so eine Nichtbeantwortung in der Hoffnung, dass man nicht nachhakt«, schimpft Hiltrud Breyer. »Die erste Anfrage habe ich Anfang Januar gestellt, mit Dringlichkeit, dann haben sie eigentlich nur sechs Wochen Zeit. Jetzt haben wir Ende September, das ist fast ein Jahr. Ich frage mich: Will die Kommission vielleicht gar nicht wissen, wer für sie arbeitet?« Heute Abend will sie das den Verwaltungskommissar Kallas fragen.

Noch bleibt uns eine Stunde zum Plaudern. Wir setzen uns ins Parlamentscafé. Doch wer als Journalist mit Hiltrud Breyer plaudert, kann sich auf einen Ritt durch alle Schlechtigkeiten der Welt gefasst machen, zumindest, was Gift- und Schadstoffe angeht. Denn ihr Spezialgebiet als Umweltpolitikerin ist die Chemiepolitik, insbesondere giftige Chemikalien, wo immer sie vorkommen. »Das Thema Pharma lege ich Ihnen dringend ans Herz, hier wird nichts reguliert von der EU.« Hiltrud Breyer erklärt den Sachverhalt im Galopp, um zum nächsten Thema zu kommen: »Ein Riesenthema, die EFSA, die europäische Lebensmittelbehörde, wurde gegründet, als man Dioxin in den Eiern fand. Aber jetzt bei der Frage nach den Süßstoffen sagen sie, die seien ungefährlich. Für die arbeiten Institute, die auch für die Süßstoffindustrie arbeiten, und in Mailand haben Forscher herausgefunden, dass solche Stoffe krebserregend sein können. Wenn Sie Kinder haben, werden Sie es verstehen, sehen Sie, wo das alles drin ist, Tigersaft, Lutscher …«

Hiltrud Breyer sagt, dass sie die Kommission vor allem mit schriftlichen Anfragen herausfordert, denn Debatten im Parlament seien oft sinnlos. »Das ist manchmal sehr unerträglich für mich, diese Blauäugigkeit vieler Kollegen – die Kommission behauptet etwas, und die schlucken es.« So sei es auch mit den Glutamaten, für die es keinerlei staatliche Studie gebe, die Kommission sage selbst, sie habe keine Analytik. Also werden diese Dinge regelmäßig der Industrie überlassen.

Wenn man sie als »engagiert« bezeichnete, würde man Hiltrud Breyer wohl nicht gerecht werden. Sie brennt für die Dinge, die sie durchsetzen will. Und umso mehr enttäuscht sie die Ohnmacht von Parlament und Kommission gegenüber der Industrielobby. REACH, das sei die größte Lobbyschlacht aller Zeiten gewesen, erzählt auch sie, und am Ende seien die Abgeordneten einfach müde gewesen, die Sache selbst sei ja auch außerordentlich kompliziert. »Da waren viele froh, das vom Tisch zu haben, aus den Augen, aus dem Sinn.« Doch für Breyer funktioniert Politik so nicht. Abarbeiten ist nicht ihre Sache. »Die Industrie hatte Angst, dass wie im Lebensmittelbereich auch in anderen Bereichen eine Kennzeichnungspflicht kommt. Das hätte den Verbrauchern die Macht gegeben, auch ein Stück weit selbst zu entscheiden. Jetzt können Sie offiziell beim Händler anfragen, wenn Sie ein Sofa kaufen, was da drin ist; aber wer macht das schon? Ich werde das jetzt mal ausprobieren, wir machen da vielleicht eine Kampagne, aber erst mal sind die Pestizide dran.«

Pestizide, genauer gesagt krebserregende, erbgutverändernde oder auf das Nervensystem wirkende Stoffe in Pflanzenschutzmitteln, will Hiltrud Breyer aus der Landwirtschaft verbannen. Und so, wie es aussieht, wird ihr das gelingen. Im Parlament hat sie zu diesem Thema einen Schlüsselposten als Berichterstatterin des Umweltausschusses. Diesmal mussten die Lobbyisten der Chemieindustrie – mit denen Breyer in ihrer Position natürlich regelmäßig zu tun hat – eine Schlappe hinnehmen. Im Umweltausschuss hat eine satte Mehrheit für das Verbot gestimmt. Eine harte Nuss für die Lobby, denn es »ist ja auch schwierig für sie zu argumentieren, warum man kanzerogene Stoffe in Pestiziden haben will. Also kommen sie mit der Keule und behaupten, die Versorgungssicherheit in der Landwirtschaft sei gefährdet«.

Die Grünen-Abgeordnete war fassungslos, als sie eine gemeinsame Presseerklärung des Deutschen Bauernverbandes und der Pestizidindustrie las. Das sei schon ein hohes Maß an Dummheit, gemeinsam Lobbyarbeit zu machen, sagt sie. Überhaupt sei die Lobbyarbeit aggressiver geworden, es werde sogar oft mit Fehlinformationen gearbeitet. Die Abstimmung über das Pestizidverbot im Umweltausschuss habe die Lobby natürlich mit »Bestürzung« aufgenommen. Schließlich geht es um Milliardenumsätze, und hinter den Lobbyisten stehen die Vorstände der Chemieindustrie und hinter denen die Aktionäre mit ihren Renditeerwartungen. So ist auch in diesem Fall der Kampf längst nicht zu Ende. Demnächst werden alle 685 Europaabgeordneten über das Pestizidverbot abstimmen, da gibt die Lobby nicht auf.

Beeinflussung durch Einzelgespräche

Plötzlich deutet Hiltrud Breyer zum Nachbartisch: »Da sitzen sie gerade, die Lobbyisten. Da sind zwei von BASF und der Hermann Drummer, der sie berät. Sie sprechen wohl gerade ihre Strategie für das Plenum ab, ganz sicher. Soll ich Sie bekannt machen?«

Die beiden von der BASF verzichten diesmal lieber darauf, sich zu Hiltrud Breyer zu setzen, dafür steht ein freundlicher Herr im grauen Anzug auf und kommt herüber. Mit einem breiten, einnehmenden Lächeln stellt er sich als Hermann Drummer von der Politikberatungsfirma Pleon vor. Er ist der einzige Lobbyist, mit dem Hiltrud Breyer per du ist. Kennengelernt haben sie sich in Brüssel, als Drummer noch in der Landesvertretung von Nordrhein-Westfalen arbeitete. Er war damals für Umweltpolitik zuständig. Dass er mittlerweile die Fronten gewechselt hat, tut ihrer Bekanntschaft keinen Abbruch. »Hermann ist mein härtester Verbündeter«, witzelt Breyer und schiebt eine Provokation nach: »Na, Hermann, erzähl doch mal, wie ihr wochenlang versucht habt, zu verhindern, dass ich Berichterstatterin im Umweltausschuss zu den Pestiziden wurde.«

»Nee, daran waren wir nicht beteiligt, wir haben gesagt: Lieber eine Grüne, da kann man besser fighten, als wenn da so ein Lauwarmer kommt. Das fand ich gut, dass du es geworden bist. Dass du unangenehm bist in der Haltung, ist eine andere Sache, da haben wir halt eine andere Sicht auf die Dinge.«

Wir nutzen die Gunst der Stunde und fragen, wie er die Sache mit der Pestizidverordnung nun angeht.

»Momentan in Direktgesprächen.«

Mit einzelnen Abgeordneten aus dem Ausschuss?

»Wir können ja nicht mit 685 Abgeordneten reden, aber viele sagen, ich habe da keine Ahnung, ich verlasse mich auf den Koordinator in der Fraktion.«

Haben die immer Zeit für Sie?

»Die Koordinatoren haben immer Zeit, aber auch sonst gibt es keine Abgeordneten, die sich per se verweigern. Das habe ich noch nie erlebt.«

Warum machen die das?

»Die wollen ihren Bericht verbessern, wie Hiltrud, und dann sehen, wo sind Löcher in ihrer Argumentation.«

Das Letzte war natürlich scherzhaft gemeint, denn tatsächlich zeigen sich viele Abgeordnete offen für die fachkundig klingenden Argumente der Industrie. Eine Materie wie REACH zu durchdringen, scheint nicht mal für die Abgeordneten, die im

Umweltausschuss sitzen, möglich. Und in dieses Vakuum, das zunehmend komplexer werdende Themen in Parlament wie Kommission hinterlassen, dringen die Industrielobbyisten.

Wir nutzen unser zufälliges Zusammentreffen zu einer weiteren Frage an Hermann Drummer:

Kennen Sie einen Mann namens Malangerie?

»Der hat in der Kommission gearbeitet, ursprünglich ist der auch von der BASF gekommen. Und der ist dann auch noch irgendwo in einem Bundesministerium gewesen.«

Woran hat der denn damals gearbeitet?

»Der war mit REACH beschäftigt in der Kommission.«

Mit REACH?

»Ja, ganz eindeutig.«

Das wissen Sie aus Gesprächen mit ihm?

»Ja, das weiß ich.«

Malangerie, so viel steht fest, war keine kleine Nummer in diesem Lobbykrieg.

Zurück zu den Widrigkeiten, mit denen Hiltrud Breyer im Herbst 2007 zu kämpfen hat, der Lobby gegen das Pestizidverbot. Trotz verlorener Abstimmung im Ausschuss wollen BASF und Co. die Angelegenheit noch drehen. Dabei kommen ihnen manchmal auch einzelne Abgeordnete zu Hilfe, vielleicht nach dem Motto »Wenn es der Industrie gutgeht, geht es auch uns gut«. Das mag auch den FDP-Abgeordneten Holger Kramer bewogen haben, einen Änderungsantrag zum Pestizidverbot einzubringen. Eine ziemlich durchsichtige Aktion, denn sein Text entsprach beinahe eins zu eins den Vorlagen der Chemielobby. »Ich habe ihn gestern getroffen, und er hat es nicht mal bestritten«, erzählt Hiltrud Breyer.

Manchmal ist sie bei solchen Dingen auch ziemlich gemein. Als ein Parlamentskollege einmal einen Änderungsantrag zur Gentechnik einbrachte, der vor Fachausdrücken strotzte, stellte sie im Ausschuss einige Verständnisfragen an den Abgeordneten. Der sah dann ziemlich alt aus, als er die Fragen zu seinem eigenen Antrag nicht mal im Ansatz beantworten konnte.

Die Institutionalisierung des Lobbyismus

Hiltrud Breyers Leben war schon immer politisch. In den Achtzigern beteiligte sich die Saarländerin am Widerstand gegen das französische Atomkraftwerk Cattenom. In den Neunzigern engagierte sie sich gegen die Gentechnik. Damals waren die Fronten für sie und ihre Mitstreiter klar, auch was Lobbyisten betrifft. Doch seit sie als Abgeordnete ins EU-Parlament gewählt wurde, kann sie das Lobbying hautnah miterleben. Lobby sei ja auch für sich »kein Pfui-Wort«, sagt sie, denn natürlich müsse es Leute geben, die bei der Politik die Interessen der Wirtschaft formulieren.

Doch seit ein paar Jahren beobachtet sie eine neue Entwicklung: »Neu ist die Institutionalisierung des Lobbyismus. Dass da Leute von der Kommission zur Industrie gehen oder von der Industrie in die Kommission, das ist die neue Qualität, die man jetzt beobachten kann. Ich glaube, diese Drehtür gab es früher in dem Maße nicht.«

Mit Drehtür meint sie nicht nur die Bangemänner, sondern auch die neue Entwicklung: die Einbindung von Konzernvertretern in die Gesetzgebung der Europäischen Kommission. Und dieser neue Lobbyismus hat sich bereits ordentlich eingenistet: »Mir hat mal ein Kommissionsbeamter gesagt: Wie steige ich auf in der Hierarchie? Zum einen, wenn ich mit dem Europäischen Rat zu tun habe, zum anderen, wenn ich an einer Richtlinie oder Verordnung arbeite. Dann sitze ich vor einem weißen Blatt, aber da gibt es viel Hilfestellung von Seiten der Industrie, und darüber sind wir froh.«

Es ist kurz vor fünf, die BASF-Lobbyisten vom Nebentisch sind grußlos gegangen, und auch für uns wird es Zeit. Über eine imposante, rundum verglaste Fußgängerbrücke gehen wir vom Parlament zum Gebäude der Kommission.

Siim Kallas empfängt uns in einem überraschend kleinen Büro. Die Regale sind wie leer gefegt, sein Hauptbüro hat der Verwaltungskommissar wie seine Kollegen in Brüssel. Kallas ist ein freundlicher großer Mann im Zweireiher. Dass er mal der Ministerpräsident von Estland war, nimmt man ihm sofort ab. Hin und wieder umspielt seinen Schnäuzer ein recht ironisches Lächeln, besonders wenn er glaubt, mit Worten nichts mehr sagen zu dürfen. Von diesen Augenblicken wird es einige geben während dieses Gesprächs.

Hiltrud Breyer setzt sich Siim Kallas direkt gegenüber. Sie sagt ihm schon mal prophylaktisch, dass sie ihn »beim Wort nehmen« will, und spielt damit auf seine Ankündigung aus dem Jahr 2005 an. Damals hatte er eine Transparenzinitiative in Sachen EU-Lobbyismus angekündigt. Bislang ohne greifbare Ergebnisse. Im Frühjahr 2008 soll es immerhin ein Internetregister aller in Brüssel und Straßburg gemeldeten Lobbyisten geben. Hiltrud Breyer reicht das nicht. Sie hakt nach: Warum dauert es Monate, bis wir die erste Antwort erhalten, die noch dazu nichtssagend ist?

In Kallas' Mundwinkeln zeichnen sich jetzt die gewissen Lachfalten ab, und nach der dritten energischen Nachfrage der grünen Abgeordneten rötet sich auch sein Gesicht. Er würde jetzt vermutlich gern sagen, dass ihn seine Kollegen Kommissare monatelang ignoriert, unzulängliche Antworten geschickt haben und überhaupt die Dinge anders sehen. Kallas sagt all das nicht. Dafür springt seine Mitarbeiterin ein und erklärt, wie schwer es gewesen sei, von den einzelnen Generaldirektionen die Daten zu erhalten. Die Angelegenheit ist den beiden peinlich.

Die Mitarbeiterin legt eine Liste auf den Tisch, die sei zwar noch nicht offiziell, aber, so sagt Kallas, hier seien einige externe Mitarbeiter verzeichnet.

Die meisten auf der Liste kommen aus Deutschland, 34 sind es danach gegenwärtig. Allerdings: Auf dieser Liste fehlen einige deutsche Namen, die wir selbst recherchiert haben: GSF GmbH, Deutsche Flugsicherungs GmbH und die DLR. Die Liste ist also nicht vollständig. Wie viele Mitarbeiter aus privaten Unternehmen tatsächlich in der Kommission arbeiten, ist weiterhin offen.

Hiltrud Breyer hatte nicht nur nach den gegenwärtig beschäftigten, sondern allen Mitarbeitern in den letzten acht Jahren gefragt. Daran erinnert sie nun etwas ärgerlich. Wieder springt die Mitarbeiterin ein: »Wenn Sie das wollen, wird die Sache noch mal viele Monate dauern, wenn es überhaupt geht.« Kallas schlägt vor, Hiltrud Breyer solle doch nach einzelnen Fällen fragen.

Wir erzählen ihm von Markus Malangerie von der BASF und dessen Mitarbeit an REACH, berichten über seine Reisen nach Deutschland, bei denen er sich als EU-Mitarbeiter vorgestellt hat, und von seinem Jobwechsel ins Bundeswirtschaftsministerium, wo er ebenfalls von BASF bezahlt wurde.

Siim Kallas hört sich die Geschichte erstaunt und aufmerksam an. Wenn das so sei, sagt er schließlich, müsse es untersucht werden. »Das ist lächerlich und völlig inakzeptabel. Dem gehen wir nach«, kündigt er an.

Wir fragen auch nach Kristin Baars.[112] Die ist Managerin der einflussreichen Unternehmensberatungsfirma KPMG. Baars taucht auch auf seiner Liste auf, nur weiß Kallas nicht, womit sie befasst war. Wir erzählen ihm, dass Frau Baars für KPMG an der neuen Richtlinie zur Unternehmensbesteuerung gearbeitet hat. Eine Lobbyistin eines Beratungskonzerns, dessen Geschäft es ist, die Steuern anderer Konzerne kleinzurechnen. Eine ziemlich praktische Angelegenheit.

Kristin Baars hat ihre Dissertation über »optimale Gestaltung der Unternehmensnachfolge« geschrieben. Konkret geht es darum, wie Erben bei Übernahme des Unternehmens Steuern sparen können. Und sie hat gemeinsam mit zwei anderen Autoren einen Ratgeber zum Steuersparen bei Unternehmensverschmelzungen verfasst. Die Steuersenkungslobby hätte kaum eine Bessere als die Tax-Managerin, so ihre offizielle Bezeichnung bei KPMG, nach Brüssel schicken können, um dort Einfluss zu nehmen. Das kann sie nun ganz komfortabel von einem eigenen Schreibtisch in der Kommission aus. Die KPMG-Lobbyistin ist daran beteiligt, die Steuersätze festzulegen; die KPMG berät dann die Konzerne, wie sie nach diesem Modell weitere

Steuern sparen können. Gute Frau. Leider will sie nicht mit uns über ihre Arbeit sprechen.

Gern hätten wir Siim Kallas auch von Holger Otto[113] erzählt, einem Mitarbeiter der Ruhrkohle AG (RAG). Der schrieb ausgerechnet an einem Strategiepapier über die künftige Kohlenutzung. Als ob der Klimawandel um Brüssel einen Bogen macht, bekennt sich die Kommission in dem Papier zum Beitrag der Kohle zu einer sicheren Energieversorgung. Auch erklärt sich die Kommission bereit, die Erforschung und Einführung neuer Technologien für die Reduzierung der CO_2-Emissionen bei der Kohleverstromung finanziell zu fördern. Davon dürfte auch der eigentliche Arbeitgeber von Holger Otto, die Ruhrkohle AG, massiv profitieren. Denn die RAG ist mit anderen Versorgern just an der Forschung auf diesem Gebiet beteiligt.

Auch über Olaf Schmitz[114] können wir mit Kallas in der Kürze der Zeit nicht sprechen. Schmitz bekommt sein Gehalt von der Deutschen Flugsicherung GmbH. Seinen Schreibtisch hat er aber bei der EU-Kommission, in der Generaldirektion Energie und Verkehr, Referat 2, Luftverkehr. Seit Januar 2006 arbeitet er dort. Olaf Schmitz wirkt an einer Richtlinie zur Vereinheitlichung des europäischen Luftraums mit, also einem Regelwerk, nach dem seine eigene Stammfirma nach 2010 arbeiten soll.

Ein anderer externer Mitarbeiter aus der privaten Wirtschaft ist bereit, mit uns zu sprechen, wenn wir seine Firma und seinen Namen nicht nennen. Martin Kaiser[115] erzählt freimütig, wie es ihn nach Brüssel verschlagen hat. Er hat sich nämlich selbst dort als »nationaler Sachverständiger« beworben. Vermittelt hat ihn, mithilfe der Ständigen Vertretung der Bundesrepublik in Brüssel, das Bundesverkehrsministerium. Wieder das Bundesverkehrsministerium, kaum eine Behörde scheint so verstrickt mit dem neuen Lobbyismus.

Seine Vollmachten, sagt Kaiser, seien die eines ganz normalen EU-Beamten, so könne er eigenmächtig Verordnungen und Richtlinien formulieren, habe engen Kontakt zu höheren Beamten und könne sich in den Büros überall frei bewegen. Kaiser legt Wert auf die Feststellung, dass die EU-Kommission von seinen Kenntnissen profitiere, aber natürlich profitiere auch sein eigentlicher Arbeitgeber von den Kenntnissen, die er während seiner Arbeit bei der EU erwerbe. Und nicht nur das. Er arbeite auch an Normen für ein neues satellitengestütztes Anflugsystem. Wie praktisch: Genau ein solches System entwickelt zurzeit seine Firma. Martin Kaisers Einsatz in der Kommission ist also in jedem Fall eine gelungene Lobbyaktion, denn er weiß in jeder Beziehung, wie sich die für seine Firma so wichtige Richtlinie entwickelt, und er kann darauf Einfluss nehmen.

»Die Autonomie der Kommission muss gewahrt bleiben«

Das Wirken der Konzernvertreter in der Europäischen Kommission ist nicht nur der Grünen-Abgeordneten Hiltrud Breyer verborgen geblieben. Auch ihre Kollegen aus anderen Parteien ahnten nicht, dass Privatunternehmen direkt an Vorlagen mitarbeiten, die dem Parlament zur Abstimmung vorgelegt werden. Martin Schulz zum Beispiel. Der 51-jährige gelernte Buchhändler ist seit 1994 Europaabgeordneter der SPD. Einen Namen hat er sich als Spezialist im Kampf gegen organisierte Kriminalität und gegen Korruption gemacht. Nur richtig bekannt war er nie. Bis zum Sommer 2003. Da ritt er eine Attacke gegen den dubiosen italienischen Polituntermehmer Silvio Berlusconi. Die Zeitungen schrieben gerade von den Nöten der SPD, eine bekannte Figur für den Europawahlkampf zu finden. Martin Schulz – wer ist das? Der italienische Premier Berlusconi beantwortete die Frage auf eigene Art und Weise: Schulz sei die Idealbesetzung für die Kapo-Rolle in Filmen über die NS-Zeit. Der Skandal war da. Bundeskanzler Schröder sagte sogar seinen üblichen Italien-Urlaub ab, und Schulz bekam die öffentliche Aufmerksamkeit, die ihm bisher versagt geblieben war. 2004 ist er SPD-Spitzenkandidat bei den EU-Wahlen und seitdem Fraktionschef von Europas Sozialdemokraten. Er gehört zum europäischen Establishment.

Trotzdem ist Martin Schulz vollkommen überrascht, dass trojanische Pferde der Industrie in der EU-Kommission geduldet werden: »Das ist inakzeptabel und eigentlich der Widerspruch zum normalen Regieren.« Beamte und Abgeordnete würden vom Volk eingesetzt, damit sie unabhängig und ohne jede Beeinflussung gesetzgeberisch tätig seien, so Schulz. »Deshalb finde ich diese Präsenz innerhalb der Institutionen völlig inakzeptabel.« Vertreter eines Privatunternehmens hätten in einer staatlichen Behörde nichts verloren, ob bezahlt oder nicht, sagt Schulz. Er bringt die Sache auf den Punkt: »Die Autonomie der Kommission muss in jedem Fall gewahrt bleiben.«

Auch Schulz' Kollege von der CDU, der Abgeordnete Thomas Mann, zeigt sich überrascht, was in der EU-Kommission vorgeht: »Das hab ich nicht gewusst. Die Kommission muss wie das Parlament unabhängig sein. Wenn Interessenvertreter von draußen kommen, die man vielleicht auch noch mit einstellt, ist das eine völlig unzulässige Vermischung von Interessen.«

EU-Kommissar Kallas möchte das alles stoppen

Wie gesagt, wir können Siim Kallas nicht von allen unseren Recherchen berichten. Doch als wir ihm von BASF-Mitarbeiter Malangerie und Frau Baars von der KPMG erzählen, spricht er von einer »merkwürdigen Konstruktion« und verweist, betont diplomatisch, auf seine estnische Heimat: »In meinem Land gibt es so etwas nicht, und wenn ein Vertreter des privaten Sektors doch beim Staat arbeiten würde, müsste er zuvor alle Beziehungen zu seinem alten Arbeitgeber abbrechen.«

Wir kommen wieder auf die Liste der sogenannten »nationalen Sachverständigen« zu sprechen, dort stehen lediglich 34. Tatsächlich sind insgesamt weit über 1000 Personen als nationale Sachverständige in der Kommission tätig, darunter Hunderte aus Deutschland. Allerdings werden sie nicht nur von privaten Firmen oder Interessenverbänden entsandt, sondern auch Beamte aus den Ministerien der 25 Mitgliedstaaten werden als »nationale Sachverständige« eingesetzt.

Wir fragen den EU-Kommissar, ob sichergestellt sei, dass diese Mitarbeiter nicht etwa nur auf dem Ticket einer Behörde daherkämen, letztlich aber doch von einem Privatunternehmen bezahlt würden.

»Keine Ahnung«, sagt Kallas, diesmal auf Deutsch, und zuckt mit den Schultern. Er verspricht, uns die komplette Liste der externen Mitarbeiter zukommen zu lassen. Dann könnten wir die Namen durchprüfen und feststellen, wie viele dieser offiziell von ihren Regierungen nach Brüssel geschickten »nationalen Sachverständigen« tatsächlich aus der Privatwirtschaft stammen.

Auf jeden Fall werde seine offizielle Antwort auf Breyers Anfrage auch veröffentlicht, sagt Siim Kallas. Ob künftig alle externen Mitarbeiter auch im Internet öffentlich gemacht würden? Kallas kann es nicht zusagen, hat aber eine klare Meinung: »Es ist vernünftig, so eine Liste ins Internet zu setzen, denn wenn öffentliches Geld im Spiel ist, hat die Öffentlichkeit auch ein Recht zu wissen, wer dort arbeitet.«

Schließlich fragen wir, ob er glaube, dass die Kommission auf Mitarbeiter aus der Industrie angewiesen sei. Kallas holt kurz Luft, um dann zu sagen, was er wirklich denkt: »Das Beste wäre, überhaupt keine Leute aus der Privatwirtschaft zu holen. Wir haben hier 2700 qualifizierte Mitarbeiter in der Kommission und sollten nicht wegen 34 Leuten von Privatkonzernen das Vertrauen der Bürger aufs Spiel setzen. Meine Idee wäre, das total zu stoppen.«

Erstaunlich: Der für die EU-Bürokratie zuständige Kommissar sieht durch die Konzernlobbyisten in der Kommission das öffentliche Vertrauen in diese Institution bedroht. Es scheint, wir verstehen uns. Denn Siim Kallas verrät uns noch, wer den Weg für die Konzern-U-Boote frei gemacht hat. Er weist darauf hin, dass die Kommissare in dieser Frage durchaus sehr unterschiedlicher Meinung seien: »Ich sagte schon, in Estland gibt es so etwas nicht, in Deutschland schon.« Und auf unsere Frage, wer diese Praxis denn in der EU-Kommission initiiert habe: »Es war eine deutsche Idee, so wurde es mir erzählt.«

Das Gespräch neigt sich dem Ende zu. Der Kommissar kündigt an, möglichen Missbrauchsfällen nachzugehen, denn dass die Verhaltensregeln der Kommission für die privaten Konzernmitarbeiter »nur Lyrik seien, solange nichts passiert«, will er sich von Hiltrud Breyer offenkundig nicht noch mal anhören müssen. Ganz zum Schluss fragt sie Kallas, ob denn eine parlamentarische Initiative der Grünen für seine Aufklärungsarbeit hilfreich sein könne. Siim Kallas nickt und sagt: »Selbstverständlich.«

Hiltrud Breyer sieht etwas müde aus, aber zufrieden. Eine gut getimte Parlamentsinitiative, abgesprochen mit einem hochrangigen EU-Kommissar. So etwas gehört sonst zum Handwerkszeug der Spitzenlobbyisten. Hiltrud Breyer hat wohl von denen auch einiges gelernt über die Jahre. Und das macht sie noch lästiger für die Lobby.

10. Kapitel

Warum sagt uns keiner die Wahrheit?

Ein Recherchebericht

Storys entstehen auf den unterschiedlichsten Misthaufen. Oder sie verstecken sich in erschreckend riesigen Heuhaufen. Höchst selten werden sie uns auf einem Silbertablett angeboten – dann allerdings ist erhöhte Vorsicht geboten. Im Fall der verdeckten Inside-Lobbyisten begann das Ganze mit einem zufälligen Zusammentreffen zweier ehemaliger Kollegen in der Hauptstadt Berlin. Sie kannten sich von ihrer Arbeit bei der Nordbank in Hamburg her. Der eine hatte einen spektakulären Arbeitgeberwechsel vollzogen und war als wissenschaftlicher Mitarbeiter bei der Linksfraktion im Bundestag gelandet. Eines Tages traf er seinen ehemaligen Kollegen auf der Straße. Und folgender Dialog spielte sich so oder so ähnlich ab:

»Schön, dich zu sehen, wo arbeitest du denn hier?«

»Im Bundesfinanzministerium.«

»Aha, dann hast du also auch die Seiten gewechselt?«

»Nee, ich arbeite zwar da, aber ich bin noch immer bei der Nordbank angestellt, und die bezahlen mich auch.«

Der verdatterte wissenschaftliche Mitarbeiter erfuhr dann noch, dass sein ehemaliger Kollege unmittelbar an der Novellierung des Kreditwesengesetzes arbeitete – also an einem Gesetz, dessen konkrete Ausformulierung seinen eigentlichen Arbeitgeber, die Nordbank, nicht unerheblich interessieren dürfte.

Wir erfuhren im August 2006 von dieser kleinen Anekdote. Die Fraktion der Linken fragte bei der Bundesregierung an, wie viele Konzernvertreter in welchen Ministerien sitzen. Auch wir schickten im Namen der *Monitor*-Redaktion eine schriftliche Anfrage an das Bundespresseamt. Wir fragten schlicht, ob Mitarbeiter privater Unternehmen, von diesen bezahlt, in Bundesministerien sitzen und an Gesetzentwürfen mitarbeiten. Die Antwort flatterte nach gut einer Woche ins Haus und war noch weit schlichter als unsere beiden Fragen: Wir sind gar nicht zuständig, da müssen Sie bei den Bundesministerien einzeln anfragen. Das taten wir, doch nun hieß es, man habe sich jetzt koordiniert, das Bundespresseamt sei doch zuständig und würde schriftlich antworten. Drei Wochen nach unserer Anfrage hatten wir endlich die Antwort: In den letzten vier Jahren hätten 30 von privaten Firmen bezahlte Mitarbeiter in Bundesministerien gesessen. Die gleiche Auskunft erhielt auch die Fraktion der Linken. Diese hätten aber auf keinen Fall an Gesetzentwürfen mitgearbeitet und seien überdies nur auf Sachbearbeiterebene eingesetzt worden.

Abgesehen davon, dass wir durch eigene Recherchen inzwischen konkret von zwei Mitarbeitern aus privaten Unternehmen wussten, die an Gesetzentwürfen mitgearbeitet hatten, drängte sich eine grundsätzliche Frage auf: Von der Industrie bezahlte »Leihbeamte« in Ministerien – ist das völlig normal? Wir tragen zwar ebenso wenig wie der frühere Innenminister Hermann Höcherl permanent das Grundgesetz unterm Arm, aber laut Verfassung sollen Staatsdiener doch in einem besonderen Treueverhältnis zu ihrem Dienstherrn stehen, allein dem Gemeinwohl verpflichtet sein. Wie soll das gehen, wenn sie zwei Herren zugleich dienen?

Die Abgeordneten ahnten nichts vom Inside-Lobbyismus

Wir begaben uns zum Bundestag und sprachen mit einigen Abgeordneten. Zum Beispiel mit dem stellvertretenden Parlamentspräsidenten Wolfgang Thierse von der SPD. Er kommt mit ausholenden Schritten aus der Tür seines Parlamentsbüros. Wolfgang Thierse passt mit seinem Rauschebart nicht in diese Designerwelt aus Stahl und Beton. Zum Interview ist er sofort bereit. Er gilt nicht nur als Moralist, sondern auch als entschiedener Kämpfer für die demokratischen Grundprinzipien. Wolfgang Thierse ist völlig überrascht von unseren Informationen: »Ich kannte diesen Umstand nicht, dass Mitarbeiter von Firmen in Ministerien sitzen und an Gesetzesvorhaben vorbereitend mitarbeiten.« Und besonders der Umstand, dass selbst einer von seinem Kaliber davon nichts weiß, geschweige denn der normale Abgeordnete oder Bürger, bringt ihn auf. Das Problem bestehe darin, dass mangelnde Transparenz Misstrauen erzeugen müsse. Lobbyismus an sich sei nicht unanständig, sagt Thierse. Er werde dann unanständig, wenn er im Verborgenen stattfindet. »Und wenn Einflussnahme auf den öffentlichen Gesetzgeber mit Geld, mit finanzieller Unterstützung verbunden ist.«

Zwei Stunden später treffen wir den FDP-Vize Rainer Brüderle auf dem Gang des Jakob-Kaiser-Hauses, wo einige Abgeordnetenbüros untergebracht sind. Er wird oft als »Mister Mittelstand« bezeichnet und ist wohl selbst ganz stolz darauf. Er gilt als richtiger Wirtschaftsliberaler, dem die Freiheit des Marktes etwas Heiliges ist, ein Mann mit Standpunkt. Und sein Credo lautet: Weder soll der Staat in die Wirtschaft eingreifen, noch soll sich die Wirtschaft in die hoheitlichen Aufgaben des Staates einmischen. Denn der gibt den Ordnungsrahmen für die Wirtschaft vor. »Ich hätte es auch nicht für möglich gehalten, dass in dem Umfang von interessierten Unternehmen oder Verbänden tätige Mitarbeiter in die Gesetzgebungsmaschinerie der Bundesregierung Eingang finden«, sagt Brüderle. Er sehe die Gefahr, dass hier eine neue Dimension von Einflussnahme entstehe. »Und deshalb muss man hier einen Riegel vorschieben.«

Ein anderer kommt mit langsamen Schritten auf uns zu: Oskar Lafontaine. Der Fraktionsvorsitzende der Linken ist für die einen eine Offenbarung, für die anderen wird er immer ein Rätsel bleiben. Kaum ein anderer stieg so hoch und stürzte dann so tief wie er. Er war SPD-Vorsitzender und Kanzlerkandidat, die größte Hoffnung der Sozialdemokraten in den achtziger und neunziger Jahren. Umso unverständlicher schien sein Rücktritt von allen Ämtern am 10. März 1999. Man kann Lafontaine vieles vorhalten. Zwei Dinge allerdings nicht: dass er ein Schwätzer ist, der die Überzeugungen wie die Hemden wechselt, und dass er keinen Humor hat. »Wenn man zynisch wäre«, äußert er uns gegenüber, »würde man sagen: Die Regierung ist ehrlich geworden. In unserer Demokratie regiert ja nicht das Volk, sondern die Wirtschaftsverbände regieren, also könnte die Regierung sagen, warum nehmen wir nicht gleich die Vertreter der Wirtschaft in die Ministerien.« Und dann wird Oskar Lafontaine ganz ernst:

»Natürlich muss eine Demokratie so etwas strikt untersagen.« Es könne nicht möglich sein, dass in dieser Form Einzelinteressen die Gesetze bestimmen, die ja für das Gemeinwohl bestimmt sein sollen.

Wir berichten schließlich im ARD-Politmagazin *Monitor* am 19. Oktober 2006. Die Folge: Der Abgeordnete Volker Beck von Bündnis 90/Die Grünen stellt in einer Fragestunde des Bundestages am 25. Oktober 2006 die Bundesregierung zur Rede: »In welchen Bundesministerien und nachgeordneten Bundesbehörden werden Mitarbeiterinnen und Mitarbeiter aus Verbänden, Wirtschaftsunternehmen und überwiegend im Bundesbesitz befindlichen Gesellschaften beschäftigt?«

Für die Bundesregierung antwortet im Plenum Peter Altmaier, Parlamentarischer Staatssekretär im Innenministerium: »Derzeit sind bei uns keine Mitarbeiterinnen und Mitarbeiter aus Verbänden, Wirtschaftsunternehmen oder überwiegend im Bundesbesitz befindlichen Gesellschaften mit einem Zeitvertrag oder als interne Berater tätig.«

Empört erwidert Volker Beck: »Ich will ganz konkret wissen, in welchen Ministerien, in welchen Abteilungen es Mitarbeiter gibt, die nicht vom Staat für ihre Tätigkeit bezahlt werden, sondern von externen Unternehmen, Verbänden und dergleichen mehr.«

Altmaier: »Ich möchte darauf hinweisen, dass Mitarbeiterinnen und Mitarbeiter, die für die Bundesregierung tätig sind, für diese Tätigkeit auch von der Bundesregierung bezahlt werden.«[116]

Daraufhin stellen die Fraktionen der FDP und der Grünen getrennt parlamentarische Anfragen an die Bundesregierung – wohlgemerkt fast gleichlautend zu unserer eigenen Anfrage zuvor. Die schriftliche Antwort der Bundesregierung an die Grünen ist mehr als pikant: »In den Bundesministerien und im Bundeskanzleramt sind für einen befristeten Zeitraum insgesamt 100 externe Mitarbeiterinnen und Mitarbeiter, die ganz oder teilweise von Unternehmen, Verbänden oder Gewerkschaften bezahlt wurden, in den letzten vier Jahren im Geschäftsbetrieb tätig gewesen. (…) Die externen Mitarbeiterinnen und Mitarbeiter werden in der Regel von der entsendenden Stelle vergütet«.[117]

In der schriftlichen Antwort der Bundesregierung an die FDP-Fraktion heißt es: »Eine auf die Mitwirkung an Gesetz- und Verordnungsentwürfen ausgerichtete Tätigkeit besteht derzeit in vier Fällen.«[118] Wohlgemerkt: »derzeit«, über die vergangenen Jahre gibt die Bundesregierung keine Auskunft, obwohl danach explizit gefragt wurde. Dennoch gesteht sie ein, im Bundesverkehrsministerium arbeite ein Mitarbeiter des Deutschen Aero Club e. V. seit Juli 2006 befristet an einem Rohentwurf der 3. Änderungsverordnung zur Änderung luftrechtlicher Vorschriften über Anforderungen an das Luftfahrtpersonal. Außerdem arbeiten im Bundesfinanzministerium je ein Mitarbeiter vom Bundesverband Öffentlicher Banken, von der Kreditanstalt für Wiederaufbau sowie von der Deutschen Börse AG am neuen Kreditwesengesetz und dem Finanzdienstleistungsaufsichtsgesetz mit.

»Eine politische Einflussnahme auf Entscheidungen der obersten Bundesbehörden wird durch die Einbindung der externen Mitarbeiterinnen und Mitarbeiter in die hierarchischen Strukturen und die dadurch verbundenen Kontrollmechanismen ausgeschlossen«[119], behauptet die Bundesregierung gegenüber der FDP-Fraktion. Daran sind erhebliche Zweifel angebracht. Denn zugleich räumt die Bundesregierung ein, dass zwei externe Mitarbeiter sogar als Referatsleiter eingesetzt werden, also weit oben in der Entscheidungskette.

Offenbar hat die Bundesregierung nicht nur uns Journalisten, sondern auch den Abgeordneten Volker Beck falsch informiert. Beck sieht nicht nur das Auskunftsrecht der Presse verletzt, sondern auch das Fragerecht der Abgeordneten: »Da hat man das Parlament richtiggehend belogen.«

Doch auch die Liste der 100 Mitarbeiter, die die Bundesregierung ihren Antworten an die Oppositionsfraktionen beigefügt hatte, war nicht vollständig. Beispiel Bundesverkehrsministerium. Hier standen die Türen für Lobbyisten weit offen: Mehr als zehn private Unternehmen und Verbände hatten in den letzten vier Jahren Mitarbeiter in dieses Ministerium entsandt. Und ausgerechnet jenen Dr. Osterloh[120] von DaimlerChrysler, der im 7. Kapitel dieses Buches eine gewichtige Rolle spielt, führt die Bundesregierung auf ihrer Liste nicht auf. Dabei handelte es sich immerhin um den Leiter der Abteilung Konzernstrategie Verkehrspolitik bei DaimlerChrysler.

Auch eine andere brisante Personalie, die in diesem Buch beschrieben wird, hat die Bundesregierung in ihren Antworten verschwiegen: Der Fall des DAK-Mitarbeiters, der mehrere Monate im Gesundheitsministerium arbeitete, dort vertrauliche Dokumente kopierte und an seinen Arbeitgeber weitergab.

Der Stand heute: Mindestens 100 Lobbyisten saßen oder sitzen in den Ministerien. Auf Anfragen reagiert die Bundesregierung mit falschen oder unvollständigen Auskünften. Nur scheibchenweise kommt die Wahrheit ans Licht. Die Parlamentarier wollen es nun genauer wissen. Denn die Informationspolitik der Bundesregierung macht auch sie stutzig. »Wenn es sich erweisen sollte, dass Presse wie Parlament unrichtig und nicht nur unvollständig unterrichtet wurden und das womöglich sogar vorsätzlich geschehen ist, dann wäre das ein Skandal«, sagt Volker Beck. Dem werde er jetzt in den Ausschüssen des Parlaments noch mal nachgehen, denn auch die jetzige Antwort sei nicht zufriedenstellend. Auch Rainer Brüderle fordert weitere Aufklärung: »Man kann die Bundesregierung nur ermahnen, ihre Auskunftspflicht gegenüber dem Parlament, aber auch gegenüber den Medien ernster zu nehmen und klar und korrekt Antwort zu geben.«

Informationsblockade im Land Hessen

Die Desinformationspolitik hat System – nicht nur auf Bundesebene. Nachdem unsere Recherchen in Berlin für einigen Wirbel gesorgt hatten, wandten wir uns dem Bundesland des langjährigen Ministerpräsidenten Roland Koch zu. Gern gibt Koch den Law-and-Order-Mann, doch mit den verbrieften Rechten von Journalisten nimmt es seine Landesregierung nicht so genau. Nach mehreren Anfragen zu den Fraport-Mitarbeitern in der Hessischen Staatskanzlei haben wir verstanden: Wir erhalten – und einmal wird das auch ganz deutlich gesagt – einfach keine Antwort, weder mündlich noch schriftlich. Basta. Dabei wäre Kochs Regierung nach dem Gesetz auskunftspflichtig gegenüber den Medien.

Auch hier springt ein Abgeordneter in die Bresche. Frank-Peter Kaufmann, der für die Grünen im Hessischen Landtag sitzt, stellt einen dringlichen Berichtsantrag im Parlamentsausschuss für Wirtschaft und Verkehr. Das bedeutet, dass der zuständige Wirtschaftsminister Alois Rhiel vor dem Ausschuss mündlich Stellung nehmen muss. Dies geschieht am 9. November 2006: »Es gibt in der Staatskanzlei Fälle von Arbeitsplatztausch zwischen der Staatskanzlei und der Wirtschaft, in einem Fall ein Mitarbeiter der Fraport.«[121] Und: »Im hessischen Wirtschaftsministerium ist im Bereich der Börsenaufsicht eine Mitarbeiterin befristet als Referentin eingesetzt, die privatrechtlich bei der Deutschen Börse AG angestellt ist.« Weiter heißt es zu ihren Aufgaben: »Im Wesentlichen die Einhaltung börsenrechtlicher Vorschriften durch die Börse und deren Handelsteilnehmer. Hierbei handelt es sich um hoheitliche Aufgaben.«[122]

Ausgerechnet die Mitarbeiterin der Deutschen Börse hat also die Aufgabe, unter anderem ihren eigenen Arbeitgeber zu kontrollieren. Frank-Peter Kaufmann wirft in dem Ausschuss die Frage auf, ob es auch denkbar wäre, dass Bedienstete des Landes diese Aufgabe übernähmen. Minister Dr. Alois Rhiel antwortet erstaunlich offen: Dies sei »zwar denkbar, aber ökonomisch nicht sinnvoll«.

Beamte für eine hoheitliche Aufgabe einzusetzen, ist ökonomisch nicht sinnvoll, wir lernen nie aus!

Frank-Peter Kaufmann, der auch Parlamentarischer Geschäftsführer der Grünen im Hessischen Landtag ist, fordert weitere Aufklärung:

»Wir werden durch parlamentarische Anfragen, gegebenenfalls auch durch einen Antrag im Plenum die Sache weiter diskutieren und für Klarheit sorgen. Und wir wollen sie abstellen, wenn das auf diese Weise nicht geht, dann werden wir auch rechtliche Mittel, das heißt eine Klage vor dem Staatsgerichtshof, nicht ausschließen.«

Für den Fall, dass sich Journalisten trotz widerrechtlicher Auskunftsverweigerung nicht abwimmeln lassen, hat die Koch-Regierung noch etwas in petto: Als wir für den WDR-Film »Wir sind drin – Lobbyisten im Zentrum der Macht« vor der Hessischen Staatskanzlei drehen, versucht uns der Sicherheitsdienst nicht nur an der Arbeit zu hindern, sondern zieht auch das Ordnungsamt der Stadt Wiesbaden und die örtliche Polizei hinzu. Und von diesen werden die Mitarbeiter der Hessischen Staatskanzlei in Sachen Presserecht belehrt: Man könne nicht gegen uns vorgehen, und auch der Sicherheitsdienst dürfe die Dreharbeiten nicht behindern. Schließlich handele es sich um öffentliches Gelände der Stadt Wiesbaden, und Journalisten dürfen nach dem hessischen Presserecht ungestört Aufnahmen von öffentlichen Plätzen und Behörden machen.

Ein Fragen-Marathon durch die EU-Kommission

Auch die Europäische Kommission hat ihre Probleme mit Presseanfragen. Obwohl das Auskunftsrecht von Journalisten auch für die EU-Behörden gilt. Dort stellten wir bereits im November 2006 eine schriftliche Anfrage, die bis heute nicht vollständig beantwortet wurde. Die Grünen-Abgeordnete Hiltrud Breyer hakte einen Monat später nach. In einer schriftlichen Anfrage vom 21. Dezember 2006 fragte sie nach allen Mitarbeitern aus privaten Unternehmen, die in den letzten vier Jahren in der Kommission gearbeitet hatten und weiterhin von ihrem privaten Unternehmen bezahlt wurden. Außerdem forderte sie, die Namen der Unternehmen genannt zu bekommen. Die Anfrage wurde mit Vorrang eingereicht, das heißt, sie muss innerhalb von vier Wochen beantwortet werden.

Erst neun Wochen später, am 20. Februar 2007, antwortet die EU-Kommission und räumt ein, dass unter den 1046 nationalen Sachverständigen, die von ihren Arbeitgebern bzw. nationalen Behörden an die Kommission entsendet werden, 15 aus dem privatwirtschaftlichen Sektor kommen. Weder geht die Kommission auf den erfragten Zeitraum von vier Jahren ein, noch nennt sie die Namen der Unternehmen. Daraufhin stellt Hiltrud Breyer am 8. März 2007 die zweite Anfrage mit Dringlichkeit. Sie fragt wieder nach den Namen der Unternehmen, konkreten Arbeitsbereichen sowie den genauen Zahlen für die letzten zwei Wahlperioden. Doch die Europäische Kommission antwortet einfach nicht.

Am 20. April wird es Frau Breyer dann zu bunt, sie schaltet die Verwaltung des europäischen Parlaments ein. Daraufhin ruft ein Mitarbeiter der Kommission bei ihr an, beschwichtigt, sie alle täten ihr Bestes, um den Vorgang zu beschleunigen. Um es kurz zu machen: Frau Breyer fragt immer wieder nach, eine zähe Angelegenheit. Nach täglicher Nachfrage wird Mitte März gesagt: Die Antwort der Kommission sei mit einem Kurier unterwegs zu der Abgeordneten Breyer. Der Kurier muss sich verlaufen haben, denn er ist bis heute nicht angekommen. Schließlich schaltet Hiltrud Breyer den zuständigen Verwaltungskommissar Siim Kallas ein, denn der hatte unlauterem Lobbyismus und Korruption in der EU-Verwaltung öffentlich den Kampf angesagt.

Und so ging es weiter bei unseren gemeinsamen Bemühungen:

4. Mai 2007: Wir erhalten inoffiziell die Antwort der Kommission auf Hiltrud Breyers Anfrage, inklusive einer internen Anmerkung der Pressestelle, man dürfe nicht den Eindruck erwecken, dass privaten Unternehmen erlaubt würde, Insiderinformationen zu kaufen.

22. Mai: Beim Nachhaken in der EU-Kommission erhalten wir die Auskunft, dass die offizielle Antwort bis Ende der Woche vorliegen wird.

23. Mai: Offizielle Übermittlung der zweiten Antwort der EU-Kommission: Sie erklärt, dass in einem Schreiben die genaue Zahl der Leihbeamten mitgeteilt werden wird, inklusive der Namen der Arbeitgeber sowie Fachbereiche.

23. Mai: Nachfrage, wann die Liste offiziell übermittelt wird; Antwort der Kommission: bis morgen.

24. Mai: Die Kommission macht einen Rückzieher: Die entsprechenden Stellen in der Kommission arbeiten noch an der Erstellung der Liste.

5. Juni: Nach Auskunft der EU-Kommission wird die Liste spätestens in der folgenden Woche vorliegen. Wir fragen nach, ob die Liste dann auch die letzten zwei Wahlperioden enthalten wird.

15. Juni: EU-Kommission: Die entsprechenden Stellen tun ihr Möglichstes, um die Liste heute vorzulegen. Dies geschieht jedoch nicht.

25. Juni: Wir erhalten inoffiziell eine Liste mit 33 Namen und Arbeitgebern. Diese enthält jedoch keine Aufstellung der letzten Jahre und wo die entsprechenden Personen in der EU-Kommission arbeiten.

25. September: Bei einem Treffen mit EU-Kommissar Kallas erhält Hiltrud Breyer eine Liste mit 34 Namen, die offiziell veröffentlich werden soll. Kallas sagt zudem zu, problematische Fälle rückhaltlos aufzuklären. Ob unter den mehr als tausend nationalen Sachverständigen, die von den Regierungen geschickt wurden, nicht auch von Privatunternehmen bezahlte Leihbeamte sind, vermag er nicht zu beurteilen.

Trotz alledem: Siim Kallas, so konnten wir selbst erleben, ist sicherlich persönlich sensibilisiert für diese neue Form des Lobbyismus. Inwieweit er sich mit seinen Bemühungen bei seinen Kollegen Kommissaren Verhör verschaffen kann, bleibt jedoch offen. Gespannt sind wir auch auf den Tag, an dem die Lobbyisten mit Schreibtisch in der Kommission auf EU-Internetseiten öffentlich gemacht werden.

LobbyControl protestiert vor Bundesministerien

Juli 2007 in Berlin: In bunten Liegestühlen räkeln sich Lobbyisten vor dem Finanzministerium in der Sonne und nippen an ihren Cocktails. Echte Lobbyisten? Natürlich nicht, in Wirklichkeit handelt es sich um Aktivisten von LobbyControl. Ein Transparent fordert: »Lobbyisten in die Sommerpause – und dann nach Hause«.

LobbyControl ist ein junger gemeinnütziger Verein, der Lobbyisten auf die Finger guckt und sich für mehr Transparenz und Demokratie einsetzt. Gegründet wurde er 2005 von einer kleinen Gruppe von Wissenschaftlern und Aktivisten. In der Kölner Innenstadt hat der Verein ein kleines Büro, weitere Aktivistinnen und Aktivisten sind bundesweit verteilt. Gemeinsam recherchieren sie, wie Lobbyisten in Berlin und Brüssel Politik und Medien beeinflussen, und legen Machtstrukturen offen. Gleichzeitig präsentiert die Organisation eine Datenbank, die die verfügbaren Informationen über die Mitarbeit von Lobbyisten in den Ministerien bündelt. Unter www.keine-lobbyisten-in-ministerien.de sind alle bekannten Fälle aufgelistet.

»Auslöser unserer Kampagne war, dass sich an dieser skandalösen Praxis nichts geändert hat, seit sie Ende letzten Jahres durch *Monitor* bekannt gemacht worden ist«, erklärt Ulrich Müller von LobbyControl. Die Kampagne »Keine Lobbyisten in Ministerien!« soll das Thema auf der politischen Tagesordnung halten und Bewegung in die Sache bringen. »Die Bundesregierung will das Problem offensichtlich aussitzen, bis es aus dem öffentlichen Bewusstsein verschwindet. Wir wollen ihr einen Strich durch die Rechnung machen.«

Auch LobbyControl machte Bekanntschaft mit der Informationsblockade der Bundesregierung. Die Organisation wollte im August 2007 vom Bundesgesundheitsministerium eine offizielle Auskunft zu jener Mitarbeiterin der Bertelsmann Stiftung, die wir in diesem Buch ausführlich vorstellen. Das Ministerium verweigerte jedoch jede Auskunft. Man äußere sich nicht zu internen Personalien. Eine inakzeptable Blockadehaltung, kritisiert Ulrich Müller: »Bei der Mitarbeit von externen Akteuren in den Ministerien geht es um privilegierten Einfluss für einzelne Interessengruppen, es geht um Demokratie.« Die Regierung habe nichts aus der öffentlichen Kritik an den Lobbyisten in Ministerien gelernt. LobbyControl schrieb daraufhin einen offenen Brief an Bundeskanzlerin Merkel. Sie müsse sich des Themas annehmen und die Beschäftigung von Lobbyisten in den Bundesministerien beenden. Reaktion der Bundeskanzlerin: keine. »Letztlich trägt Bundeskanzlerin Merkel die politische Verantwortung für diese Praxis«, so Müller.

Mit einer Aktion am Tag der offenen Tür der Bundesregierung legte LobbyControl Ende August 2007 nach. Diesmal war das Bundeskanzleramt das Ziel. »Machen Sie sich einen schönen Tag – den Rest des Jahres sind wir drin« – mit diesem Transparent machten ein großer Aufblas-Lobbyist und ein als Lobbyist verkleideter Aktivist hinter seinem Schreibtisch auf die verbreitete Mitarbeit von Lobbyisten in den Ministerien aufmerksam.

LobbyControl informierte die Besucherinnen und Besucher des

Bundeskanzleramts über die Mitarbeit von Konzernvertretern in den Ministerien und stieß auf reges Interesse. Mit heliumgefüllten Ballons wurde der Protest auch in das Bundeskanzleramt getragen.

»Wir wollten einen Kontrapunkt zur Imagewerbung der Bundesregierung setzen«, erläutert Ulrich Müller. »Die Regierung gibt sich am Tag der offenen Tür bürgernah. Doch im Regierungsalltag arbeiten Unternehmen und Wirtschaftsverbände direkt in den Ministerien mit, während die Bürger außen vor bleiben.«

Bundesrechnungshof schickt Prüfer in jedes Ministerium

Am ungemütlichsten dürften für den Inside-Lobbyismus allerdings die Aktivitäten einer wichtigen staatlichen Behörde werden. Von *Monitor* auf die zweifelhafte Praxis aufmerksam gemacht, schaltet sich im Dezember 2006 der Bundesrechnungshof ein. Dabei tritt die Bundesbehörde nur kaum politisch in Erscheinung, man versucht sich aus aktuellen Debatten herauszuhalten und äußert sich deshalb selten öffentlich. Wenn überhaupt, dann kommentiert der Bundesrechnungshof nur bereits vorliegende Prüfungsergebnisse. Doch unsere Recherchen führten zu einer ungewöhnlichen Reaktion: Michael Reinert, Jurist, Verwaltungsfachmann und Sprecher des Bundesrechnungshofes, äußerte sich Ende 2006 vorab und kündigte an: »Wir werden die Ergebnisse der laufenden parlamentarischen Anfragen sorgfältig prüfen und auswerten.« Er könne aber jetzt schon sagen, dass der Bundesrechnungshof im Jahre 2007 das Thema zum Gegenstand einer Prüfung machen werde. Dabei würden zwei Punkte im Vordergrund stehen. »Der eine Punkt: Wer bezahlt die Personen, die in den Ministerien, zum Beispiel an Gesetzen, mitarbeiten? Der zweite Punkt: Ist die Neutralität des Verwaltungshandelns gewährleistet, oder bestehen hierfür Risiken, zum Beispiel in den Fällen, dass Personen an Gesetzen mitarbeiten und von Verbänden oder Unternehmen bezahlt werden?« Um diesen Fragen nachzugehen, werde seine Behörde alle Bundesministerien befragen, ob und in welcher Funktion sie Mitarbeiter von Unternehmen oder Verbänden beschäftigen. Dazu werde ein umfangreicher Fragebogen verschickt.

Doch die schriftlichen Antworten der Bundesregierung scheinen so brisant gewesen zu sein, dass der Bundesrechnungshof sich zu einem ungewöhnlichen Schritt entschloss und Mitarbeiter in alle Ministerien schickte, um den Sachverhalt zu prüfen. Die Prüfergebnisse liegen noch nicht vor. Fest steht aber: Nach Meinung der Bundesbehörde kann die Praxis nicht bleiben, wie sie ist.

Inside-Lobbyismus und kein Ende

Statt eines Nachworts

Es ist der 3. April 2007. Heidi Klein steht vor dem Reichstag, bewaffnet mit einem großen Besen. Sie blickt energisch in die Runde der versammelten Journalisten. Mit dem Besen fegt sie kleine Kartons mit Firmenlogos über den Gehsteig. DaimlerChrysler, E.ON, BASF, Siemens – die Crème de la Crème deutscher Großkonzerne landet nach und nach hinter einer auf den Boden gemalten weißen Linie. Heidi Klein fegt die Lobbyisten aus den Bundesministerien – symbolisch. »Diese weiße Linie ist die Bannmeile für Lobbyisten«, erklärt Heidi Klein, Vorsitzende der Initiative LobbyControl. »Die Lobbyisten müssen raus aus den Bundesministerien. Diese Leihbeamten schreiben dort sogar an den Gesetzen mit, die im Interesse ihrer Firma sind«, sagt sie den Journalisten.

Der Anlass für diese Aktion: In der Bundespressekonferenz im Pressehaus am Schiffbauerdamm wird unser Buch vorgestellt. Einen Tag zuvor hatten wir im ARD-Politikmagazin *Monitor und* in der *Tagesschau* über den internen, vertraulichen Bericht des Bundesrechnungshofes zu den Lobbyisten in Bundesministerien berichtet, der dem Haushaltsausschuss des Bundestag zugeleitet worden war.[123] Der Rechnungshof hatte unsere Recherchen zum Anlass für die umfassende Prüfung aller Bundesministerien genommen. Die Ergebnisse übertrafen noch das, was wir bei unserer Arbeit herausgefunden hatten: Allein zwischen 2004 und 2006 waren pro Jahr im Schnitt 100 Leihbeamte in den Ministerien – insgesamt rund 300.[124] Das sind dreimal so viele, wie bislang von der Bundesregierung zugegeben. Bundestagsabgeordnete, von uns über den Bericht informiert, reagieren empört, zum Beispiel Volker Beck von den Grünen. Im Oktober 2006 habe er bei der Regierung nachgefragt, und ihm sei gesagt worden, es gäbe überhaupt keine externen Mitarbeiter in den Ministerien. »Jetzt sind wir bei aufsummiert ungefähr 300 Lobbyisten. Das ist ein ziemlicher Skandal«, sagt Volker Beck.

Auch der Einfluss dieser Lobbyisten auf die Arbeit der Bundesregierung ist größer als bislang angenommen. So stellt der Bundesrechnungshof fest: Mehr als 60 Prozent der externen Mitarbeiter vertraten die Bundesregierung bei Veranstaltungen und Verhandlungen. Über 60 Prozent erstellten Leitungsvorlagen für Topbeamte. Über 25 Prozent waren an Vergabeverfahren öffentlicher Aufträge beteiligt. Und über 20 Prozent der Leihbeamten haben sogar direkt an Gesetzen und Verordnungen formuliert.

Für die ehemalige Bundesjustizministerin Sabine Leutheusser-Schnarrenberger von der FDP ist es eigentlich selbstverständlich, dass Gesetzentwürfe von öffentlichen Bediensteten entworfen werden und nicht von Lobbyisten. »Das erinnert wirklich an einen schlechten Krimi. Ich halte das für nicht vertretbar.«[125]

Dass der Staat für die Erledigung von Gesetzes- und Kontrollaufgaben hundertfach auf externe Mitarbeiter zurückgreift, die von Privatunternehmen weiterbezahlt werden, hält der Bundesrechnungshof für mehr als bedenklich. So steht im Bericht: »Diese Abhängigkeit lässt befürchten, dass Interessenkonflikte oder zumindest in der Außenwahrnehmung der böse Schein fehlender Neutralität entstehen.« Der Bundesrechnungshof stellt in seinem Bericht auch fest, dass nur ein kleiner Teil des Einsatzes externer Mitarbeiter im Zeitraum 2004 bis 2006 mit dem Personalaustauschprogramm »Seitenwechsel« begründbar sei. Stattdessen wurde dieses Programm in den Bundesministerien »in unspezifischer Weise als Signal verstanden«, dass Mitarbeiter aus Wirtschaft und Verbänden als externe Mitarbeiter in der Bundesverwaltung erwünscht seien. Die Prüfung des Rechnungshofs ergab, dass die Öffnung von Ministerien und Behörden für Wirtschaftsbeschäftigte nicht nur mit Wissenstransfer, sondern auch mit tatsächlichen oder vermeintlichen Personalengpässen der Fachabteilungen des Bundes begründet wurden. Die Initiative zur Entsendung externer Mitarbeiter ging zumeist von den Behörden aus. Stolze 68 Prozent der Externen blieben mehr als ein Jahr an ihren staatlichen Arbeitsplätzen. Die meisten der Vertreter aus Wirtschaft und Verbänden wurden während des Einsatzes in den Bundesministerien weiterhin von ihrem eigentlichen Arbeitgeber bezahlt. Der Hof sieht in der Praxis eine weitere Gefahr: eine teilweise Entmündigung des Bundestags. »Eines der wesentlichen Instrumente der parlamentarischen Steuerung und Kontrolle der Regierung ist das Budgetrecht des Parlaments«, so die Prüfer in ihrem Bericht. Der Verwaltungseinsatz von Personal, der nicht aus parlamentarisch gebilligten Haushaltsmitteln finanziert wird, berge die Gefahr, »dass Schwerpunkte gesetzt werden, die nicht auf die vom Parlament gebilligten Prioritäten« zurückgehen. Der Fraktionsvorsitzende der Linken, Gregor Gysi, forderte Angela Merkel auf, einen Schlussstrich zu ziehen: »Ich meine, dass die Bundeskanzlerin hier direkt gefragt ist. Sie muss die 300 Leute nach Hause schicken.«[126] Auch Hermann Scheer von der SPD schloss sich dieser Forderung an: »Die Tätigkeit dieser Einflussagenten aus einzelnen Unternehmen in den Ministerien muss sofort beendet werden.«[127]

Lobbyisten schleusen Trojaner und Viren in die Gesetze ein

Die öffentliche Aufregung war also groß, und entsprechend war der Andrang bei der Pressekonferenz zur Buchveröffentlichung. Fast 100 Journalisten waren gekommen. »Ich habe das Problem unterschätzt«, sagte der SPD-Abgeordnete Karl Lauterbach, den wir zur Buchvorstellung eingeladen hatten. Ein Problem sei, dass die Abgeordneten, die über die in den Bundesministerien erarbeiteten Gesetze abstimmen, gar nicht wüssten, welche Interessen bei der Gesetzesformulierung im Spiel gewesen seien. Gesine Lötzsch von der Linken hatten wir ebenfalls eingeladen, denn sie hatte sich im Bundestag stets für das Thema engagiert. Sie fand die griffige Formulierung, Lobbyisten schleusten gleichsam »Würmer, Viren und Trojaner« in die Gesetze ein. Volker Beck von den Grünen, der ebenfalls zur Buchvorstellung gekommen war, sagte knapp: »Das ist Implantieren von Interessenvertretern und kein Austausch.« Wenn man nur Austausch wolle, müsse man für Transparenz sorgen, damit Interessenvertreter auch als solche sichtbar seien. Heidi Klein von LobbyControl hielt Beck in der Podiumsdiskussion entgegen: »Offenlegung ist gut, aber das geht lange nicht weit genug!« Transparenz allein reiche nicht, um die Demokratie vor dem Einfluss der Lobbyisten zu schützen.

»Wir benötigen eine klare Richtlinie, die dafür sorgt, dass Lobbyisten im Inneren der Ministerien nichts zu suchen haben.«

Die Regierung reagiert nervös auf die Veröffentlichung

Nur eine Treppe höher und eine Stunde später hielt die Bundesregierung eine eigene Pressekonferenz ab. Unser Buch und die Kritik des Bundesrechungshofs stießen hier auf komplettes Unverständnis. Bei der Beschäftigung von externen Praktikern im Regierungsapparat handele es sich um eine gute Sache, gar um eine Art »präventive politische Kultur«, sagte Regierungssprecher Thomas Steg. Man wolle allein deren Sachkenntnis und Alltagsnähe bei der Umsetzung politischer Vorhaben nutzen. Der Regierungssprecher wies den Vorwurf zurück, solche Lobbyisten in den Bundesministerien gefährdeten die Demokratie. Bei der Kritik sei eine Maßlosigkeit am Werk, die kaum noch nachzuempfinden und der Arbeit des Parlaments auch nicht angemessen sei, sagte er. Es sei eine absurde Vorstellung zu glauben, dass ein externer Mitarbeiter der Bundesregierung einen Gesetzentwurf unterjubeln könnte. Sprecher mehrerer Bundesministerien unterstützten Steg und beteuerten, externe Mitarbeiter in den Bundesministerien könnten nicht wirklich Einfluss nehmen auf Gesetze oder etwa die Vergabe von öffentlichen Aufträgen. Die Vorwürfe seien völlig übertrieben. Klaus Vater, Sprecher des Gesundheitsministeriums, sprach mit Blick auf unser Buch sogar von »spätpubertärem Geschreibsel«.

Die polemischen Reaktionen zeigen, dass unsere Recherchen eine gewisse Nervosität aufseiten der Regierung ausgelöst haben. Gleichwohl gibt sich Angela Merkels rot-schwarzes Kabinett unerschüttert. Regierungssprecher Steg kündigte an, die Bundesregierung werde an dem Programm »Seitenwechsel« festhalten. »Wir haben Interesse am Fachwissen von außen, das wir nutzen wollen.« Steg betonte, die Mitarbeiter seien nur befristet eingesetzt, meist nur einige Wochen. Wenn der »Austausch« sich über Jahre erstrecke, stelle sich aber die Frage, ob mit der Entsendung ein Personalmangel gedeckt werde, räumte Steg ein.

Am Samstag nach der Pressekonferenz berichteten fast alle

überregionalen Zeitungen und viele Lokalblätter in Deutschland über die Buchveröffentlichung. *Die Welt* titelte: »Wenn sich der Lobbyist sein Gesetz selbst schreibt«,[128] die *Süddeutsche Zeitung* gab die Forderung nach »strengeren Regeln für Lobbyisten« wieder, ähnlich die *Frankfurter Allgemeine Zeitung:* »Richtlinie für Verbandsmitarbeiter in Ministerien gefordert«.[129] Die öffentliche Debatte brachte auch die Bundesregierung zum Umdenken – und zwar in kürzester Zeit. In der Regel arbeitet ein großer Regierungsapparat ziemlich träge; vieles muss bedacht sein, groß ist die Zahl derjenigen, die beteiligt sein wollen. Manchmal allerdings geht es schnell, vor allem dann, wenn die Politik um ihren Ruf fürchtet. Bereits drei Tage nach der Buchveröffentlichung erklärte der Staatsekretär im Innerministerium, Peter Altmaier, im *ARD-Morgenmagazin,* dass nun eine Verwaltungsvorschrift für die externen Mitarbeiter erarbeitet werde.[130] Mit der neuen Verwaltungsvorschrift solle sichergestellt werden, dass niemand, der von außen komme, verantwortlich an einem Gesetzentwurf mitarbeiten dürfe. Der Austausch solle auf maximal sechs Monate begrenzt, dauerhaftes Fachwissen ausschließlich durch eigenes Personal gewährleistet werden. Federführend bei der Erarbeitung der neuen Vorschrift sei das Innenministerium.

»Der gekaufte Staat« als Thema im Bundestag

Am darauffolgenden Mittwoch versuchten Bundestagsabgeordnete die Regierungsbank nochmals mit unseren Recherchen und dem Bericht des Bundesrechungshofs zu konfrontieren. Die hinteren Reihen des Bundestages waren an diesem Tag verwaist, auch die vorderen kaum besetzt. Auf den Regierungsbänken fanden sich kaum Bundesminister, fast alle ließen sich durch Staatssekretäre vertreten. Erstaunlich ist das schon, denn in dieser Fragestunde ging es um nichts Geringeres als um die Glaubwürdigkeit der gesamten Bundesregierung. Wieder musste der parlamentarische Staatssekretär im Innenministerium den Kopf hinhalten. Peter Altmaier erstaunte gleich zu Beginn seines Statements mit der Ankündigung, die Bundesregierung wolle jetzt schon bis Ende Mai einen Entwurf für schärfere Vorschriften bei der umstrittenen Mitarbeit von Beschäftigten aus Industrie und Verbänden in den Ministerien vorlegen. Das Innenministerium arbeite bereits an einem Vorschlag, der für alle Ressorts Einsatzdauer, Tätigkeitsbereich und Bezahlung der externen Mitarbeiter regeln soll. »Die Bundesregierung nimmt den Bericht des Bundesrechungshofs sehr ernst«, so Altmaier im Bundestag. Der Entwurf solle für ein einheitliches Vorgehen bei den obersten Bundesbehörden sorgen und werde schon zwischen den Ministerien beraten. »Wir hoffen, dass die Abstimmung bis Ende Mai abgeschlossen ist.«

Gesine Lötzsch von der Fraktion der Linken wollte sich nicht so schnell abspeisen lassen. Sie fragte genauer nach, und dabei entspann sich folgende Szene mit Unterhaltungswert:

> *Dr. Gesine Lötzsch (DIE LINKE):* Vielen Dank, Frau Präsidentin. Vielen Dank, Herr Staatssekretär. Vor meiner ersten Nachfrage möchte ich Sie erst einmal dafür loben, dass Sie den Bericht sehr ernst nehmen. Der Bericht wurde ja durch Fragen unserer Fraktion und auch Fragen anderer Fraktionen sowie durch Recherchen von Journalisten angeregt. Quasi zeitgleich ist ein Buch der Autoren Kim Otto und Sascha Adamek mit dem Titel »Der gekaufte Staat« vorgestellt worden, das beim renommierten Verlag Kiepenheuer & Witsch erschienen ist.
>
> *(Iris Gleicke [SPD]:* Schleichwerbung! So viel zum Lobbyismus!)
>
> Jetzt komme ich zu meiner ersten Frage. Ein Vertreter des Bundesgesundheitsministeriums hat das Buch als »spätpubertäres Geschreibsel« bezeichnet. Darf ich davon ausgehen, dass diese Aussage von der Bundesregierung insgesamt nicht geteilt wird und dass diese Dinge auch in Ihrem Sinne, Herr Staatssekretär, sehr ernst genommen werden?
>
> *Peter Altmaier, Parl. Staatssekretär beim Bundesminister des Innern:* Frau Kollegin Lötzsch, da ich diese Aussage im

Moment nicht verifizieren kann, möchte ich mir auch eine Kommentierung verkneifen.

Bundestagsvizepräsidentin Gerda Hasselfeldt: Sie haben noch eine zweite Frage, die aber hoffentlich nicht wieder mit Schleichwerbung verbunden ist. (Heiterkeit)

Dr. Gesine Lötzsch (DIE LINKE): Nein, ich glaube, das haben jetzt alle gut verstanden.

Wir wollen die Fragestunde im Bundestag nicht weiter verfolgen – festgehalten sei aber: Die Bundesregierung gestand nun Fehler ein, wollte aber generell an dem Austauschprogramm festhalten. Zur Erinnerung: Nur fünf Tage vorher hatte die Regierung auf ihrer Pressekonferenz Kritik an der bisherigen Praxis noch pauschal zurückgewiesen. Ein Rekord im Zurückrudern!

EU-Kommissar Kallas zieht Konsequenzen

Bei der EU-Kommission hatten wir hingegen unmittelbar einen Erfolg zu verzeichnen. Unsere Reise zu EU-Verwaltungskommissar Siim Kallas hat sich ausgezahlt – ein wirklich seltenes Highlight im Leben von Journalisten. Die Grünen-Abgeordnete Hiltrud Breyer teilte uns bereits am 15. April 2008 mit, dass Kallas energisch auf die Missstände reagiere und es jetzt schon beschlossen sei, dass künftig keine von der Wirtschaft bezahlten Leihbeamten mehr in der Kommission tätig sein dürften.[131] Das berichtete auch der Stern-Korrespondent in Brüssel, Johannes Röhrig, in einem Artikel vom 28. April 2008: Kallas habe angekündigt, bestehende Verträge von »Leihbeamten« in der EU-Kommission würden nicht verlängert. Eine Sprecherin von Kallas sagte dem *Stern:* »Wo die Kommission Expertise von außen benötigt, sollte sie dafür bezahlen.«[132] Auch die monatelange engagierte Arbeit von Hiltrud Breyer hat sich damit gelohnt. Politiker wie Siim Kallas haben offenkundig noch nicht vergessen, wo die Grenzen der Einflussnahme von außen in der Demokratie gezogen werden müssen. Anders dagegen die Lage in Deutschland.

Die neue Verwaltungsvorschrift – ein alter Hut

Am 26. Juni 2008 verabschiedete die Bundesregierung schließlich die strengeren Regeln für den Einsatz von Leihbeamten in den Ministerien.[133] Danach sollen die Mitarbeiter von privaten Unternehmen nicht länger an der Formulierung von Gesetzentwürfen mitwirken und auch keine Leitungs- oder Kontrollfunktionen in den Ministerien mehr ausüben dürfen. Außerdem dürfen die Leihbeamten keine Funktionen übernehmen, die im Zusammenhang mit der Vergabe öffentlicher Aufträge stehen. Das Bundesinnenministerium wird nun zweimal im Jahr über den Einsatz von Leihbeamten berichten. Offengelegt und dokumentiert werden soll, wie viele Leihbeamte in den Ministerien eingesetzt werden und wie lange sie tätig sind, was sie genau tun, für wen sie arbeiten und was sie in dieser Zeit verdienen. Allerdings soll das Innenministerium lediglich den Haushaltsausschuss informieren. Und dieser Bericht ist vertraulich. Das Wirken der Inside-Lobby soll also weiterhin unter Ausschluss der Öffentlichkeit vonstatten gehen.

Es stellt sich die Frage, warum sich die Bundesregierung nicht dazu durchringen kann, die Beschäftigung von Leihbeamten in den Bundesministerien ganz zu beenden. Allerdings gibt es auch im Bundestag keine Mehrheit für einen solchen Schritt. Scharfe Kritik kam von der Opposition. Der parlamentarische Geschäftsführer der Grünen, Volker Beck, sagte zu dem neuen Erlass: »Es gibt keinerlei Grund, Schlupflöcher zu schaffen, und das sieht sehr nach Schlupfloch aus.« Gesine Lötzsch von der Linksfraktion führte an: »Die Verwaltungsvorschrift löst das Kernproblem nicht, weil externe Mitarbeiter auch weiterhin an Gesetzen mitwirken können, wenn auch nicht in verantwortlicher Funktion«. Die Linke hat den Antrag gestellt, den Einsatz von Leihbeamten komplett zu verbieten. Das lehnen die anderen Parteien jedoch ab. Der SPD-Bundestagsabgeordnete Michael Hartmann will stattdessen gemeinsam mit der Unionsfraktion die von der Bundesregierung verabschiedete Verwaltungsrichtlinie verschärfen und weitere Transparenzforderungen stellen: Es soll einen jährlich vorzulegendenen, detaillierten und im Internet zugänglichen Bericht über die Leihbeamten geben; ihre

Beteiligung an der Entstehung von Gesetzen muss nach seinen Vorstellungen jeweils im Vorblatt eines Gesetzes aufgeführt werden. Des Weiteren sollen befristete Mitarbeiter, die eine Zusage für die Rückkehr zu ihrem Verband oder Unternehmen haben, ebenfalls wie Leihbeamte behandelt werden. Damit soll ein mögliches Schlupfloch gestopft werden, denn die Verwaltungsrichtlinie der Bundesregierung klammert befristete Verträge aus.

Die Mauschelei geht fröhlich weiter

Im Oktober schließlich erschien der »Erste Bericht über den Einsatz externer Personen in der Bundesverwaltung« des Bundesinnenministeriums für 2008.[134] Dort sind noch 59 Leihbeamte von privaten Unternehmen aufgeführt. Ist die gesunkene Zahl ein Indiz dafür, dass das Problembewusstsein bei den beteiligten Stellen gewachsen ist? Keineswegs. Ein Grund für den Rückgang ist die neue Definition von Leihbeamten. Denn Angestellte aus Körperschaften des öffentlichen Rechts wie dem AOK-Bundesverband oder der DAK werden schlicht nicht mehr mitgezählt. Dabei haben auch öffentliche Körperschaften versucht, ihre Interessen in den Ministerien durchzusetzen – wie wir etwa beim Fall des DAK-Mitarbeiters im Bundesgesundheitsministerium geschildert haben.

Auch arbeiten Mitarbeiter von Unternehmen weiterhin in Bereichen, die die Geschäftsinteressen ihrer Arbeitgeber betreffen, zum Beispiel die DZ-Bank im Finanzministerium zu Grundsatzfragen des Finanzplatzes Deutschland und der EU oder die BASF im Umweltministerium zum Thema Anlagensicherheit. Diese Fälle waren schon bekannt und wurden zum Teil in unserem Buch beschrieben. Aber es gibt einen brisanten neuen Fall: Hinter der Nummer »XII.2« versteckt sich im Entwicklungsministerium (BMZ), Referat Wasser, Energie und Stadtentwicklung, eine Leihbeamtin der privatisierten Berliner Wasserbetriebe. Und diese Dame kommt nicht etwa aus der dritten Reihe; sie ist vielmehr die Leiterin des Vorstandsbüros der Berliner Wasserbetriebe. An den Berliner Wasserbetrieben sind RWE und der französische Veolia-Konzern mit zusammen 49,9 Prozent beteiligt. Beide Unternehmen sind international im Wasser- und Energiesektor tätig – also eine klare Interessensüberschneidung. Der Journalist Marvin Oppong von der *taz* hat dazu weiter recherchiert: Er berichtet, wie der Mutterkonzern der Berliner Wasserbetriebe, die Berlinwasser Holding AG, von Mitteln aus dem Haushalt des Ministeriums profitiert.[135] So sind Tochterunternehmen an Projekten in Albanien, Bahrain und Serbien beteiligt, die von der Kreditanstalt für Wiederaufbau (KfW) oder der überwiegend vom Entwicklungsministerium finanzierten GTZ gefördert werden. Außerdem hat das Innenministerium inzwischen LobbyControl gegenüber eingestanden, dass der »Erste Bericht über externe Personen in der Bundesverwaltung« unvollständig ist. Die Organisation hatte moniert, dass ein Mitarbeiter des VDI Technologiezentrums in der Liste der externen Mitarbeiter nicht aufgeführt war. Er war im April im Bildungsministerium tätig, der genaue Zeitraum und sein Tätigkeitsbereich sind weiter unbekannt.

Das Banken-Rettungspaket – der teuerste Fall von Inside-Lobbyismus

Aus unserer Sicht führt auch selbst eine noch so lückenlose Transparenz in die Leere. Denn das entscheidende Argument gegen die Inside-Lobbyisten lässt sich auch durch die beste Verwaltungsvorschrift nicht aus der Welt schaffen: das in einem Ministerium angesammelte Insiderwissen und der entscheidende Zeitvorsprung, den die Inside-Lobbyisten hier gewinnen. Und da zählen in der schnelllebigen Medienwelt manchmal nur Stunden. Kabeln die externen Vertreter an ihre Vorstände, dass sich dieses oder jenes Gesetz zu ihren Ungunsten entwickelt, haben diese alle Möglichkeiten des klassischen Lobbyismus: Entweder greifen sie zum Hörer und versuchen höhere politische Beamte im Sinne ihrer Konzerninteressen zu bearbeiten oder sie instrumentalisieren die Medien, indem sie Journalisten frühzeitig mit neuen Informationen anfüttern – natürlich aus Sicht ihrer Profitinteressen.

Das Gemauschel geht also weiter, jedenfalls, wenn es nach der gegenwärtigen Bundesregierung geht. Bleibt noch die Hoffnung, dass die ohnehin durch die Finanzkrise angeschlagenen Wirtschaftsbosse solche Engagements von sich aus künftig ablehnen – wegen drohender unvorteilhafter Veröffentlichungen.

Andererseits scheute sich die Bundesregierung nicht, im wahrsten Sinne des Wortes über Nacht mit Bankvorständen persönlich über dem Gesetz zur Rettung der Banken zu brüten. Heraus kam ein Ermächtigungsgesetz, mit dem die deutschen Steuerzahler mit fast 500 Milliarden Euro ins Risiko gehen. Darin verzichtet die Bundesregierung sogar ausdrücklich auf das Recht, das ihr bei einer Beteiligung an einem Unternehmen grundsätzlich zusteht: Aufsichtsräte zu entsenden und damit eine ganz offene Kontrolle auszuüben. Zudem lässt das Gesetz neben einer Beteiligung an »notleidenden« Banken auch die risikoreichste Spielart zu: die Übernahme fauler Kredite. Hier werden ausschließlich die Verluste sozialisiert, macht der Bankkonzern vielleicht in einigen Jahren wieder Gewinn, guckt der Steuerzahler in die Röhre. Und nicht ein Volksvertreter im Bundestag wird jemals wieder die Hand gegen die eine oder andere Ausgabe aus dem Paket erheben können.

Die Handschrift einflussreicher Bankvorstände ist in dem Gesetz unverkennbar. Und den Bundestagsabgeordneten wurde suggeriert, sie müssten dieses folgenschwere Gesetz innerhalb von Stunden durchwinken, um die Volkswirtschaft zu retten. Lediglich die Linke und die Grünen verweigerten sich. Selbst das Parlament im Ursprungsland der Finanzkrise, das amerikanische Repräsentantenhaus, lehnte das dort von der Regierung vorgelegte Rettungspaket zunächst ab, sodass Zeit für Nachbesserungen entstand – klassischer Parlamentarismus. Doch von dem hat sich die Bundesrepublik mit ihrem Vorgehen bei dem 500-Milliarden-Paket wohl auf längere Sicht verabschiedet. Und wir sollten nicht vergessen: Ausgerechnet eine Juristin aus dem Lobbyverband der Finanzdienstleister hat persönlich Gesetzestexte geschrieben. Texte, die die Schrankenlosigkeit eines entfesselten Finanzkapitalismus in Gesetzesform gegossen hat. Das sollte nicht nur den beteiligten Bundesfinanzministern noch heute peinlich sein, sondern vor allem der Branche selbst. Wenn diesen Leuten überhaupt jemals etwas peinlich ist.

Danksagung

Wir möchten uns für die Mithilfe an diesem Buchprojekt bei denen bedanken, die uns mit Anregungen anfeuerten und durch Kritik vor Fehlern bewahrten:

Prof. Hans Herbert von Arnim, Volker Happe, Prof. Lorenz Jarass, Prof. Jürgen Keßler, Prof. Dieter Kiefer, Sonia Mikich, Olaf Rotthaus, Markus Schmidt.

Besonders danken wir Ute Beutler und Tine Baars für ihre Geduld und Liebe.

Industrie- und Lobbyvertreter in Bundesministerien und in der EU-Kommission

Bundesrepublik Deutschland

Auswärtiges Amt	BDI BP DGB DW-Media Services EADS E.ON DaimlerChrysler Lufthansa Robert-Bosch-Stiftung SAP Siemens Wintershall
Bundeskanzleramt	Allgemeine Ortskrankenkasse (AOK) Betriebskrankenkasse (BKK) Kreditanstalt für Wiederaufbau
Bundesministerium für Arbeit und Soziales	Deutsche Bank IG Metall
Bundesministerium für Bildung und Forschung	Deutsche Bank
Bundesministerium der Finanzen	BASF Bundesverband Deutscher Banken Bundesverband Investment und Asset Management (BVI) Bundesverband Öffentlicher Banken Deutschlands (VÖB) Deutsche Börse Deutsche Bank Deutsche Zentral-Genossenschaftsbank Dresdner Bank HSH Bank Kreditanstalt für Wiederaufbau Zentraler Kreditausschuss

Bundesministerium für Gesundheit	Allgemeine Ortskrankenkasse (AOK) Bertelsmann Stiftung Deutsche Angestellten Krankenkasse (DAK) Deutsche Bank Deutsches Zentrum für Luft- und Raumfahrt (DLR) Techniker Krankenkasse (TKK) Werbe- und Vertriebsgesellschaft Deutscher Apotheker
Bundesministerium des Innern	Deutsche Bank SAP
Bundesministerium für Umwelt, Naturschutz und Reaktorsicherheit	BASF Bayer
Bundesministerium für Verkehr, Bau und Stadtentwicklung	Bundesverband Öffentlicher Banken Deutschlands Deutsche Flugsicherung Deutscher Aero Club Hauptverband der Deutschen Bauindustrie Invest in Germany Kreditanstalt für Wiederaufbau Flughafen Köln/Bonn Fraport
Bundesministerium für Verteidigung	BGS CC_CompuNet CONET ESG IABG IBM Roland Berger Schenker SEAR Teleplan weisser und böhle Wels
Bundesministerium für Wirtschaft und Technologie	ABB AKA Ausfuhr GmbH Alstom BASF Bayer

Bundesministerium für Wirtschaft und Technologie *(Fortsetzung)*	Berliner Volksbank Bundesverband der deutschen Gas- und Wasserwirtschaft Commerzbank DaimlerChrysler Deutsche Industriebank Deutsche Telekom EFET Deutschland Euler Hermes EuroNorm HypoVereinsbank IBM ING BHF Bank Institut für Angewandte Wirtschaftsforschung Kreditanstalt für Wiederaufbau Landesbank Baden-Württemberg Landesbank Berlin Lanxess Laubag LichtBlick Morgan Stanley PricewaterhouseCoopers TÜV Süd Thyssengas Verband Deutscher Maschinen- und Anlagenbau (VDMA) Verband der chemischen Industrie Verband forschender Arzneimittelhersteller Verband kommunaler Unternehmen Vivento Wingas Wuppertaler Stadtwerke
Bundesministerium für wirtschaftliche Zusammenarbeit und Entwicklung	PricewaterhouseCoopers Alstom ABB Kreditanstalt für Wiederaufbau
Presse- und Informationsamt der Bundesregierung	BASF

Europäische Kommission

Generaldirektion Landwirtschaft	National Union of Farmers, Circles and Agricultural Organisations
Generaldirektion Amt für Zusammenarbeit	Fratelli Spada S. p. A. / S. A.
Generaldirektion Bildung und Kultur	Katholische Jugendsozialarbeit Nord
Generaldirektion Humanitäre Hilfe	Ucodep-onlus
Generaldirektion Unternehmen und Industrie	Deutsche Telekom FAECTA DLR Bonn Deutsches Zentrum für Luft- und Raumfahrt Zentralverband des Deutschen Handwerks
Generaldirektion Fischerei und Maritime Angelegenheiten	Development Association of Halkidiki S. A.
Generaldirektion Informationsgesellschaft und Medien	Save the Children, Norway
Gemeinsame Forschungsstelle	AQUATEST a. s., Prag, Tschechische Republik The Oskar von Miller Institute ICCPET, Bukarest, Rumänien PE Europe GmbH, Leinfelden-Echterdingen GSF GmbH
Generaldirektion Binnenmarkt und Dienstleistungen	Deutsche Post AG DRSC e. V.
Generaldirektion Regionalpolitik	Inova Slovakia, n. o.
Generaldirektion Auswärtige Beziehungen	Marangopoulos Foundation for Human Rights

Generaldirektion Forschung	SINTEF (Trondheim) Deutscher Industrie- und Handelskammertag Sintef Health Research, Trondheim Skandinaviska Magasin 1 AB Soldex ForSTEEL, Ltd. UNIFE Institute of Aviation, Warsaw Norwegian Geotechnical Institute National Institute for Energy R & D (Bucharest) DLR Bonn
Generaldirektion Steuern und Zollunion	KPMG Frankfurt
Generaldirektion Handel	E. T. E. D. K. Thessalias
Generaldirektion Energie und Verkehr	Union des Transports Publics Edison Gas S.p.A. Orange Business Services N. V. Nederlandse Gasunie RAG Aktiengesellschaft Autostrada del Brennero S. p. A. AUDI Deutsche Flugsicherung GmbH

Anmerkungen

Einleitung Konzernvertreter in Ministerien

1 Die Bundesregierung: Seitenwechsel – Schreibtisch tauschen, in: e.conomy, Nr. 37/2006

2 Hertie School of Governance, Deutsche Bank, Bundesministerium des Innern: Personalaustauschprogramm – Öffentliche Verwaltung und private Wirtschaft, Evaluationsbericht, 10.05.2006, S. 7

3 Ebd., S. 13

1. Kapitel Warum nimmt der Fluglärm zu?

4 Ökoinstitut Darmstadt: Arbeitsgruppe Kostenfolgen der Novelle des Gesetzes zum Schutz gegen Fluglärm, Darmstadt/Berlin, 21.02.2005

5 Name geändert

6 Name geändert

7 20. Senat des Bayerischen Verwaltungsgerichtshofs: Niederschrift der mündlichen Verhandlung in der Verwaltungsstreitsache Stadt Friedberg u. a. gegen Freistaat Bayern wegen Planfeststellung für den Verkehrsflughafen Augsburg

8 Ebd.

9 Arbeitsgemeinschaft Deutscher Verkehrsflughäfen: Stellungnahme zum Referentenentwurf zur Novellierung des Fluglärmgesetzes (Stand 22.06.2004)

10 dpa: Hessische Landesvertretung in Brüssel begleitet Flughafenausbau, Rhein-Main-Net, 10.06.2007

11 Prof. Dr. med. Eberhard Greiser von der Universität Bremen hat in zahlreichen Vorträgen – u. a. vor dem Umweltbundesamt im Jahre 2007 – die zahlreichen Fehler in der sogenannten Lärmsynopse aufgezeigt.

12 Barbara Griefahn, Gerd Jansen, Klaus Scheuch, Manfred Spreng: Synopse. Im Auftrag der Fraport AG

3. Kapitel Warum werden Strom und Gas immer teurer?

13 Eurostat: Gas and electricity market statistics, Luxembourg 2007, S. 62

14 Financial Times Deutschland, 03.09.2003, S. 1

15 Name geändert

16 Cerstin Gammelin, Götz Hamann: Die Strippenzieher. Manager, Minister, Medien. Wie Deutschland regiert wird, Berlin 2006, S. 218

17 Brief Gert von der Groeben (E.ON) an das BMWA vom 25.07.2003, S. 9

18 Die Person ist den Autoren bekannt.

19 WDR-Interview vom 18.01.2005

20 Der Spiegel, 14.10.2002

21 Zitiert nach: Clement lehnt Energie-Regulierer ab, Handelsblatt, 15.01.2003

22 Der Name des Task-Force-Mitglieds ist den Autoren bekannt.

23 Regulierung von Stromnetzentgelten, Öko-Institut Februar 2007, S. 80

24 Ebd.

25 Bericht über die energiewirtschaftlichen und wettbewerblichen Wirkungen der Verbändevereinbarung, 2003, S. 45

26 Entwurf zur Verordnung über die Entgelte für den Zugang zu Elektrizitätsversorgungsnetzen (Stand 20.4.2004)

27 Das Kartell, Frontal 21/ZDF, 14.08.2007

28 Cerstin Gammelin, Götz Hamann: Die Strippenzieher, a. a. O., S. 199

29 http://www.focus.de/finanzen/news/rwe_aid_125172.html

30 http://www.eon.com/de/downloads/ZB_III_2007_DE.pdf

31 Sonderbericht der Monopolkommission der Bundesregierung, Bonn, 06.11.2007

32 www.spiegel.de/wirtschaft/0,1518,druck-515662,00.html

4. Kapitel Warum dürfen Heuschrecken Deutschland abgrasen?

33 Manche Finanzinvestoren fallen wie Heuschreckenschwärme über Unternehmen her, Bild am Sonntag, 17.04.2005

34 Vgl. Gottkönigs Absturz, Manager-Magazin, 5/2006

35 Antwort des BMF an den CDU-Abgeordneten Dietrich Austermann, Drucksache 15/1676 vom 15.10.2003

36 Die Zulassung von Hedgefonds rückt näher, Frankfurter Allgemeine Zeitung, 21.08.2003

37 Bankenlobby im Hause Eichel, Report Mainz, 06.10.2003

38 Antwort des BMF an den CDU-Abgeordneten Dietrich Austermann, a. a. O.

5. Kapitel Warum wird Gesundheit immer teurer?

39 Karl Lauterbach: Der Zweiklassenstaat. Wie die Privilegierten Deutschland ruinieren, Berlin 2007

40 Vgl. Sibylle Herbert: Diagnose: unbezahlbar. Aus der Praxis der Zweiklassenmedizin, Köln 2006

41 Statistisches Bundesamt: Beschäftigung im Gesundheitswesen 2006

42 Vgl. Markus Grill: Kranke Geschäfte, Reinbek bei Hamburg 2007; Kerstin Gammelin: Strippenzieher, a. a. O.

43 Karl Lauterbach: Der Zweiklassenstaat, a.a.O., S. 100

44 Markus Grill: Kranke Geschäfte, a. a. O., S. 60

45 Ebd.

46 Die Zeit, 21.07.1995

47 Jäger der Patent-Milliarden, Der Spiegel, 31.03.2003, S. 95

48 Zitiert nach Markus Grill: Kranke Geschäfte, a. a. O., S. 63

49 Jäger der Patent-Milliarden, Der Spiegel, a. a. O., S. 97

50 http://www.presseportal.de/story.htx?nr=915969&firmaid=21085, 01.05.2007

51 Stock/Gerber/Stollenwerk/Lauterbach: Gesundheitspolitische Ansätze zur Reduktion der Folgen chronischer Krankheiten in Deutschland. Studien zu Gesundheit, Medizin und Gesellschaft, Köln 2006

52 www.focus.de/politik/deutschland/gesundheitspolitik/gesundheitsreform_aid_117424.html

53 Pressekonferenz vom 27.11.2006

54 Wirbel um Weitergabe interner Papiere, Financial Times Deutschland, 28.11.2006

55 Antwort des Bundesgesundheitsministeriums auf eine schriftliche Frage, Arbeitsnummern 8/98 bis 8/2001, August 2006

56 Name geändert

57 Stellungnahme der Werbe- und Vertriebsgesellschaft Deutscher Apotheker mbH zum Entwurf eines Gesetzes zur Verbesserung der Wirtschaftlichkeit in der Arzneimittelversorgung (Bundestags-Drucksache 16/194), 05.01.2006

58 Frankfurter Allgemeine Zeitung, 31.10.2007, S. 41

59 Vgl. Jens Wernicke, Torsten Bultmann (Hg.): Netzwerk der Macht – Bertelsmann, Marburg 2007

60 Centrum für Krankenhaus-Management: Thema des Monats, http://www.krankenhaus-management.de/compresso/consultaktuellesthemadesmonats/detail-php?nr=4849&kategorie=consult

61 Ebd.

62 Brigitte Mohn: Wo sind die »Generalunternehmer Gesundheit«? Bertelsmann Stiftung, 02.07.2006, http://www.Bertelsmann Stiftung.de/bst/de/media/xcms_bst_dms_17407_17429_2.pdf

63 Bertelsmann Stiftung: »Generalunternehmer Gesundheit« als Zukunftsmodell. Pressemitteilung vom 02.07.2006

64 Bessere Versorgung für weniger Geld. Pharma, Chemie & Medizin, 25.08.2006, http://healthcare.monster.de/10463_de-de_p1.aspMonster.de

65 Ebd.

66 Lukas Heiny: Prepaid Versorgung, Financial Times Deutschland, 21.03.2007, http://www.ftd.de/unternehmen/gesundheitswirtschaft/:Gesundheitswirtschaft%20Prepaid%20Versorgung/170568.html

67 Ebd.

68 Zitiert nach: Philipp Neumann: Was Ulla Schmidt von den USA lernen kann, Die Welt, 23.07.2007

6. Kapitel Warum dürfen Konzerne Rathäuser betreiben?

69 ARD-Magazin Monitor, 19.10.2006

70 Helge Pols, Bundesministerium für Verkehr, Bau und Stadtentwicklung: Public Private Partnership Task Force, Datensatz

71 Ebd.

72 Ebd.

73 Der private Staat. Spiegel, 21.08.2006

74 Arvato News, 22.03.2005

75 Zitiert nach: Jens Wernicke, Torsten Bultmann (Hg.): Netzwerk der Macht – Bertelsmann, a. a. O.

76 http://www.netzeitung.de/wirtschaft/unternehmen/331014.html

77 Keine Verbindung, Financial Times Deutschland, 09.03.2007

78 www.presseportal.de/pm/24058/696724/hauptverband_der_deutschen_bauindustrie

79 Zitiert nach: Hans-Georg Bodien: Das ÖPP-Beschleunigungsgesetz, 2005, www.meine-politik.de/oeppges.htm

80 Schreiben des Bundeskanzleramts vom 28.07.2006

81 Das ÖPP-Beschleunigungsgesetz – ein Projekt der SPD-Bundestagsfraktion. Dokumente Nr. 03/05

82 Bayerischer Oberster Rechnungshof: PPP-Projekte: Rechnungshöfe warnen vor langfristigen Risiken. Pressemitteilung vom 05.05.2006

7. Kapitel Warum wurde die Lkw-Maut zum Desaster?

83 Name geändert

84 Zweierlei Maß, Der Spiegel, 12.12.2001

85 Ebd.

86 Wahnwitzige Vorgänge, Der Spiegel, 01.09.2003

87 Bundesministerium für Verkehr: Auswirkungen neuer Informations- und Kommunikationstechniken auf Verkehrsaufkommen und innovative Arbeitsplätze im Verkehrsbereich, Berlin, November 2001

88 Landtag Nordrhein-Westfalen: Teilbericht der Enquetekommission »Zukunft der Mobilität«, Drucksache 12/3246

89 http://www.wirtschaftsrat.de/pages/presse/bericht02/data/impres.htm

90 Zentralverband Elektrotechnik- und Elektronikindustrie: Verkehrspolitische Grundsätze. Frankfurt a. Main, Juli 2003

91 Vgl. Alle Ampeln auf Rot, Wirtschaftswoche, 25.09.2003

92 Seitenwechsel – Schreibtisch tauschen, http://www.bundesregierung.de/Content/DE/EMagazines/economy/038/t-2-seitenwechsel-schreibtisch-tauschen.html

93 Antwort der Bundesregierung auf die Kleine Anfrage der Abgeordneten Brüderle u. a., Drucksache 16/3395 vom 03.11.2006

8. Kapitel Gift in unserer Kleidung

94 Vgl. zum Folgenden auch: Greenpeace: Toxic Lobby, Brüssel, Mai 2006

95 Ebd.

96 Expositionskategorien: Mensch und Umwelt gezielt schützen, Mai 2004 http://www.vci.de/template_downloads/tmp_0/VCI%20.pdf?DokNr=92067&p=101

97 Pressemitteilung von Hartmut Nassauer (EVP-ED/CDU): Stoffrisiko muss Datenanforderung steuern, Brüssel, 04.05.2005

98 Kapitulation im Kampf gegen die Krebserreger, Spiegel Online, 28.01.2007

99 Zukünftige EU-Chemikalienpolitik entscheidend für die Arbeitsplätze in der deutschen Chemiefaser- und Textilindustrie, Pressemitteilung des Bundesministeriums für Wirtschaft und Arbeit vom 27.12.2002

100 Kapitulation im Kampf gegen die Krebserreger, Spiegel Online, 28.01.2007

101 Name geändert

102 Internes EU-Dokument ref. 2740/2006/TN, Brüssel, 07.03.2007

103 E-Mail von Ton van Lierop, dem Pressesprecher von Günter Verheugen, 06.07.2007

104 Internes EU-Dokument ref. 2740/2006/TN, a. a. O.

105 www.vci.de/Default2~cmd~get_dwnld~docnr~91575~file~WSVII_la.doc.htm

106 Antwort der Kommission (P-1416/07DE) vom 22.5.2007

107 www.berlin.de/rbmskzl/europa/europapolitik/nationaleexperten.html

108 E-Mail (P-1416/07FR) vom 07.05.2007

109 http://ec.europa.eu/comm/dgs/enterprise/pdf/sustainable_development_is_the_only_sensible_approach_to_chemicals_reform_in_the_eu.pdf
110 http://hesa.etui-rehs.org/uk/newsletter/files/NWSL-28-EN-Introduction.pdf
111 Frankfurter Rundschau, 11.07.2005

9. Kapitel Konzernlobbyisten in der EU-Kommission

112 Name geändert
113 Name geändert
114 Name geändert
115 Name geändert

10. Kapitel Warum sagt uns keiner die Wahrheit?

116 Drucksache 16/3052, Stenografischer Bericht der 59. Sitzung des Bundestages, S. 5772 f.
117 Deutscher Bundestag. Drucksache 16/3727
118 Deutscher Bundestag. Drucksache 16/3165
119 Deutscher Bundestag. Drucksache 16/3395
120 Name geändert
121 WVA/16/43 – Vorabauszug zu Top 19, behandelt in öffentlicher Sitzung
122 Ebd.

Inside-Lobbyismus und kein Ende – Statt eines Nachwortes

123. http://www.wdr.de/tv/monitor//sendungen/2008/0403/index.php5; http://www.tagesschau.de/inland/externemitarbeiter2.html
124. Siehe zum Folgenden: Bericht an den Haushaltsausschuss des Deutschen Bundestages nach § 88 Abs. 2 BHO über die Mitarbeit von Beschäftigten aus Verbänden und Unternehmen in obersten Bundesbehörden, 25.03.2008
125. http://www.wdr.de/tv/monitor//sendungen/2008/0403/index.php5
126. Ebd.
127. Ebd.
128. www.welt.de/welt_print/article1872363/Wenn_sich_der_Lobbyist_sein_
129. www.faz.net/print/Wirtschaft/Rechnungshof-warnt-vor-Lobbyisten
130. www.ardmediathek.de/ard/servlet/content/617690-30k
131. http://www.gesine-loetzsch.de/kat_bundestag_detail.php?v=4091
132. http://ww.hiltrud-breyerw.eu/hbreyer/fe/pub/de/dct/349
133. http://www.stem.de/politik/ausland/:Br%FCssel-Europas-Hand-Lobbyisten/618629.html
134. Allgemeine Verwaltungsvorschrift zum Einsatz von außerhalb des öffentlichen Dienstes Beschäftigten (externen Personen) in der Bundesverwaltung vom 17. Juli 2008, in Kraft getreten am 26. Juli 2008
135. »Erste Bericht über den Einsatz externer Personen in der Bundesverwaltung« des Bundesinnenministeriums für 2008.
136. http://www.taz.de/1/archiv/print-archiv/printressorts/digiartikel/?ressort=wu&dig=2008%2F10%2F10%2Fa0141&cHash=676315c5e0

Register

Hans Weiss / Ernst Schmiederer. Asoziale Marktwirtschaft. Insider aus Politik und Wirtschaft enthüllen, wie die Konzerne den Staat ausplündern. KiWi 914

Die hoch bezahlten Berater nennen es »Steueroptimierung«: Internationale Großkonzerne zahlen trotz immenser Gewinne kaum noch Steuern – und bereichern sich zusätzlich an Milliardensubventionen des Staates.

»Die Autoren berichten Details über Steuergeschenke und Subventionen für Konzerne, über die Macht der Lobbyisten und die Willfährigkeit der Politiker.« *Süddeutsche Zeitung*

www.kiwi-verlag.de